Angela Fischer

Frau sein – sensibel und stark

crotona

Angela Fischer

Frau sein – sensibel und stark

Mit der Kraft weiblicher Spiritualität das Leben neu gestalten

crotona

ISBN 978-3-86191-005-3

Deutsche Originalausgabe
1. Auflage 2010

Kammer 11 • D-83123 Amerang
www.crotona.de

Umschlaggestaltung von Annette Wagner unter Verwendung folgender Fotos: Dragon30/Quelle PHOTOCASE 189122

Druck: Bercker • Kevelaer

Inhalt

Vorbemerkung

Das Leben vollzieht sich in Kreisen.
Man stelle sich vor, man stehe am Ufer eines Sees und jemand wirft einen Stein ins Wasser. Es bilden sich Kreise, unaufhörlich neue Kreise, die sich ausdehnen und irgendwann wieder verschwinden. Dann wird ein weiterer Stein geworfen, und noch einer … Die Kreise beginnen sich zu berühren, zu überschneiden. Es entstehen kleine Wellenbewegungen auf dem Wasser, die unvorhergesehene Muster bilden. Die Betrachtung zieht uns hinein in eine Faszination, die gleichzeitig eine besondere Stille mitschwingen lässt.

Während ich an diesem Buch schrieb, ging es mir ähnlich. Ich beobachtete die Kreise, die entstanden – und immer waren es Kreise und niemals Linien, die sich bildeten und vor meinem inneren Auge erschienen.

Wenn man sich mit dem Leben und dem Weiblichen befasst, ist es unmöglich, in linearer Abfolge zu schreiben. Anfang und Ende berühren sich immer wieder aufs Neue, bilden niemals Pole an zwei verschiedenen Enden, sondern verbinden sich im Kreis, so wie sich Geburt und Tod oder Himmel und Erde immer an einem Punkt berühren.

Die Kreise spiegeln sich auf anderen Ebenen, immer wieder neu, gehen auf ihrer Wanderschaft neue Verbindungen ein, legen sich übereinander und verschwinden irgendwann in der Ferne. Sobald ein neuer Impuls gegeben wird, entstehen neue Wellen, doch immer in Gestalt von Kreisen.

Gewisse Zusammenhänge werden in diesem Buch immer wieder neu auftauchen, jedes Mal in einem neuen Kreis. Es kann der Eindruck entstehen, dass die Dinge sich wiederholen – und das stimmt auch in gewisser Weise. Es werden jedes Mal wieder neu die Kreise des Lebens berührt. Alles, was lebt und existiert, steht in Verbindung miteinander und bezieht sich aufeinander. So erscheinen die Themen dieses Buches immer wieder neu in Beziehung zueinander, denn nur so können wir uns dem Wesen des Weiblichen nähern. Betrachtet man das Licht, in dem das jeweilige Thema erscheint, so entdeckt man, dass der gleiche Kreis eine immer wieder neue Beziehung und Farbe annimmt.

Aus diesen Gründen habe ich keine Kapitel zur Strukturierung und Aufteilung des Textes gewählt. Dies würde eine lineare Struktur vortäuschen, und es wollte sich so auch nicht auf stimmige Weise fügen. So habe ich die einzelnen grob gegliederten Abschnitte „Kreise" genannt. Man stelle sie sich vor als ineinanderfließende Kreise, nicht säuberlich getrennt voneinander oder hierarchisch geordnet, sondern wie jene Kreise im See, die durch die Steinwürfe entstehen. Auf diese Weise möge sich, so hoffe ich, der Inhalt und das Thema des Buches auf eine natürliche Weise erschließen.

Einleitung

„Yesterday is gone.
Tomorrow has not yet come.
We have only today.
Let us begin."

MUTTER TERESA

Es ist ein Sommertag in den Ferien. Einige wenige Meter unter dem Platz, an dem ich sitze, leuchtet das Blau des Meeres, während der warme Sommerwind, der das Wasser in verspielte Wellen kräuselt, mir sanft über die Haut streicht. Der Liebesgesang der Zikaden mischt sich mit dem Geräusch des Wassers, das auf die Felsen schäumt und unaufhörlich neuen Anlauf nimmt, sie zu benetzen. Wenn ich mich umschaue, blicke ich über das silbrige Grün von Olivenbäumen hinweg über die Bucht des Meeres, bis ich in der Ferne am Horizont die Silhouette der Berge erblicke, die in all den verschiedenen Blautönen ihre majestätische Schönheit erahnen lassen.

Die Welt wirkt vollkommen, zumindest hier. Ein idealer Platz, um mich zu erholen, denn schon immer hat die Natur, wenn sie mich in solcher Fülle von Schönheit umgeben hat, mich aufs Tiefste berührt, geheilt und genährt.

Hier, in der Stille und Einfachheit der Natur, suche ich etwas, das ich aus der Vergangenheit kenne: Wiederfinden und fühlen dürfen, dass die Welt heilig ist, in ihrem tiefsten Inneren unverletzt, geehrt und geachtet.

Es ist nicht nur die äußere Einfachheit und die äußere Schönheit der Natur, die Wärme, das Wasser, die Farben und Düfte, die für mich dieses Versprechen tragen. Es ist die Klarheit und Reinheit in der Essenz, in der Seele von all dem, was ich mit meinen Sinnen wahrnehmen kann, das mein Herz so mit Freude erfüllt hat, wann immer ich mich in solch einer Umgebung aufgehalten habe.

Diese Essenz, dieses Licht, hat eine Präsenz, die jeden Schleier von Müdigkeit und Erschöpfung, von allzu komplizierten Gedanken, von selbstgemachten Sorgen und all den unnützen Ablenkungen des Alltags schlicht zur Seite zieht. Dann ist da nur noch Licht. Licht in der Natur, Licht in allem. Frieden.

Doch jetzt ist es anders. Das Versprechen erfüllt sich nicht. Ungläubig nehme ich wahr, dass etwas fehlt. Ich vermisse etwas. Es ist essenziell – und ich suche danach. Während ich hier sitze und in die Welt lausche, die mich umgibt, wird es deutlich: Noch immer nährt die Natur meine Sinne, noch immer wirkt der Augenschein vollkommen; und die Stille ist wohltuend. Doch das innere Licht ist nicht mehr in der Weise präsent, wie ich es kannte. Dichte Schleier scheinen es völlig zu verhüllen und zu verdunkeln. Die Seele des Ganzen hat sich zurückgezogen. Plötzlich erscheint mir diese wunderbare Welt, die vor mir liegt, wie vergessen. Wie ein Geschenk, das jemand achtlos hat liegen lassen. Niemand erinnert sich mehr an seinen Sinn.

Diese Veränderung muss in wenigen Jahren geschehen sein, vielleicht innerhalb der letzten zwei oder drei Jahrzehnte. Seit einigen Jahrhunderten ist die Menschheit dabei, das göttliche Licht in der Welt – nicht in einem fernen Himmel, sondern hier auf unserer Erde – nicht mehr wahrzunehmen. Doch erst in den letzten Jahren, in kürzester Zeit und innerhalb des Lebens einer einzigen Generation, scheint es geschehen zu sein, dass das menschliche Vergessen – jenes Schaffen unechter Träume und Illusionen einer sinnfernen Welt – sich als undurchdringlicher Schleier über das Licht unserer Welt gelegt hat.

Dass mit unserer Welt etwas nicht in Ordnung ist, nicht wirklich stimmt, entspricht inzwischen einer Wahrnehmung, an die wir gewöhnt sind. Durch die Fernsehbilder, die uns täglich neu die Verwüstung ganzer Landschaften zeigen, sei es durch Kriege oder durch die ökologische Zerstörung unserer Umwelt, sind wir geradezu abgestumpft. Ja, wir wissen, die Erde kränkelt. Unsere Welt ist irgendwie nicht heil. Doch immer noch isolieren wir Menschen das Problem und sehen es allein materialistisch. Unsere Erde ist wie ein Patient, den wir rein äußerlich – mehr oder weniger notdürftig – medizinisch versorgen. Selbst wenn wir unseren Müll trennen oder unsere Regierungen halbherzige Klimaschutz-Programme beschließen, sind das zwar ehrenwerte und auch durchaus positive Ansätze, doch sie bleiben an einer äußeren Ebene haften und berücksichtigen nicht die Ganzheit des Lebens.

Wir ziehen noch nicht wirklich in Betracht, dass die Erde *innerlich* aus dem Gleichgewicht gebracht ist, weil wir sie nicht mehr als göttliche Schöpfung betrachten und behandeln. Wir respektieren ihr inneres Licht nicht mehr. Die Wüsten der äußeren Zerstörung mögen uns bestürzen und deprimieren; doch sobald wir uns einem „schönen Flecken" dieser Erde zuwenden, ist wieder alles gut. Das rein äußerliche Phänomen dieser Krankheit bleibt in unserem Bewusstsein einzig als eine Sache der Materie zurück, die wir verdrängen können, wenn sie uns nicht unmittelbar betrifft. Doch werden wir mehr und mehr darauf aufmerksam gemacht, dass es ein inneres Problem gibt, eine Störung des Gleichgewichts im Ganzen. Und die Lage ist brenzliger, als wir glauben.

Einfache Erfahrungen, wie jene unter den Olivenbäumen am Meer, machen uns bewusst, wie es wirklich ist. Sie lassen uns zunächst erschrocken und traurig zurück, doch können sie uns auch helfen, wach zu werden. Dahinter ruft etwas. Die Seele der Welt ruft danach, wieder neu zu erwachen – und die Seele der Welt, das sind wir alle. Wir sind nicht getrennt von ihr.

Einige Tage später, nach jener traurigen Erfahrung, schwamm ich am frühen Morgen im Meer. Zu einer so frühen Tageszeit, und noch dazu in einer Gegend, in der es kaum Touristen gab, war niemand auf den Beinen. Die Fischerboote waren bereits heimgekehrt, das Wasser in der großen Bucht war ruhig. Weit und breit war keine Menschenseele. Die Luft war noch nicht geschwängert von den rastlosen Menschengedanken in all ihren Formen.

Die heilige Stille der Morgendämmerung, empfänglich, erwartungsvoll und leer zugleich, erfüllte die Luft, das Wasser, meinen Körper. Alles war eins. Wo hörte der Körper auf und wo begann das Wasser? Wo war ich, wo war das Wasser, wo die Erde? Alles war durchdrungen von dieser Stille.

Jäh in diese Stille hinein drang ein tiefer Seufzer. Er schien von weit her zu kommen und war gleichzeitig sehr nah. Kam er aus mir oder von irgendwoher und rief mich? War es die Erinnerung an die traurige Erkenntnis unter den Olivenbäumen? Oder erinnerte mich jemand anders? Dem Seufzer folgte ein Rufen, wie es schien, tief aus dem Inneren der Welt und gleichzeitig aus mir selbst, aus den Tiefen meines Herzens. Etwas rief danach, aufzuwachen aus einem bleiernen, einem albtraumartigen Schlaf. Unwillkürlich begann ich, während mein Körper schwimmend durchs Wasser glitt, zu singen. Ich sang dem Ufer der nächsten Bucht entgegen, ich sang mit den Wellen. Es war ein Gesang, der aus den Tiefen des Ozeans zu kommen schien, nicht aus mir selbst. Und gleichzeitig sang es aus mir. Es sang, um „wachzusingen".

Vor einiger Zeit hatte ich einen Traum gehabt, in dem mir gesagt wurde, dass wir die Fähigkeit haben, Leben zu retten, indem wir singen. Wir könnten, so die Botschaft im Traum, über weite Entfernungen hinweg einen Menschen heilen, wenn wir für ihn singen.

In diesem Moment schien es dieser Gesang zu sein, an den ich erinnert wurde.

Die Welt war nicht erweckt, als ich aus dem Wasser stieg, doch ich war wieder erinnert an eine uralte Kraft, an ein Potenzial. Etwas in mir war auf eine sehr körperliche, eine instinktive Weise wieder an eine alte Magie, an einen Zauber erinnert worden, mit dem wir der Welt beim Erwachen helfen können.

Es gibt Menschen auf der Welt, auch in der gegenwärtigen Zeit, die genau diese wertvolle Arbeit tun, die wissen, wie wir die Seele der Welt „wachsingen" können und die als Heiler oder Schamanen damit arbeiten. Wir verfügen nicht alle über diese Fähigkeit, die meisten von uns – wie auch ich – tun es nicht, doch wir können uns erinnern an die uralte Melodie, die am Grund unserer Herzen schwingt. Wir können uns daran erinnern, dass wir Möglichkeiten haben, wieder mit der Welt zu singen, und dass die Welt heilen kann.

In diesem Buch möchte ich über das Singen der Welt in einem symbolischen Sinn sprechen, möchte die Aufmerksamkeit auf diesen Gesang lenken, den wir alle in uns erwecken können. Es ist der Gesang, der aus der Einheit der Schöpfung aufsteigt und der ohne das Weibliche nicht zum Klingen kommt.

Wenn das Weibliche in der Welt wieder singt, so wird das Leben selbst wieder singen.

Wir alle, Frauen und Männer, haben einen Anteil daran, dass das Weibliche nicht mehr singt, und wir alle können dazu beitragen, dass sein Lied wieder erklingt. Doch den Frauen kommt dabei eine besondere Rolle zu, denn sie allein können in sich die Voraussetzung dafür schaffen, dass eine reine weibliche Energie, unvermischt und unverschmutzt von Ressentiments und Verärgerung über vergangenes Leid, jenseits von Machtansprüchen, von Zorn und Verweigerung, wieder in die Welt kommen und hier mit dem Männlichen neu vereint wirken kann.

Die Frauen in der Welt haben die große Chance – jetzt und nicht erst morgen – den Gesang des Weiblichen, der vor langer Zeit verstummt ist, wieder in sich erklingen zu lassen.

Die Verletzung des Weiblichen, das ein Wissen um die Einheit der Schöpfung, um die Einheit des Lebens in sich trägt, hat sich auf uns alle ausgewirkt. Wir begegnen den Folgen überall in der Welt, in der Gesamtheit unseres Lebens auf dieser Erde und in jedem einzelnen Menschen. Das Trauma wird sichtbar in der Verletzung unseres Planeten und in der Verwundung unserer Beziehungen – untereinander und der gesamten Schöpfung gegenüber. Es manifestiert sich in der Seelenlosigkeit unserer von Macht- und Konsumgier beherrschten Welt, in der Trostlosigkeit unseres Gott-Vergessens, in einer von allem Sinn entleerten materiellen Welt, die wir in unserer menschlichen Hybris mehr und mehr zu beherrschen suchen, während wir sie zugleich zerstören.

Auf besondere Weise aber berührt die Verletzung des Weiblichen jede einzelne Frau und hat sich tief in die Psyche von Frauen eingebrannt. Unzählige Frauen sind über viele Jahrhunderte hinweg körperlich und seelisch missachtet und verwundet worden, und dies geschieht, wie wir wissen, heute noch immer. Die Verletzung der Frauen und die Verletzung der Erde gehören zusammen, sind verschiedene Aspekte ein- und derselben traumatischen Erfahrung.

Würden wir allerdings damit aufhören, nur auf die Verletzungen zu schauen, die Geschichte des Traumas zu betrachten oder uns in unseren Vorstellungen den Szenarien einer unwiederbringlich kaputten Welt hinzugeben, so könnten wir vielleicht erkennen, dass Heilung nicht nur möglich ist, sondern tatsächlich auf uns wartet. Sie wartet darauf, dass wir in ihre Richtung schauen, dass wir ihre Vorboten erkennen und sie begrüßen wie das frühe Lied eines Vogels in der Morgendämmerung.

So wie die Ent-Heiligung des Lebens, die Verletzung der Erde und die Verwundung der Frauen zusammenhängen, so gehören auch die Heilung des Lebens, die Heilung der Erde und die Heilung der Frauen zusammen.

Wenn sich ein Mensch auf einen inneren Weg begibt, so beginnen der Sinn und die Aufgabe seiner Seele eine Rolle zu spielen. Auf einer spirituellen Reise beginnt der Mensch sich zu fragen, wer er wirklich ist und woher er kommt. Zu einem wirklichen Frieden in uns selbst finden wir erst, wenn wir uns damit befassen, wer wir waren, bevor wir waren, was wir glaubten, angeblich zu sein.

Genauso ist es mit der Welt. Doch wir haben vergessen, dass auch die Welt als Ganzheit eine Seele hat und über ihre Seele ihren Sinn erfährt.

Nur wenn wir diesen Sinn wiedererinnern und ihn zum Zentrum unserer Betrachtung machen, kann Heilung geschehen – im einzelnen Menschen wie in der ganzen Welt.

Nur wenn dieser Sinn wieder wahrgenommen wird und sich leben kann, beginnt die Welt wieder zu singen.

Wenn wir die Nachrichten im Fernsehen anschauen, die Zeitung lesen oder im Internet recherchieren, können wir unzählige Betrachtungen und Analysen der Missstände finden, können uns vertiefen in die erdrückende Krankheitsgeschichte eines schwer kranken Patienten – unsere Welt. Wir lernen dabei aber Diagnosen kennen, die sich nur auf der Ebene der äußeren Symptomatik bewegen, und von dieser Ebene kommen auch die Lösungsvorschläge. Diese führen häufig zu neuen Konflikten, und der Kreislauf beginnt von neuem. Solange wir das Ganze nicht sehen, nicht die innere Realität wahrnehmen, nicht zum Licht schauen, können wir diesen Kreislauf nicht durchbrechen.

Ich möchte mit meinen Lesern zusammen versuchen, diese Ebene zu verlassen. Das heißt, wir schauen weniger auf die Geschichte des Traumas, wir bleiben nicht an der Verletzung hängen, sondern wir suchen den Weg zur Seele, zur Essenz. Wir schauen auf die Heilung. Wir lauschen in den Gesang, der vor langer Zeit unser Leben als eine göttliche Einheit feierte.

Auch im Bezug auf die Verletzung des Weiblichen in der Frau werden wir diese Ebene verlassen. Das ist sicher ein sehr heikler Weg, denn viele

Frauen fühlen sich so tief verletzt oder tragen die Verletzungen so tief in ihrem kollektiven Gedächtnis, dass sie noch nicht wirklich bereit sind, sie ganz hinter sich zu lassen und sich frei und in gewisser Weise schutzlos auf ihre echte Weiblichkeit einzulassen.

Doch es gibt keinen anderen Weg. Niemand anders als die Frauen selbst können die weiblichen Qualitäten – das Leben zu achten, zu schützen, zu nähren und um seine Heiligkeit zu wissen – wieder direkt ins Leben bringen. Niemand anderes kann dieses Lied anstimmen. Die Melodie schlummert seit alter Zeit im Herzen der Frauen und in den Zellen ihres Körpers.

Wenn wir das Weibliche in der Welt wieder zum Klingen bringen, so werden wir, Frauen und Männer, auch gleichzeitig wieder Zugang finden zu den tieferen Kräften, durch die das Leben wieder heilen kann.

Dabei ist es wichtig, deutlich klarzustellen, dass es nicht darum geht, spirituelle Kräfte zu nutzen, um damit das Universum zu manipulieren, Macht über gewisse Bereiche des Lebens oder andere Lebewesen zu gewinnen oder gar materielle Vorzüge zu erlangen. Das Vorhandensein solcher Lektüre, die Ratschläge gibt, wie man durch gewisse spirituelle Techniken zu mehr persönlichem Wohlbefinden und Reichtum finden kann, ist, um es geradeheraus zu sagen, selbst Teil der derzeitigen inneren Verschmutzung unserer Welt. Es mag menschlich nachvollziehbar sein, dass es eine gewisse Nachfrage nach solcher Lektüre gibt, wenn es auch erschreckend ist, wie unverblümt solche „Lehren" feilgeboten werden. Doch in dieser Hinsicht wird man in diesem Buch nicht fündig werden, und sollte dies der Gegenstand der Suche sein, so hat man das falsche Buch in der Hand.

Es ist von zentraler Bedeutung, *wofür* wir die Heilungskräfte nutzen, die uns in der Welt zur Verfügung gestellt werden. Wollen wir etwas für uns selbst oder richten wir unser Bewusstsein tatsächlich auf den gesamten Fluss des Lebens, von dem wir ein untrennbarer Teil sind? Der Zugang zu den heilenden Kräften des Lebens erfüllt erst seinen Sinn, wenn sie für das Ganze, zum Wohl des Lebens selbst, genutzt werden. Genau das ist die Haltung, die auch für die individuelle Seele wirklich heilsam ist.

Dieses Buch beginnt mit den weiblichen Qualitäten und widmet dann einen großen Teil der Heilung des Weiblichen. Voraussetzung für die Heilung unserer Welt ist nämlich, dass die Frauen über ihren Schatten springen. Der Schatten ist mächtig, und er ist dunkel. Er umfasst all die Auswirkungen und die Reaktionen auf die Verletzung des Weiblichen: Schmerz, Ärger, Wut und Trauer, Misstrauen und Ohnmacht, Manipulation und Kälte, Resignation und vor allem das Zurückhalten und Vergraben der echten weiblichen Qualitäten. Auch hier geht es darum, nicht mehr mit gebanntem Blick in die Dunkelheit zu schauen und die Wunden zu beklagen, sondern den Sprung zu wagen und sich dem Licht zuzuwenden, das jenseits dieses Schattens wartet.

Dies geschieht nicht dadurch, dass wir den Schatten umgehen oder verleugnen, sondern indem wir, vor allem die Frauen, annehmen, verzeihen und über den Frieden des Herzens zurückfinden zu den Quellen unserer weiblichen Kraft.

Wir alle haben eine besondere Verantwortung, sobald wir Zugang haben zu Bereichen unseres Bewusstseins, die uns für die Wahrheit öffnen.

Die Zeit scheint reif zu sein für Heilung. Reif bedeutet, der Zeitpunkt ist genau *jetzt*. Wir können es uns nicht leisten, zu zögern oder noch ein bisschen zu warten oder uns auszuruhen. Wir wissen, dass eine reife Frucht fault, wenn wir sie nicht ernten und essen. Wir haben also keine Zeit zu verlieren. Wir können jetzt beginnen.

Der 1. Kreis:

Die weibliche Beziehung zum Leben

Prolog

Diese Geschichte beginnt ohne Zeit und Ort, ohne Gestern und Heute. Es gibt nur „das Eine", das die tiefen Gedanken der Ewigkeit denkt. In diesen Gedanken der Ewigkeit entstehen die Worte: „Ich bin. Es gibt nichts anderes."
Mit dem Aussprechen dieser Worte wird dem Einen bewusst, dass es völlig alleine ist, und es erfährt unerträgliche Einsamkeit und Traurigkeit. Das Eine teilt sich deswegen in Zwei, aus denen jeweils Dunkelheit und Licht, Meer und Himmel, Berg und Tal entstehen sowie die ersten Menschen: Mann und Frau. Als sich diese beiden sehen, fühlen sie an Stelle der Einsamkeit die Gemeinsamkeit der Liebe. Aus dieser Liebe entstehen Kinder, von denen alle Menschen der Welt abstammen.

Dies ist Teil eines Schöpfungsmythos aus den Upanishaden des alten Indien.

Schöpfungsmythen erzählen uns in tiefsinnigen Bildern von der Entstehungsgeschichte der Welt, so wie sie in den Visionen der Menschheit zu allen Zeiten aufgestiegen sind. Da sie gleichsam wie Träume aus den tieferen Schichten des Bewusstseins ganzer Kulturen auftauchen, illustrieren sie uns nicht einfach nur Geschichten, die eine Vorstellung der historischen Abfolge der Entstehung unserer Welt wiedergeben. Vielmehr tragen sie den Schatz tiefen Wissens über die Natur und die Kräfte der Schöpfung in sich, die auf etwas hinweisen, das jenseits von Zeit und Raum ist. Sie beziehen das Unerklärbare, das Ungesehene und Unsichtbare mit ein. Gerade deshalb bieten sie uns einen umfassenderen Blick auf das Leben, mit dem wir erkennen und wiedererkennen können, was mit Verstandeslogik und naturwissenschaftlichem Denken allein nicht erfahrbar ist.

Die Geschichte aus dem alten Indien weist uns, wie viele andere Schöpfungsmythen, auf die Dualität hin, die allem Geschaffenen innewohnt. Wir erfahren, wie aus dem Einen zwei wurden, und dass genau dies den Prozess der Schöpfung ausmacht. In der Dualität entsteht dann eine Spannung mit der Sehnsucht nach der ursprünglichen Einheit, und diese Sehnsucht nach Einheit ist nichts anderes als Liebe.

Durch das Zusammenfinden der Zwei entsteht neues Leben, die Schöpfung schreitet fort, erschafft sich immer wieder neu.

Alles in der geschaffenen Welt trägt die Dualität in sich: Dunkelheit und Licht, oben und unten, innen und außen. Wir können darüber hinaus von zwei Prinzipien des Lebens sprechen: männlich und weiblich. Sie spiegeln die Polarität wider, die allem Geschaffenen innewohnt.

Beide sind aus dem Einen entstanden und kehren in das Eine zurück. Zusammen sind sie Schöpfung – gleichzeitig Teil der Schöpfung wie auch Antriebskraft für die sich weiter entfaltende Schöpfung. So sind sie nicht trennbar, und das eine ist nicht denkbar ohne das andere, männlich nicht ohne weiblich und weiblich nicht ohne männlich.

Zwischen beiden Prinzipien wirkt eine gewisse Dynamik, ein Wechselspiel der Kräfte, das letztlich eine Ausgeglichenheit im Ganzen erzeugt und den Lebensfluss in Harmonie bringt.

Alte Traditionen des Heilens arbeiten mit diesem Wissen, beispielsweise die chinesische Medizin und Akupunktur, die sich mit den Kräften von Yin und Yang befasst.

Im Tao Te King[1] heißt es:

Tao erzeugt das Eine,
das Eine erzeugt die Zwei,
die Zwei erzeugt die Drei,
die Drei erzeugt die abertausend Wesen.

Die abertausend Wesen,
das ruhende Yin es trägt sie,
das bewegte Yang umfasst sie.
Die allumfassende Lebenskraft
bewirkt den harmonischen Einklang.

Wir werden uns hier vorzugsweise mit dem *weiblichen* Prinzip in der Schöpfung befassen. Dabei geht es weder um eine Bewertung noch um den Versuch, das Weibliche aus der Ganzheit zu isolieren. Vielmehr geht es darum, einen essenziellen Teil des Weiblichen wiederzufinden, der dem Bewusstsein des Menschen nahezu verlorengegangen ist. Nur so kann das Ganze wieder in Einklang kommen, kann eine Harmonie des Lebens wiederhergestellt werden, können das Männliche und das Weibliche in einen neuen Zusammenklang finden.

Was wir an den Orten des Vergessens ausgraben, womit wir uns befassen wollen, ist die einzigartige Beziehung zum Leben, die das Weibliche in sich trägt.

Hier sind die Frauen direkt angesprochen. Frauen verkörpern das Weibliche, so wie es sich in seiner menschlichen Form manifestiert. Deshalb kommt ihnen eine besondere Rolle zu, wenn es darum geht, dass weibliche Kraft und weibliche Qualitäten in unserem Leben wieder wirksam werden. Gleichwohl geht es letztendlich um das Weibliche als ein dynamisches Prinzip in der Schöpfung, so wie es in allem existiert, in Frauen und in Männern, in der Natur und überall im Leben.

---

1 Lao Tse, Tao Te King Nr. 42, übertr. von W. Kopp, Interlaken 1994

Leben gebären

Frauen gebären neues Leben. Sie bringen die Kinder in die Welt.

Durch diese Fähigkeit, die so essenziell und grundlegend wie das Leben selbst ist, sind Frauen auf engste Weise mit dem Leben und seiner Entstehung verbunden.

Die Erfahrung von Empfängnis, Schwangerschaft und Geburt ist nicht nur eine physische Erfahrung. Alle Mütter, ganz gleich, auf welche Weise und in welchen Zusammenhängen sie es erleben, können bestätigen: Es sind Erfahrungen, die uns auf allen Ebenen unseres Seins berühren, verändern und manchmal erschüttern. Schon die physische Erfahrung und Veränderung ist beeindruckend und umfassend, doch werden Frauen, die ein Kind in sich tragen und zur Welt bringen, ebenso auf psychischer, geistiger und spiritueller Ebene von diesem Geschehen erfasst.

Sie erleben näher als hautnah, wie eine Seele in diese Welt kommt, wie sie ganz allmählich und doch in so kurzer Zeit eine physische Form annimmt, immer mehr stofflich wird und am Ende schließlich einfach „da“ ist, für die äußere Welt sichtbar. Die Frau ist immer unmittelbar an diesem Prozess beteiligt, ob sie dies bewusst erlebt oder eher unbewusst, ob sie ihre Erfahrungen reflektiert oder nicht.

Wenn sie jedoch verbunden ist mit ihren Gefühlen, mit ihrem Herzen und mit dem Licht ihrer eigenen Seele, so wird sie von Anfang an, noch lange bevor das Herz des kleinen Menschen zu schlagen beginnt, wahrnehmen, dass da „jemand“ zu ihr gekommen ist.

Dieses Wesen ist einfach eine Gegenwart, ist Licht. Es ist körperlos, noch nicht auf der Erde, doch in seiner Essenz sehr präsent. Eine Seele möchte ins Leben kommen.

Manche Frauen erleben diesen Kontakt bereits eine ganze Weile bevor sie schwanger werden, häufig als eine unglaublich feine, zärtliche Berührung.

Von der Empfängnis an entspinnt sich dann dieses Mysterium des Lebens, in dem sich jenes Licht mit einer physischen Gestalt verbindet, sie mehr und mehr durchdringt, so dass ein ganz neues Leben beginnt, das vorher in dieser Form noch nie hier war und kein zweites Mal in dieser Welt existiert und jemals existieren wird.

Nach und nach erlebt die Frau, wie das Leben beginnt, einen Ausdruck zu finden. Was da wächst, ist lebendig! Das Kind bewegt sich, und die Mutter ist die Erste, die dies wahrnimmt. Während sie ihren physischen Körper zur Verfügung stellt, damit dieses Kind wachsen kann, nimmt sie gleichzeitig mit einer Art innerer Substanz Teil, durch die sie in einer tiefen Kommunikation mit dem werdenden Leben steht.

So wie ihr Körper sich für die Aufgaben, die er zu erfüllen hat, verändert, geht auch auf emotionaler und spiritueller Ebene eine Veränderung vor sich, welche die Frau auf ihre Aufgabe, dieses Leben zu halten und zu schützen, vorbereitet.

Die Frau ist unmittelbar und direkt, mit ihrem Körper und ihren Sinnen, mit Herz und Seele an diesem Mysterium beteiligt, das wir *Leben* nennen. Sie erfährt es nicht nur als etwas, das mit ihr geschieht, ihr widerfährt, sondern trägt selbst aktiv dazu bei, ob bewusst oder unbewusst und auch unabhängig davon, wie harmonisch oder schwierig ihre persönliche Wahrnehmung und Erfahrung dieses Geschehens ist.

Eine Schwangerschaft ist keine passive Entwicklung, die einer Frau widerfährt, ohne dass sie selbst daran mitwirkt. Doch nicht Qualitäten wie Disziplin, Fleiß, bewusste Willenskraft oder kognitive Möglichkeiten unseres Verstandes, die wir mit aktivem Mitwirken verbinden, lassen Frauen in einer Schwangerschaft aktiv schöpferisch werden. Die Teilhabe geschieht wesentlich subtiler, und vielleicht übersehen wir sie deshalb leicht. Es ist nicht in ihrer Hand – nicht einmal unter Hinzuziehung aller modernen Kenntnisse der Pränatalmedizin – ob und wie sich diese Entwicklung eines kleinen Menschen in seiner Form vollendet. Dennoch wirkt die Mutter mit jener geheimnisvollen Schöpferkraft mit, die über Leben und Tod entscheidet und dieses unglaubliche Wunderwerk eines vollkommenen menschlichen Wesens in seiner physischen Natur hervorbringt. Eine Seele nimmt einen Körper an, Licht manifestiert sich und formt sich, wird lebendig und verdichtet sich in einem einzigartigen Lebewesen. Diese geheimnisvolle Entwicklung braucht die Frau als Mitwirkende. Sie stellt nicht nur ihren physischen Körper als Gefäß, sondern auch eine gewisse Lichtsubstanz zur Verfügung, damit dieses schöpferische Werk vollendet werden kann. Der Verstand kann dieses tiefgreifende Mysterium, wie eine Seele Form annimmt, nicht fassen. Doch mit dem Herzen weiß eine Frau, wie dies geschieht. Sie erlebt es ja, sie wirkt mit. Einigen Frauen mag der Zugang zu diesem Wissen versperrt sein, doch spricht man Mütter darauf an, so bestätigen viele, dass sie dies „irgendwo fühlen" können.

Die Erfahrung der Mutterschaft macht also deutlich, welche besondere Verbindung, welche intime Nähe Frauen zum Leben haben; denn als werdende Mütter sind sie untrennbar an diesem schöpferischen Prozess beteiligt, in dem das Leben entsteht und sich formt. Sie sind Mitschöpferinnen.

Nun sind nicht alle Frauen Mütter. Was ist mit jenen Frauen, die keine Kinder gebären? Fehlt ihnen dieser direkte Zugang zum Leben? Die Antwort lautet: Nein. Jede Frau hat potenziell diesen Zugang, diese Nähe zum Leben.

Damit das, was möglich ist, tatsächlich einen Weg ins Leben findet, hängt es nicht von der physiologischen Mutterschaft, nicht von der Erfahrung einer Schwangerschaft ab. Manch eine Frau, die niemals schwanger war und kein Kind geboren hat, mag einen lebendigeren, natürlicheren und reicheren Ausdruck ihrer Nähe zum Leben entwickeln als andere Frauen, die Kinder geboren und dennoch diesen Zugang nie bewusst gefunden haben.

Gewiss ist es hilfreich für Frauen, die Kinder geboren haben, über diese einzigartige Erfahrung zu erkennen und nachzuvollziehen, warum sie und alle Frauen diese besondere Verbindung zum Leben haben. Es ist hilfreich für uns alle, uns dieses Wunder der Entstehung des Lebens zu vergegenwärtigen, an dem zweifelsohne Frauen *und* Männer beteiligt sind, bei dem die Frauen durch Empfängnis, Schwangerschaft und Geburt aber jene außerordentliche Nähe zur Schöpfung haben.

Doch um verstehen zu können, dass und warum Frauen diese enge und tiefe Verbindung zum Leben haben, ist letztlich nicht die konkrete leibliche Erfahrung der Mutterschaft notwendig, und sie ist auch nicht die Voraussetzung für die weibliche Verbindung zum Leben. Vielmehr geht es um das *Potenzial* und um die Art und Weise, wie Frauen geschaffen sind, wenn wir von der einzigartigen Beziehung des Weiblichen zum Leben sprechen.

Das Weibliche bringt Leben in die Welt, und Frauen verkörpern dieses Weibliche in menschlicher Form. Neben allen individuellen und kulturellen Unterschieden tragen alle Frauen genau dieses Potenzial in sich, und es sind in der ganzen Welt, zu allen Zeiten, in allen Kulturen die Frauen, die unsere Kinder in die Welt bringen. Wenn auch nicht alle Frauen Mütter sind, so sind wir doch alle, Frauen wie Männer, von Frauen geboren worden.

Jede Frau trägt das Potenzial in sich, mit dem Leben eine tiefe Verbindung einzugehen, trägt ein instinktives Wissen und eine Weisheit über das Leben und die Schöpfung in ihrem Inneren. Es ist Teil ihrer Natur.

Wenn sie diese Kraft zu leben beginnt, so kann sie dies auf vielerlei Arten tun. Die Erfahrung von Schwangerschaft und Geburt ist ein sehr direkter, sehr körperlicher Weg, diese Fähigkeiten auszuleben. Es ist aber bei weitem nicht der einzige.

Die weibliche Nähe zum Leben ist verbunden mit einem Auftrag in der Schöpfung. Er findet seinen unmittelbaren Ausdruck darin, Leben in die Welt zu bringen, geht aber weit über das Gebären von Kindern hinaus. Verwurzelt in einem tiefen instinktiven Wissen über das Leben, sein Entstehen und Vergehen, seine Kräfte und Qualitäten, liegt dieser Auftrag in der weiblichen Kunst, das Leben zu begleiten, zu fördern und zu unterstützen.

Für das Leben sorgen

Es gibt einen Ausspruch aus dem Volksmund: „Gott konnte nicht überall sein, deshalb schuf Er die Mütter." In einer Erweiterung dieses Spruches könnten wir sagen: Gott ist überall *mit* den Müttern, in der Arbeit und im Leben der Mütter, denn sie sind Seine Helferinnen, um nach dem heranwachsenden Leben zu schauen und es zu versorgen.

Übertragen wir das auf alle Frauen, wenn wir wie hier von der Natur und dem Potenzial des Weiblichen sprechen, so bedeutet dies, dass dem Weiblichen die Fürsorge für das Leben angetragen ist. Sein Beitrag an der Schöpfung, um zum grundlegenden Beispiel der Mütter zurückzukehren, endet nicht mit dem Moment der Geburt. Obwohl die Geburt ein einschneidendes Erlebnis ist, ist sie vor allem für die Mütter auch ein fließender Übergang. Die enge und innige Verbindung zum Kind bleibt bestehen, auch wenn sie ganz allmählich an unmittelbarer Nähe verliert, bis das Kind sich dann schließlich aus der physischen und später aus der emotionalen Abhängigkeit löst.

Zunächst aber hat die Mutter sogar die physiologischen Möglichkeiten, ihr Kind selbst zu nähren. Wenn sie ihr Kind stillt, füttert sie es, versorgt es mit physischer Nahrung, die dem Leben des Kindes zu Wachstum und Entwicklung verhilft. Darüber hinaus gibt sie dem Kind aber auch körperliche und seelische Nähe, Vertrauen und Liebe. In gleicher Weise empfängt sie diese Liebe, und wenn die Beziehung natürlich und ungehindert gelebt werden kann, findet ein tiefer seelischer Austausch statt, der jenseits von Worten und Gedanken ist. Über die Stillzeit hinaus bleibt diese Verbindung bestehen.

Über diese Beziehung weiß die Mutter, was ihr Kind benötigt. Sie spürt, wenn es in Gefahr ist, wenn es krank ist, hungert oder friert, wann es Ruhe braucht und wann Zuwendung. Sie ist innerlich bereit, ganz gleich, womit sie beschäftigt ist, alles andere liegen zu lassen und zurückzustellen, um sofort auf die Bedürfnisse des Kindes zu reagieren, wenn es wirklich nötig ist. Mit dieser Haltung begleitet sie das Leben ihres Kindes für einige Jahre.

Ihre Haltung gründet sich in einem Wissen, das natürlich ist. Es ist nicht kognitiv erlernt und nicht unmittelbar abhängig von Bildung, religiöser Zugehörigkeit, gesellschaftlichem Status oder kulturellem Hintergrund. In allen Ländern dieser Erde, in allen Kulturkreisen erfahren und leben Frauen diese ursprüngliche Verbindung zu ihren Kindern, wenn auch auf je unterschiedliche Weise.

Auch wenn die moderne westliche Frau sich äußerlich von dem Bild einer Mutter entfernt hat, die sich bedingungslos und in jedem Augenblick dem heranwachsenden Leben zur Verfügung stellt, so verfügt sie auf subtile Weise noch immer über die Fähigkeit, unmittelbar zu fühlen, wenn ihr Kind in Gefahr ist oder krank wird. In entscheidenden Momenten kann auch eine Frau, die viele andere Aktivitäten in ihr Leben integriert, bereit sein, alles andere hinter die Bedürfnisse ihres heranwachsenden Kindes zurückzustellen.

Vielen Frauen in der westlichen Welt mögen diese Fähigkeiten nicht mehr bewusst sein oder gar hinderlich erscheinen; denn sie lassen sich mit den gesellschaftlichen und beruflichen Anforderungen immer schwerer vereinbaren. Außerdem gibt es mittlerweile eine große Anzahl von Frauen, die verunsichert sind, die nur noch schwer den Zugang zu jenem einfachen Wissen finden, wie sie gut für das Leben ihrer Kinder sorgen können. Wir sprechen hier nicht von jenen extremen Fällen, in denen aus sozialen oder pathologischen Gründen Kinder gravierend vernachlässigt werden. Vielmehr geht es um jene Frauen, in deren Leben durchaus ein gewisses psychisches, soziales und ökonomisches Gleichgewicht herrscht und die gleichzeitig tiefgreifend verunsichert sind und sich fragen, ob sie wirklich alles „richtig machen". Die Erschütterung im Selbstbewusstsein hat eben auch vor diesem sehr zentralen Bereich weiblichen Wissens nicht haltgemacht. Doch bei aller Verunsicherung wird das Wissen des Weiblichen, was die Sorge für das Leben der Kinder betrifft, auch in unserer westlichen Welt ja noch immer Tag für Tag gelebt. Hier erkennen wir das Grundmuster der weiblichen Qualität, für das Leben zu sorgen; denn tief in die instinktive Natur der Frau eingewebt ist das Wissen darum, was das Leben benötigt, ebenso wie die Fähigkeit und Bereitschaft, direkt auf diese Bedürfnisse zu reagieren.

Die unmittelbare Fähigkeit, für das Leben zu sorgen, entspringt der instinktiven weiblichen Verbindung zum Leben. So wie sie sich in der mütterlichen Fürsorge, bei der Sorge für die Kinder, entfaltet, so kann sie darüber hinaus in allen Bereichen des Lebens wirksam werden.

Dieses instinktive Wissen arbeitet für das Leben und mit dem Leben zusammen. Mit dem Leben zusammenzuarbeiten heißt, eine gewisse Einheit mit dem Leben zu bilden, sich als ein Teil davon zu begreifen, anstatt das Leben als ein Gegenüber oder gar einen Gegner zu betrachten. Man bildet, wenn man so will, ein Team mit dem Leben. Man hilft dem Leben, sich zu entfalten, und empfängt vom Leben die Hilfe, die es in seiner Weisheit immer für uns bereithält. Dieses instinktive Wissen über die Sorge für das Leben ist niemals lebensfeindlich, und es betrachtet das Leben nicht als ein Problem, das durch schwer zu erringende Lösungen bewältigt werden muss. Es ist ein natürliches und spontanes Wissen, bei dem Frage und Antwort so nah beieinander liegen, dass sie nicht mehr unterschieden werden können. Dieses Wissen kämpft nicht mit dem Leben und seinen Fragen, es drängt und zwingt ihm nichts auf. Vielmehr schwimmt es im Strom des Lebens, kennt seinen Lauf, weiß die großen

Hindernisse zu umschwimmen und die kleinen zu nehmen, nimmt in seinen Fluss mit auf, was es braucht, und lässt zurück, was es nicht mehr braucht. Es ist dabei unermüdlich kreativ und findet immer neue Wege.

Nun ist unsere Welt nicht mehr sehr empfänglich für eine solche Umgangsweise mit dem Leben, ebenso wenig wie die Frauen selbst noch viel Erinnerung an ihre instinktiven und intuitiven Fähigkeiten haben. Ist es möglich, dass wir auch heute, über die Versorgung der Kinder hinaus, wieder ein Gespür bekommen können für die weibliche Art und Weise, für das Leben zu sorgen?

Je unmittelbarer wir in unserem Lebensraum von der Natur umgeben sind, umso leichter können wir sicherlich noch einen Zugang zu diesem Wissen, zu dieser weiblichen Verbindung zum Leben finden. Wenn unsere Füße noch die bewachsene Erde berühren dürfen und wir von Büschen und Bäumen umgeben sind, wenn wir den Duft von regengesättigter Erde riechen oder dem Sirren trockener Gräser im Wind lauschen können, dann können wir auch den Herzschlag des Lebens noch hören. Schwingen wir uns in diesen Rhythmus ein, so haben wir auch Zugang zu dem tiefen Wissen, wie wir für das Leben, dessen Puls wir spüren, sorgen können.

In einem Garten können wir beispielsweise, wenn wir uns mit den weiblichen Lebensinstinkten verbinden, ganz leicht erspüren, was die Pflanzen brauchen. Wenn es auch hilfreich ist, über einige theoretische und praktische Kenntnisse zu verfügen, so nimmt uns erst ein tieferes Wissen, das aus unserer verborgenen Verbindung mit der Natur aufsteigt, gänzlich hinein in diesen lebendigen Austausch. Das Erblühen des Gartens und unser Wirken darin werden dann zu einem gemeinsamen höchst kreativen Prozess. Gar nicht so wenige Menschen machen, ohne dass es ihnen bewusst sein mag, die Erfahrung, dass sie mit dem Wissen der Natur zusammenarbeiten und der Erde und den Pflanzen genau das geben, was sie zur Entfaltung des Lebens benötigen.

Das Wissen der Natur ist tiefer, umfassender und konkreter als das eines jeden Garten- oder Biologie-Lehrbuches. Selbst wenn wir die Erkenntnisse aus allen naturwissenschaftlichen Disziplinen zu Rate ziehen würden, um einer bestimmten Pflanze zu gesünderem Wachstum zu verhelfen, so würden wir noch immer keine direkte und ganzheitlich umfassende Antwort auf die konkreten Bedürfnisse unserer kranken

Pflanze erhalten. Wir könnten ihr wahrscheinlich helfen, jedoch immer nur in Teilaspekten und immer losgelöst und isoliert von all den vielen Gegebenheiten, mit denen diese Pflanze genau in diesem Moment, in dieser speziellen Umgebung vernetzt und verwoben ist.

Kein Gartenbuch, das ich heute aufschlage, um nachzusehen, wie viel Wasser meine Pflanze braucht, kann mir sagen, ob es morgen an diesem Ort regnen wird. Das Buch kann mir auch nicht verraten, ob die Pflanze sich in dieser Ecke meines Gartens wohlfühlt, ob ein anderer Standort geeigneter wäre, oder ob wiederum eine andere Pflanze genau sie an einem anderen Ort als Nachbarin benötigen könnte. Denn das Buch kennt meinen Garten nicht, der wie kein anderer ist, so einzigartig wie jeder einzelne Fleck auf dieser Erde, und es kennt diesen Moment der Zeit nicht, der ebenso einzigartig ist und nie wieder in dieser Form erscheinen wird.

Das klingt und ist auch kompliziert, solange wir nicht mit dem Leben selbst kommunizieren, um zu wissen, welche Bedürfnisse das Leben hat. Wenden wir uns also der viel einfacheren Möglichkeit zu, über einen direkten Zugang für das Leben zu sorgen. Am Beispiel der Pflanze in unserem Garten können wir versuchen zu verstehen, wie das weibliche Wissen um die Sorge für das Leben wirken kann – wenn wir uns dafür öffnen. Hier erscheint uns das nicht wirklich fremd, weil wir immer über die Natürlichkeit unserer Umgebung noch leichter verbunden sind mit der eigenen inneren Natur.

Man hört davon, dass es Menschen gibt, die mit ihren Pflanzen sprechen. Doch das ist nicht unbedingt notwendig, um sich einzufühlen. Das Gespräch ist eine von vielen Kommunikationsformen und für die meisten von uns eher der zwischenmenschlichen Kommunikation vorbehalten. Doch es gibt andere Formen der Wahrnehmung und des Austausches, die ganz unmittelbar sind.

Menschen, die sich mit einer gewissen Leidenschaft um ihren Garten kümmern, erleben häufig, wie sie plötzlich einfach „wissen", dass eine Pflanze etwas anderes braucht, eine spezielle Nahrung vielleicht, mehr Wasser oder einen anderen Standort. Da sie mit Aufmerksamkeit und Liebe bei ihrer Arbeit sind, setzen sie dieses Wissen dann auch ohne Zögern um. In ihrer ungeteilten Aufmerksamkeit entsteht kein Riss, der Raum für Zweifel oder Nachlässigkeiten zulassen würde. So geschieht unmittelbar, ohne dass der Mensch es in dieser Differenziertheit selbst wahrnehmen mag, ein kleines Wunder. Die Pflanze bekommt, wonach sie verlangt. Für das Leben in ihr und um sie herum wird gesorgt. Sie dankt dafür mit gesundem Wachstum und Schönheit.

Diese Fürsorge setzt also eine gewisse Aufmerksamkeit voraus, ebenso eine Liebe oder Leidenschaft für das, was wir tun, für das Leben, dem wir uns widmen. Doch wie kommt das ursprüngliche einfache „Wissen" zustande, das uns sagt, *was* gebraucht wird? Wie gelangt dieses Wissen in unser Bewusstsein, so dass wir es nutzen können?

Auf einer tiefen Ebene geht es um die gleiche Dynamik wie in der Verbindung zwischen Mutter und Kind. Wir sind genauso ein Teil des Lebens wie unsere Pflanze. Das Leben umarmt uns beide, die Pflanze und mich, hält uns gemeinsam umfangen in seiner Einheit. So haben wir den Zugang zu den Bedürfnissen des Lebens in all seinen Erscheinungen, sobald wir uns für diese Ganzheit öffnen. Was die Pflanze benötigt, ist nicht getrennt von dem, was wir benötigen, was die Umgebung benötigt, was das Leben als Ganzheit benötigt. Das jedoch können wir nur erfühlen, wenn wir uns selbst nicht als getrennt vom Leben wahrnehmen, nicht getrennt von der Pflanze, der Sonne, dem Wasser oder der Erde. Der Zugang zur Ganzheit ist eine weibliche Qualität (siehe nächstes Kapitel), in Frauen wie in Männern. Frauen aber haben als die Geschöpfe, die das Weibliche verkörpern, die Möglichkeit, diesen Zugang zur Ganzheit des Lebens direkt zu nutzen. Es ist wie ein spezielles Organ, ein nicht-physisches Organ. Wie wir mit unseren Ohren hören und unseren Augen sehen können, so sind wir in der Lage, mit diesem 'Organ' das Bewusstsein für die Belange der Schöpfung gleichsam abzurufen. Frauen haben das Potenzial, zu wissen, wie sie für das Leben sorgen können. Das Wissen vermittelt sich direkt, ohne Umwege. Wir wissen plötzlich einfach, ohne Grübeln und Abwägen, jenseits von Zweifeln. Es geschieht über die Einfühlung in das Leben selbst. Natürlich ist das nicht jederzeit und überall möglich, denn unsere menschlichen Kapazitäten sind begrenzt. Wir können und müssen nicht gleichzeitig wissen, was ein kleines Kind an einem fernen Ort in Afrika benötigt, ein Fluss in China oder ein Baum in Brasilien. Doch dort, wo es in dem jeweiligen kleinen Radius unseres eigenen Lebens gebraucht wird, kann sich dieses Wissen leicht offenbaren, wenn wir uns dafür öffnen.

Bei Müttern und Kindern erscheint uns diese Fähigkeit noch selbstverständlich, bei der Arbeit in der Natur vielleicht noch nachvollziehbar. Doch ist diese Fürsorge für das Leben auch vorstellbar in anderen Lebensbereichen, in alltäglichen Arbeitszusammenhängen, weit weg von Natur, Bäumen und frischer Luft? Sicherlich ist es in der direkten Begegnung mit Menschen noch leichter als in einem Zusammenhang, in dem die Beziehungen anonym sind. Dort, wo die Arbeit in rigiden vorgegebenen Strukturen verläuft, wo sie keinen Raum und keine Zeit lässt, dem Leben zuzuhören, sondern bloß schnellstens erledigt werden muss, erscheint es nahezu unmöglich, beides in Einklang zu bringen.

Da wir hierzulande und heute nicht mehr in Gesellschaften leben, die sich Zeit lassen können, vom Leben zu erlauschen, was es benötigt, und Raum geben, auf seine Bedürfnisse spontan zu reagieren, ist es für uns schwer vorstellbar, mit einer weiblichen Beziehung zum Leben im modernen Alltag, in unserer hochfunktionalen technisierten und hierarchisch organisierten Arbeitswelt zu bestehen.

Doch es erfordert gar nicht so viel Fantasie, uns dies vorzustellen, wenn wir einmal innerlich die einfache Wahrheit zulassen, dass diese unergründlich tiefen Quellen, die den Fluss des Lebens speisen, tatsächlich und wahrhaftig vorhanden sind. Die Quellen sind in Vergessenheit geraten, die Welt erinnert sich nicht mehr und die Frauen haben den Zugang verloren. Das bedeutet aber nicht, dass sie für immer verschwunden sind. Sie liegen verborgen, mehr oder weniger verschüttet, und warten darauf, wiederentdeckt und genutzt zu werden.

Dabei kann es sicherlich nicht darum gehen, in archaische Lebensformen zurückzukehren, sondern Wege zu finden, wie wir hier und heute das weibliche Wissen und die weibliche Kraft, die das Leben nährt, erhält, schützt und heilt, wiederentdecken, uns wieder ihrer erinnern und sie letztlich ins Leben und in die Welt zurückfließen lassen können. Das Leben und unsere Welt werden sich dann von selbst verändern, gleichsam organisch in ein neues Gleichgewicht gelangen.

Zunächst wird es darum gehen, jenen gewissen Sinn, der uns die Fähigkeit verleiht, vom Leben zu erlauschen, was es benötigt, wieder wachzurufen und zu sensibilisieren. Gleichzeitig bedarf es der Bereitschaft, diesem Sinn in uns und in unserem Leben wieder Raum zu geben und diesen Raum offenzuhalten.

Die Ganzheit des Lebens wahrnehmen

Stellen wir uns vor, wir säßen gemütlich auf einem kleinen Planeten eines anderen Sonnensystems und würden uns in Ruhe das Leben auf dieser Erde durch ein Teleskop anschauen. Genauso gut könnten wir aber auch vor einem Komposthaufen sitzen und mit einer Lupe das Geschehen darin beobachten. Es gibt ein Gesetz über die Wirklichkeit, das besagt: Wie oben, so unten, wie im Kleinen, so im Großen.

Aber kehren wir zurück zu unserem Beobachtungspunkt auf unserem kleinen Planeten und stellen uns vor, wir schauten auf die Erde.

Wir würden eine wichtige und doch sehr banale Entdeckung machen: In dem Moment, wo wir weiter wegrücken und nicht mehr nur den kleinen Ausschnitt im Blick hätten, würden wir sehen, dass die Erde ein Ganzes ist, aus dem kein einziges Teilchen, kein Ereignis und keine einzelne Bewegung für sich herausgetrennt und isoliert werden kann.

Schauten wir näher hin, so würden wir wahrnehmen, dass es unzählige Geschehnisse gibt, die wiederum eine nicht zu fassende Fülle von Wirkungen erzielen; dass eine unermessliche Vielzahl von unterschiedlichsten Menschen, Pflanzen- und Tierarten existieren, die alle wiederum auf ihre eigene Weise in den unterschiedlichsten Naturräumen oder von Menschen geschaffenen Behausungen lebten. Man nähme ein ununterbrochenes Sich-verbinden, Auseinandergehen, Verändern, Verschmelzen, Erneuern, Geboren-werden und Sterben wahr: Seien es nun Wolken in der Atmosphäre, Menschen in einer Großstadt oder Fischschwärme im Ozean. Würden wir dann mit Augen blicken, die auch die nicht sichtbaren Elemente der Welt wahrnehmen würden, so sähen wir eine noch viel größere Anzahl von Gedanken und Gefühlen, Absichten und Erkenntnissen der Menschen, die diese Erde bewohnen. Dennoch bliebe es ein Ganzes, aus dem kein Teilchen isoliert werden könnte. Denn alles hängt mit allem zusammen.

Was wir in einem Blick sähen, ist die Schöpfung in Gestalt unserer Erde. Wir würden nicht nur diesen wunderschönen blauen Himmelskörper schauen, sondern die Schöpfung von innen heraus. Das ist das Leben, ein einziger Organismus, in dem alles miteinander verbunden, aufeinander bezogen und verwoben ist, nicht statisch, sondern in ständiger Veränderung begriffen, so dass auch die kleinsten Teilchen sich auf das Ganze und jedes andere Teil beziehen. Diese Beziehungen bilden ein einzigartiges Netz, und dieses Netz durchzieht und durchpulst das ganze Leben.

Auf diese Weise erkennen wir, dass Schöpfung nicht ein einziger Akt ist, der irgendwann in der zeitlichen Vergangenheit vorgekommen ist, dass jenes „Am Anfang schuf Gott ..." nicht wirklich wörtlich verstanden werden kann. Schöpfung geschieht immer, unaufhörlich, in jedem Moment und erschafft sich immer wieder neu. Im Sinne des anfänglich erwähnten altindischen Schöpfungsmythos bedeutet dies, dass das *Eine* immer wieder neu zu *Zwei* wird, in die Welt der Manifestation, der Vielfalt kommt und irgendwann wieder zurückkehrt in das Eine, das die tiefen Gedanken der Ewigkeit träumt ...

Im Netz des Lebens bilden sich immer wieder neue Verknüpfungen, und was das ganze Gewebe zusammenhält, ist letztendlich jenes Eine, das sich beständig neu in der Schöpfung offenbart. Es ist die Quelle für das Leben, die Dynamik des Lebens, und es hält das Leben aufrecht.

Dieses Eine offenbart sich als das Heilige im Leben. Es ist ein Licht, welches das Leben unaufhörlich nährt. Wenn wir mit den Augen des Herzens schauen, so können wir es als die grundlegende Liebe Gottes zu Seiner Schöpfung erkennen. Sie leuchtet überall im Leben auf, so wie Tautropfen in einem Spinnennetz aufblinken, wenn das Morgenlicht sie berührt.

Das Wissen von dieser Ganzheit und Heiligkeit des Lebens liegt in der Weisheit des Weiblichen.

Die innere Verwobenheit in einem organischen Ganzen, in dem alle Teile sich aufeinander beziehen, voneinander abhängen, miteinander wirksam sind, entspricht einem weiblichen Prinzip der Schöpfung. Frauen in ihrer direkten mit-schöpferischen Verbindung zum Leben wissen, dass die Energie des Lebens durch ein organisches Ganzes fließt.

Es braucht darüber hinaus, um die Vernetztheit erspüren zu können, eine ganzheitliche Wahrnehmung und einen Sinn für Beziehungen. Beides sind weibliche Qualitäten. Diese Art des Erfassens steht im Gegensatz zu einer partiellen, analytisch klaren, scharf detaillierten Wahrnehmungsweise, die das Einzelne ausleuchtet und einer männlichen Qualität zugeordnet werden kann.

Ohne Frage benötigen wir beide Arten von Wahrnehmung, und erst in der Verbindung und Zusammenarbeit von beiden schöpft das menschliche Bewusstsein aus seinem ganzen Potenzial. Wir werden an späterer Stelle weiter verfolgen, welche Auswirkungen es allerdings hat, wenn das eine auf Kosten des anderen vernachlässigt wird.

Was den weiblichen Zugang zum Leben betrifft, so haben wir gesehen, dass es eine besondere Nähe zur Schöpfung, zum Entstehen des Lebens gibt, weiterhin das Wissen und die Fähigkeit, für das Leben zu sorgen, und zum dritten die Qualität, das Leben in seiner organischen Ganzheit und Vernetztheit zu erkennen. Dieses weibliche Bewusstsein schließt die Fähigkeit ein, auch entsprechend jener Wahrnehmung auf das Leben zu antworten und mit dem Leben zu kommunizieren.

So ist es auch eine durchaus weibliche Qualität, sich zu beziehen und durch Bezogenheit und das Nutzen und Schaffen von Verknüpfungen das Leben zu organisieren. Für Frauen haben zwischenmenschliche Beziehungen häufig einen hohen Stellenwert, und auch in Männern ist es ihre weibliche Seite, die sie leben, wenn sie sich über das Leben und Knüpfen von Beziehungen ausdrücken.

Auch Sprache und Kommunikation sind Formen von Beziehung, und der weibliche Hang zum Reden ist uns hinreichend bekannt, bis hin zu dem, dass er uns genügend Stoff für Komik und Witze bietet. Tatsächlich findet die weibliche Rede- und Beziehungsvorliebe ihren Niederschlag natürlich auch in ihrer Schattenseite, in dem, was wir Klatsch und Tratsch nennen. Doch davor sind auch Männer nicht gefeit – zumindest, wenn sie eine weibliche Seite besitzen.

Manch eine Qualität ist uns leichter begreifbar durch die Erfahrung ihres Schattens, und gerade jene Qualitäten, die wir nicht im Licht unseres Bewusstseins und zum Wohle des Ganzen leben, finden ihren Ausdruck leicht in ihrer Schattenversion, die nicht selten eine mehr zerstörerische, denn heilsame Wirkung ausübt.

Wirklich interessant wird die weibliche Fähigkeit, das Leben, die Welt und auch unsere Erde als ein organisches, vernetztes Ganzes wahrzunehmen, wenn wir darauf schauen, wie dieses Bewusstsein im Sinne einer harmonischen Verbindung mit dem Leben genutzt werden kann.

Durch das Netz des Lebens fließt eine Energie, die das Potenzial enthält, das Leben erblühen zu lassen, es zu nähren und auch zu heilen. Mit dieser Energie zusammenzuarbeiten bedeutet, die Magie des Lebens zu entfalten. Was wir als Magie bezeichnen, ist ein spontaner, natürlicher Zauber, der dem Leben selbst innewohnt und uns einlädt, daran teilzuhaben. Dass wir diesen Zauber häufig eher als „Zauberei" wahrnehmen, wenn wir ihm begegnen, ihn allenfalls als außergewöhnlichen Zufall bezeichnen, ist unserer Abkehr von jener natürlichen Magie und dem weiblichen Umgang mit dem Leben zuzuschreiben.

Doch was ist das wirklich, dieser Zauber, die *Magie des Lebens*? Einen Zauber nehmen wir wahr, wenn wir staunen. Für kleine Kinder, die noch die vollkommene Fähigkeit zum Staunen besitzen, ist die ganze Welt und jeder kleine Stein am Straßenrand in das Licht eines Zaubers getaucht. Das Leben ist überraschend, unvorhersehbar mit allem, was es hervorbringt. Wenn wir die Eigenschaft des Außergewöhnlichen und Einzigartigen dem Leben zugestehen, sehen wir die Dinge und Ereignisse wie zum ersten Mal. Deshalb ist für die Kinder die Welt voller Zauber. Alles, was sie erleben, sehen sie zum ersten Mal, ohne vorgefertigte Konzepte, mit den Augen des unvoreingenommenen Staunens.

Je älter wir werden, umso mehr bilden wir Erfahrungsmuster aus, in die wir neue Erfahrungen einsortieren. Je mehr wir verlernen, im gegenwärtigen Augenblick zu leben, umso mehr werden wir diese Erfahrungsmuster auch auf zukünftige Ereignisse projizieren. Wir entwickeln Erwartungen, positive wie negative. Weil wir damals diese bestimmte schlechte Erfahrung gemacht haben, als wir jenen Ort besuchten, wird es morgen nicht anders sein. Und schon ist es geschehen: Wir haben das Leben – zunächst in unserem Kopf – in ein Gefängnis gesperrt. Wir haben es seiner Spontaneität beraubt, und damit haben wir ihm seinen Zauber genommen. Wir fühlen uns sicherer, wenn wir uns nicht überraschen lassen, sondern vielmehr für ein Ereignis, das noch gar nicht eingetreten ist, ein Konzept basteln, sei es auch noch so sehr mit unangenehmen Erfahrungen verbunden. Den *Zauber* aber können wir nur wahrnehmen, wenn wir dem Leben erlauben, uns zu überraschen. Das, was es uns dann beschert, ist immer auf gewisse Weise ein Wunder, etwas Neues, das uns in Staunen versetzt.

Das ist wie mit dem Erlebnis, wenn auf einer Autofahrt nach einer langen Kurve plötzlich vor unseren Augen das Meer auftaucht. Augenblicklich sind wir gebannt von diesem *Zauber*. Der Anblick raubt uns fast den Atem. Obwohl wir vorher wussten, dass wir in die Richtung des Meeres fahren, erleben wir, wenn es sich plötzlich vor unseren Augen ausbreitet, einen magischen Augenblick. Doch erst wenn wir dies wahrnehmen, entfaltet sich die Magie. Sie braucht uns als Zeugen.

Das Leben möchte uns überraschen, aber wir haben verlernt, ihm zu vertrauen. In ihrem Misstrauen dem Leben gegenüber berufen sich Menschen auf die Schwierigkeiten und Probleme, die ihr Leben – unbestreitbar – mit sich bringt. Doch dies ist ja nur die halbe Wahrheit; denn das Leben hält gleichzeitig auch die Lösungen bereit. Beides gehört zusammen, macht erst in seiner Untrennbarkeit die Ganzheit des Lebens aus. Wenn wir in unserer Anmaßung mehr unserem selektiven Verstand als der Weisheit des vernetzten Lebens vertrauen, bleiben wir auf halber Strecke stehen. Meistens sind unsere eigenen Konzepte ausgestattet mit Scheuklappen und bleiben so auf das Problem selbst fixiert. Die Lösung bringt das Leben jedoch häufig von einem ganz unerwarteten Ort aus, der nicht in unserem engen Blickfeld liegt. Wir haben es mit einem Netz zu tun! Das bedeutet, dass alles mit allem verknüpft ist, innerhalb einer organischen Einheit. Wir können aus einem intakten Netz nicht einen kleinen Ausschnitt herausnehmen, der eigenständig und autonom funktioniert. Das Leben ist ein komplexes organisches Ganzes, in dem alles miteinander zusammenhängt und aufeinander wirkt, auch Elemente, die wir selbst im Traum nicht aufeinander beziehen würden. Dies ist ein weiterer Aspekt der Magie des Lebens, der niemals ein menschliches Gehirn oder ein noch so leistungsfähiger elektronischer Rechner auf die Schliche kommen kann.

Die Magie des Lebens erfahren wir auch dann, wenn die Lösung eines Problems aus einer völlig unerwarteten Ecke kommt. Dies geschieht, wenn Ereignisse in Raum und Zeit zusammenfinden, die wir auch bei bester Planung nicht selbst willentlich und bewusst zusammengeführt hätten. Wir stehen da und staunen, werden Zeugen, wie ein Fluss ohne Anstrengung seinen Weg findet.

Das Leben ist voller Beispiele einer solchen Magie, wenn wir genau hinsehen: Man befindet sich in einer schwierigen Situation und trifft an einem vielleicht völlig unspektakulären Ort genau den Menschen, der weiterhelfen kann, obwohl beide mit einem ganz anderen Ziel dorthin gekommen sind. Menschen werden uns zugespielt, Begegnungen oder Ereignisse ziehen uns in ihre Kreise, so dass wir unerwartet finden, was wir benötigen, oder geben können, was benötigt wird.

Oft sind diese spontanen Lösungen, die der Magie des Lebens entspringen, von wirklich existenzieller Natur. So berührte mich die Geschichte einer indonesischen Frau sehr, die mit ihren beiden jugendlichen Kindern für einen Kurzurlaub die Insel Bali besucht hatte. Dieses Ereignis wurde mir von deren Freundin kurze Zeit später erzählt.

Es gab eine berühmte Diskothek in diesem Ferienort, und der größte Wunsch der Jugendlichen war es, dieses Lokal zu besuchen. An jenem Tag hatte die Mutter den Kindern versprochen, am Abend mit ihnen dort hinzugehen. Doch zuvor wollten sie etwas essen. Man hatte geplant, etwa eine Stunde später zur Diskothek zu gehen. In dem Speiselokal setzte sich ein fremder Herr zu ihnen an den Tisch und verwickelte sie in ein Gespräch. Die Dame und die Jugendlichen wollten nicht unhöflich sein und blieben viel länger sitzen, als sie vorhatten. Obwohl die Ungeduld sich unter den Jugendlichen zunehmend breitmachte, zeigte sich der Fremde unbeeindruckt und ließ nicht ab von seinem Gespräch. Als sich die Familie dann endlich auf den Weg gemacht hatte und sich dem Lokal näherte, kamen ihnen plötzlich verzweifelt schreiende Menschen entgegen. Unmittelbar zuvor hatte sich der terroristische Bombenanschlag auf diese Diskothek ereignet, bei dem viele Menschen den Tod gefunden hatten.

Hätten sie also gemäß ihrem ursprünglichen Plan diesen Ort aufgesucht, so wären sie dieser Katastrophe nicht entkommen.

Dieses Ereignis war noch sehr nah an dem Geschehen selbst, als es mir von der Freundin jener Familie erzählt wurde, die es ja direkt aus erster Hand erfahren hatte. Schon während des Berichtes, bevor ich eine Ahnung vom Ausgang hatte und wusste, worum es ging, überkam mich das Gefühl von einer Art Magie, die sich durch die Worte und Bilder webte. Es ging zunächst um recht gewöhnliche Vorkommnisse, nichts Spektakuläres, warum also war das ganze Geschehen in diesen Zauber gehüllt? Die Antwort ist einfach: Die natürliche Magie des Lebens war von Anfang an wahrgenommen worden, war für die Frau, die dies erlebt hatte, eine Realität, mit der sie zusammenarbeitete, mit der sie auf natürliche Weise lebte. Sie ist nicht nur im Fluss des Lebens geblieben, ohne sich seiner Strömung mit ihrem eigenen Konzept zu widersetzen, sie hat vielmehr auch die Zusammenhänge in ihr Bewusstsein gebracht. Indem wir die Verknüpfung von Ereignissen, Menschen und Dingen erkennen und nachvollziehen, bezeugen wir auf bewusste Weise die Vernetztheit des Lebens. Wir werden zu Zeugen der Magie des Lebens, wir bejahen und bekräftigen sie.

Das Leben wiederum antwortet auf eine solche Anerkennung und Bestätigung wie ein Mensch. Eine Frau beispielsweise, deren Qualitäten niemals gesehen und wertgeschätzt werden, zieht sich zurück und verliert diese Eigenschaften irgendwann. Werden die Qualitäten jedoch wahrgenommen, beginnen sie zu leuchten und entfalten ihre Kraft. Auch das Leben entfaltet seine natürliche Magie, wenn wir sie wahrnehmen, wenn wir uns davon einladen lassen. Denn die nährende, erhaltende und heilende Energie, die das Netz des Lebens durchzieht, kommt so ins Fließen. Doch wir haben uns angewöhnt, Hindernisse in diesen Fluss zu werfen und Staudämme zu bauen. Unsere eigenen Konzepte, unsere Pläne, unsere Begehrlichkeiten erscheinen uns profitabler und verlockender als das, was das Leben aus sich heraus zu bieten hat. Dass es jemals eine Weisheit des Lebens gegeben hat, haben wir vergessen, und Wunder gibt es für uns nur im Märchen oder bei religiösen Fanatikern.

Auf diese Weise haben wir das Leben entzaubert – ohne wirklich zu begreifen, dass es uns Lösungen bieten könnte, die wirklich nährend und heilend sind.

Es ist eine weibliche Fähigkeit, das Leben in seiner Ganzheit wahrzunehmen. Frauen besitzen die natürliche Fähigkeit, auf das Leben nicht in hierarchischen, sondern in organischen Strukturen zu reagieren, weil das Leben selbst diese organische Struktur aufweist. Über diese weibliche Herangehensweise können wir erfassen, dass das Leben eine Einheit ist, in der es an nichts mangelt. Wir können erkennen, dass für alles gesorgt ist, sobald wir das Ganze sehen. Nur wenn wir auf diese Ganzheit aber auch ganzheitlich reagieren, kann sich diese Fülle ungehindert ergießen.

Schauen wir uns beispielsweise die Verteilung von Armut und Reichtum, von Nahrung und Hunger in der Welt an. In den armen Ländern dieser Welt sehen wir Hunger, Mangel an Nahrung, Mangel an so vielen lebensnotwendigen Dingen. Schauen wir auf die reichen Länder, so beobachten wir Überfluss, ein Zuviel an Nahrung, zu viele Dinge. Schauen wir nicht auf die isolierten Teile, sondern auf das Ganze, so können wir leicht erkennen, dass das eine mit dem anderen zusammenhängt, dass der Hunger in einem Teil der Welt nicht ohne Wohlstand und Übersättigung in einem anderen Teil der Welt existieren würde; und viel mehr noch, dass innerhalb des Ganzen alles vorhanden ist und kein Mangel herrscht. Trennung und Isolation durch entsprechende Machtverteilungen in der Welt führen erst zu der unglücklichen Situation. Ginge die Menschheit mit der Ganzheit der Ressourcen ganzheitlich um, so gäbe es vermutlich keinen Hunger und auch keine Übersättigung.

Obwohl wir klagen, dass die Wasservorräte in der Welt schwinden, wissen wir eigentlich, dass genügend Wasser auf der Erde vorhanden ist. Denn nicht die Menge des Wassers auf diesem Planeten ändert sich, sondern nur seine Reinheit und die Form, in der es vorkommt. In der Einheit des Lebens mangelt es nicht an Wasser auf diesem Planeten. Woran es jedoch mehr und mehr fehlt, ist der Zugang zu Trinkwasser, zu sauberem Wasser, und dieser Zugang ist überdies sehr ungleich verteilt. Dieser Mangel ist, wie wir ja hinreichend wissen, vom Menschen gemacht und letztlich auf unsere Ignoranz gegenüber der Realität einer organisch vernetzten Einheit des Lebens zurückzuführen. Gerade beim Wasser, der Grundessenz des Lebens, können wir sehen, wie eine Umgangsweise mit diesem Stoff, die nicht ganzheitlich ist, die nicht auf die Einheit des Lebens antwortet, erst den krankhaften Zustand herbeiführt.

Hier wird deutlich, wie dringend notwendig ein Bewusstseinswandel ist, um die gegenwärtig eskalierenden existenziellen Probleme in unserer Welt bewältigen zu können. Denn eine ganzheitliche Sicht auf das Leben öffnet Wege für ganz andere Lösungen als jene, die unseren Konzepten einer isolierenden Sichtweise entspringen. Wären wir nur einmal in der Lage, dieses unglaublich fein gesponnene Netz des Lebens in seiner Ganzheit betrachten zu können, wir würden vor Ehrfurcht den Atem anhalten. Vielleicht wären wir nicht mehr in der Lage zu handeln, weil wir das unglaubliche Ausmaß jeder kleinsten Einwirkung auf das ganze Netz, auf all seine Elemente, auf alle Beziehungen untereinander wahrnehmen könnten. Doch glücklicherweise liegt dieser „Überblick" oder dieses allumfassende Bewusstsein in einer Kraft, die alles Menschliche – und den menschlichen Verstand allemal – weit übersteigt. Wir Menschen können immer nur einen Ausschnitt sehen, und diese Begrenzung macht uns eben menschlich. Doch als ein Teil des Lebens selbst wissen wir von der Ganzheit des Lebens, können sie fühlen und können unsere Handlungen und unser Sein auf das Bewusstsein dieser Ganzheit ausrichten.

Das Leben als eine Ganzheit zu betrachten und ihm in dieser Ganzheitlichkeit zu begegnen, nutzt den weiblichen Sinn für die Vernetztheit des Lebens, die weibliche Fähigkeit, das Ganze in einem einzigen Blick zu haben und darin die Beziehungen und Verknüpfungen zu erkennen.

Sollte die Menschheit, wie es die Weisen, Propheten, Philosophen und Wissenschaftler unserer Zeit hoffen, nun zu einem neuen Bewusstsein finden, so spielt die weibliche Beziehung zur Einheit des Lebens eine bedeutende Rolle darin.

Das Heilige und die Achtung vor dem Leben

Eine weibliche Beziehung zum Leben schließt die Einsicht ein, dass das Leben heilig ist.

Wenn wir diese Welt, die uns umgibt, nicht als leblose Materie betrachten, die Erde nicht als ein bloßes Material, das ausgeschlachtet und verbraucht werden kann, sondern vielmehr wieder erkennen, dass die Welt, dass unsere Erde Schöpfung ist, so beginnen wir, das Heilige wieder zu erspüren.

Eine schwangere Frau weiß tief in ihrem Inneren, dass das Kind, das sie austrägt, aus Licht gemacht ist. Sie selbst verhilft mit ihrem Licht, dem Licht in ihrem Körper, diesem Wesen dazu, zu einem kleinen Menschen mit einem physischen Körper heranzuwachsen. Sie weiß und erfährt, dass das Leben für sich selbst sorgt, sich in einem unaufhörlichen Kreislauf befindet, um sich zu nähren. Die Nahrung wird durchtränkt mit Liebe, durchflutet von Licht, gibt Wachstum, geht in die Materie ein und vergeht wieder.

Weibliches Bewusstsein hat ein Wissen darüber, dass Materie von Licht erfüllt ist und nicht dumpf und leblos ist. Das Weibliche hat eine Beziehung zur Erde, die es erfahren lässt, dass die Erde lebendig ist.

Eine natürliche weibliche Beziehung zum Leben kann nicht die Tatsache leugnen, dass die ganze Schöpfung heilig ist und von der Liebe des Einen durchtränkt.

Deshalb schließt diese Beziehung sowohl eine ursprüngliche Lebensfreude, die Freude an der Schöpfung, wie auch den grundlegenden Respekt vor dem Leben ein.

Es ist immer eine besondere Ehre, ein neugeborenes Kind sehen zu dürfen. Was empfinden wir, wenn wir an seiner Wiege stehen? Wir werden von Ehrfurcht erfüllt. Es ist die Ehrfurcht vor der Größe Gottes, der dieses Leben schenkt, es ist die Ehrfurcht vor dem Leben, das dieses Wunder in unsere Welt geatmet hat, und es ist die Ehrfurcht vor dem Licht dieser Seele, die dem Himmel noch so nah ist und doch zu uns hierher gekommen ist. Aus dieser Ehrfurcht speist sich die Achtung vor dem Leben.

Das Leben hat eine Würde, die wir nur anerkennen können, wenn wir uns des Heiligen wieder gewahr werden, das ihm innewohnt. Mühsam errungen haben wir in den demokratischen Gesellschaften unserer Zeit den Grundsatz der Unantastbarkeit der Würde des Menschen. Wir sind weit davon entfernt, demgemäß zu leben. Noch weiter sind wir davon entfernt zu erkennen, dass der Mensch eine untrennbare Einheit mit dem Leben bildet und auch unsere Welt, unsere Erde, eine Würde hat, die geachtet sein will. Lediglich die verbliebenen Rituale der letzten versprengten eingeborenen Völker dieser Erde erinnern uns noch an die Würde unseres Planeten, die es zu achten gilt. Mit dem Geist eines Hirsches in Kontakt zu treten, ihn um Erlaubnis zu bitten, bevor er in der Jagd erlegt wird, erscheint uns in unserer Welt befremdlich, allerhöchstens ein wenig naturromantisch. Ihn dennoch zu erlegen, weil er für die unmittelbare Ernährung einer Gruppe von Menschen gebraucht wird, dies aber in vollem Respekt und in Anerkennung seiner Würde zu tun, passt noch weniger in die Erfahrungs- und Verständnismuster unserer westlichen Zivilisation und Lebensweise.

Wir haben jeglichen Sinn für die Würde der Erde verloren. Wäre uns dieser Sinn erhalten geblieben und würden wir diese Würde womöglich auch achten, so gingen wir völlig anders mit der Erde um. Es gäbe sicherlich keinen Fischfang mehr, bei dem unzählige „unerwünschte" Fische in den Netzen elend verenden, bevor sie dann als überflüssiger Beifang wieder tot ins Meer zurückgeworfen werden. Gewiss sind mehr und mehr Menschen besorgt um den Fortbestand des Lebens im Meer, um das ökologische Gleichgewicht, das für uns alle so wichtig ist. Dies sind hoffnungsvolle Zeichen einer Veränderung. Es regt sich etwas im Bewusstsein einiger Menschen. Doch sind die Gedanken oder gar Rettungsversuche noch weit mehr von der – freilich berechtigten – Sorge um unser eigenes Wohlergehen als von der grundlegenden Achtung vor der Würde des Lebens bestimmt. Solange wir aber nicht in unseren Herzen die Würde des Lebens fühlen können, weil wir spüren und wissen, dass alles Leben heilig ist, so lange bleibt ein Bemühen um eine andere Welt in Kämpfen gefangen. Wir kämpfen dann für etwas oder gegen etwas. Es geht um Ideologien und deren Machtverteilung und nicht um eine tiefe innere Überzeugung, die wir als Menschheit miteinander und mit allem, was auf dieser Erde lebt, teilen.

Die Ahnung, dass nicht nur jedes einzelne Lebewesen, sondern unsere Erde als Ganzes heilig ist, liegt tief in uns Menschen verborgen. Denn irgendwo wissen wir, dass die Erde nicht seelenlose Materie, dass sie vielmehr ein lebendiges Wesen ist, versehen mit einem Geist, einer Seele. Sie ist ein wunderschönes Geschöpf, einzigartig und voller Licht. Dieses Licht durchströmt jede Pore des wundersam miteinander verflochtenen Lebens auf diesem Planeten. Die Erde gibt uns seit Jahrmillionen die Grundlage, uns als menschliche Wesen weiterzuentwickeln, sie versorgt uns mit Leben, und das Leben selbst ist das, was im Kern heilig ist.

Was bedeutet das, heilig zu sein? Der Begriff des Heiligen ist uns heutzutage weitgehend unvertraut. Er begegnet uns mitunter noch als Relikt in Ritualen aus verschiedenen Religionen oder als Attribut und Anrede für die Träger hoher spiritueller Ämter, wie beim Papst als „Heiligem Vater" oder „Seiner Heiligkeit", dem Dalai Lama. In unserem einfachen alltäglichen Leben hingegen gibt es nichts Heiliges. Wir benutzen den in seiner Bedeutung gewandelten Begriff lediglich für Dinge, die uns persönlich wichtig und unverzichtbar sind, wie etwa die Tasse Kaffee am Morgen oder das tägliche Lauftraining, das uns „heilig" ist.

Vermutlich wollen wir damit nicht sagen, dass der morgendliche Kaffee oder das Joggen von Licht erfüllt sind – was gewissermaßen auch stimmt –, sondern dass dies kleine Rituale im Alltag sind, die wir respektiert haben, worin wir nicht gestört werden wollen. Wir wollen sie für uns haben. Was wirklich heilig ist, gehört uns jedoch nicht. Wir können es nicht besitzen. Vielmehr können wir es nutzen. Es kann uns dienen, und wir dienen ihm, indem wir es achten und schätzen – als etwas, das dem Leben selbst gehört, seiner göttlichen Quelle.

Das Meer gehört uns nicht, es gehört dem Leben. Es dient dem Menschen mit seinem Fischreichtum, und seit Tausenden von Jahren fangen Menschen Fische, um sich davon zu ernähren. Das ist ein Kreislauf des Lebens, der von Respekt getragen sein könnte – wenn wir das „Heilige" darin erkennen könnten.

Das Wort *heilig* ist verwandt mit dem Wort *heil,* was *ganz* oder *unversehrt* bedeutet, ebenso wie im Englischen das Wort *holy* (heilig) mit *whole* (ganz) zusammenhängt. Die Wortgeschichte zeigt uns also, dass ganzheitliche Schöpfung und Göttliches einmal vereint waren. Später erst wurde das Heilige zum Sakralen und damit aus der Sphäre des irdischen Lebens herausgetrennt und dem Gewöhnlichen, dem sogenannten Profanen, entgegengesetzt.

Heilig ist also ein Attribut, das zur Ganzheit, zum Wunder des Lebens gehört und das Licht, das dieser Ganzheit innewohnt, hervorhebt.

Es ist unser weibliches Bewusstsein, dass diese Heiligkeit wahrnehmen kann, denn das Weibliche in uns nimmt die Ganzheit wahr, und das Weibliche in uns weiß um das Licht, das in aller Schöpfung wohnt. Wie wir gesehen haben, tragen Frauen dieses Wissen in sich. Sie tragen es in einem Körper, mit dem sie Kinder zur Welt bringen können. Sie erleben hautnah mit, wie deren Seelen aus den Weiten der Unendlichkeit in diese Welt kommen und erst hier einen stofflichen Körper annehmen.

Wenn wir das Leben erkennen als das, was es wirklich ist, wenn wir seine wahre Natur erkennen und zulassen, uns darauf zu beziehen, so können wir nicht anders, als das Leben zutiefst respektieren.

Die Grundhaltung von Achtung vor dem Leben gibt dem Leben selbst die Möglichkeit, seinen Segen, seine Macht und seine Heilungskräfte über uns auszuschütten. Wie geschieht das, wie sollen wir uns vorstellen, dass das Leben seine heilenden Kräfte über uns ergießt?

Wir haben gesehen, dass dem Leben eine eigene Magie innewohnt und es diesen Zauber nur entfalten kann, wenn wir es nicht in seinen Möglichkeiten beschneiden, indem wir ihm unsere eigenen Konzepte entgegensetzen. Umgekehrt wimmelt unsere Welt vor Beispielen, die uns vor Augen führen, was geschieht, wenn wir das Leben und die Erde nicht achten. Ungezähmte Waldrodungen und Abholzungen führen beispielsweise zu Erdrutschen, die Häuser und Menschen unter sich begraben. Das Leben kann sie nicht mehr schützen, denn es ist empfindlich gestört, die Erde ist buchstäblich verwundet.

Materielle Gier und Profitstreben verwunden nicht nur die Erde, sondern verbannen die Freude und Gelassenheit aus unserem Leben. Ein wichtiges Element des Lebens jedoch ist Freude, es verleiht ihm Sinn. Achten wir das Leben, so bringt es uns Freude, nicht in Gestalt von flüchtigem Vergnügen, sondern in Form eines tiefen Glücklichseins, das wir in vielen Momenten erleben können. Freude ist eines der größten Geschenke, die uns das Leben bringt, auch damit schüttet es seinen Segen über uns aus. Vertrauen wir jedoch nicht der Kraft des Lebens und sind nur mit unserer Sorge um Hab und Gut und Konsum beschäftigt, so gibt es keine Zeit mehr für unbedarfte Freude. Wir beginnen, das Lachen eines Kindes zu ignorieren, sehen den frisch erblühten Busch vor unserem Haus nicht mehr, verlernen zu spielen und zu scherzen. Das Leben kann uns keine Freude mehr bringen. Seine Geschenke kommen nicht mehr bei uns an.

Fehlt uns also die Haltung der Achtung vor dem Leben, so kann es sich nicht entfalten als das, was es ist, zieht sich zurück in seiner Verletzung und hört auf, sein Lied zu singen.

Unsere Achtung vor dem Leben aber, die alles einschließt, die Erde und den Himmel, Körper und Geist, den Menschen und die Natur, Licht und Dunkelheit, diese Achtung macht es möglich, dass das Leben singt und sein Gesang unsere Ohren und unser Herz erreicht.

Die Abwesenheit weiblichen Wissens und weiblicher Kraft in der Welt

Es muss schon sehr lange her sein, dass für die Menschheit das Leben ein einziger die Welt erfüllender Gesang war.

Das menschliche Bewusstsein hat verschiedene Evolutionsstufen durchlaufen und dabei sein Verhältnis zum Göttlichen und zur Welt grundlegend verändert. In diesen Entwicklungsprozessen haben sich auch die Gewichtungen zwischen einem weiblichen und einem männlichen Zugang zum Göttlichen und zur Schöpfung erheblich verändert.

Es gab Zeiten, in denen weibliches Wissen und weibliche Kraft sehr präsent waren in dieser Welt. Es waren dies die Zeiten der großen Göttin, der matriarchalen Gesellschaften und der Verehrung des Göttlichen in Körper und Materie, innerhalb der Natur und in der stofflichen Welt.

Auch viele der alten indigenen Völker dieser Erde, Eingeborene Asiens, Australiens, Nordamerikas und Afrikas, lebten, solange sie Bestand hatten und ihre Kultur erhalten konnten, in einer Weise, die geführt und bestimmt war von einem weiblichen Wissen über das Leben. Einem Wissen also, das die Ganzheit des Lebens und seine Verwobenheit und Vernetztheit wahrnahm, Achtung vor dem Leben und der Natur hatte und sich des Heiligen inmitten diesen Lebens und der stofflichen Welt bewusst war.

Doch dieses Wissen ist im Laufe der weiteren Entwicklung mehr und mehr aus unserer Welt verschwunden. Zwei Faktoren spielen eine besondere Rolle in dieser Entwicklung. Sie spiegeln selbst Aspekte einer offenbar notwendigen Weiterentwicklung des menschlichen Bewusstseins wider und lassen uns bei Betrachtung besser verstehen, warum unsere Geschichte diesen Lauf genommen hat und wie es zu diesem Vergessen kommen konnte.

Zum einen gab es innerhalb des großen Wandels im Bewusstsein des Menschen die Veränderung des Gottesbildes. Der Mensch entdeckte das Göttliche in seiner Transzendenz. Die Religionen der Großen Mutter hatten ein immanentes Gottesbild verinnerlicht. Die Natur selbst, als die Große Mutter, war die höchste Gottheit, der man diente und die man verehrte. Doch nun dämmerte eine ganz neue Erkenntnis im menschlichen Bewusstsein auf, nämlich dass auch jenseits der stofflichen Realität und auch jenseits der psychischen Zwischenwelten, in denen die Schamanen und Priesterinnen zu Hause waren, eine rein geistige, nichtstoffliche und körperlose Welt existierte, die absolut göttlich war. Sie wurde zum eigentlichen Zuhause Gottes erklärt, zum Reich Gottes, und dieses Reich projizierte man in den Himmel – als Gegenpart zur Erde. Beide Auffassungen konnten nicht nebeneinander oder gar miteinander bestehen bleiben, während sich gleichzeitig ein tiefgreifender Wandel in einzelnen spirituellen und religiösen Traditionen vollzog. Im Zuge der Entwicklung zur Transzendenz fand man den einen Gott im Monotheismus, der als alleiniger Schöpfergott außerhalb der Schöpfung existierte und sie mehr transzendierte als sie zu durchdringen. Himmel und Erde wurden voneinander getrennt. Sie waren nicht länger Teile einer Ganzheit, sondern zwei getrennt voneinander existierende Welten, und der Mensch suchte in seinem religiösen Streben den Himmel zu erreichen und die Niederungen der Erde hinter sich zu lassen.

Eine solche Religion entsprach weit mehr einem männlichen Bewusstsein, da das Männliche nicht so eng verbunden ist mit dem Leben, der Erde und der notwendigen Fürsorge für den Nachwuchs. Das männliche Bewusstsein kann sich leichter von der Materie und der stofflichen Welt zurückziehen, weil es hier nicht so eng gebunden ist. So fand die Weiterentwicklung des spirituellen Bewusstseins ihren Ausdruck in eher männlich orientierten, patriarchalisch geprägten Religionen. Das Judentum und später das Christentum sowie auch der Islam breiteten sich als die großen monotheistischen Religionen aus und verdrängten natürlicherweise jene Kulturen, die zusammen mit einem immanenten Gottesbild das Heilige vor allem hier auf dieser Erde und nicht im transzendenten Himmel verehrten.

Überspitzt könnte man sagen, man schüttete das Kind mit dem Bade aus; denn die Menschheit schien reif zu sein für einen Entwicklungsschritt, und dieses neue Bewusstsein war ein Geschenk an den Menschen. Die Zeit der alten matriarchalen Kulturen schien vorüber zu sein. Um im Bild zu bleiben: Das Badewasser war verbraucht, es war Zeit, es zu erneuern. Doch, wie sich nach einigen Jahrhunderten herausstellte, hatte man etwas Wesentliches mit preisgegeben. Das weibliche Wissen in uns allen, in Frauen und in Männern, das uns hilft, mit der Erde, mit dem Leben und mit Gott im Einklang zu leben, wurde nicht nur verdrängt, sondern letztendlich weggeworfen, verachtet, erniedrigt und schließlich vergessen.

Ein zweiter bedeutsamer Faktor für dieses Vergessen war – neben der Entwicklung des spirituellen Bewusstseins – der Wandel in der Sicht des Menschen bezüglich seiner eigenen Identität und seines Verhältnisses zur Welt. Je mehr sich der Mensch seiner selbst und seiner Individualität bewusst wurde, umso forscher wurde er in der Beherrschung der Welt und des Lebens, und umso mehr lebte er in dem Bewusstsein der Getrenntheit. Wieder war es ein Geschenk an die Menschheit, an das menschliche Bewusstsein: Dem Menschen wurde ein Ich gegeben, ein Gefühl für seine Individualität. Nachdem er sich also für lange Zeit einfach als ein Teil seines unmittelbaren Lebensraumes, seiner Großfamilie oder seines Stammes empfunden hatte, ohne die er gar nicht hätte überleben können, entdeckte der Mensch nun ein ganz neues, eigenständiges Wesen: Sich selbst. Um sich selbst als eigene organische Einheit zu entdecken und zu finden, musste er sich von seiner Umgebung abgrenzen. Über die Erfahrung dieser Grenzen machte er die Erfahrung des Ich, das getrennt war vom Rest der Welt.

Wie es auf der individuellen innerpsychischen Ebene bei jedem heranwachsenden Kind zu beobachten ist, führte diese Entwicklung der Ich-Entfaltung auch auf der kollektiven Ebene zu deutlich größerer Freiheit und Differenzierung der Möglichkeiten.

Kunst und Kultur, Erfindungen und Entdeckungen, große philosophische Werke verdankten ihre Existenz dieser Freiheit zu einem differenzierteren Umgang mit der Welt. Die Welt selbst wurde immer mehr zum Gegenstand, mit dem der Mensch selbst sich als Subjekt auseinandersetzte. Die Welt, die Natur, die Erde erhielten für den einzelnen Menschen die Eigenschaft eines Objektes anstelle jenes weniger differenzierten Kosmos, in dem man zuvor eingebettet als ein Teil des Ganzen gelebt hatte. So wie sich also das Individuum mehr und mehr aus der Gemeinschaft herausschälte und löste, so löste es auch seine besondere Verbundenheit mit der Welt.

Doch das Geschenk dieser neuen Ich-Identität nutzte der Mensch zur Erfüllung seines Strebens nach Macht und der wachsenden Gier nach materiellem Reichtum. Das menschliche Bewusstsein schien in den letzten Jahrhunderten gerade einmal in die Phase der frühen Adoleszenz einzutreten. Die Kräfte wuchsen, aber es fehlte gleichzeitig an dem Bewusstsein der Verantwortung, die mit diesen wachsenden Fähigkeiten verbunden ist. Naturwissenschaftliche Erkenntnisse sind ein Geschenk an die Menschheit. Sie können unser Denken, unser ganzes Bewusstsein erweitern; denn sie eröffnen uns neue Dimensionen, neue Ansichten der göttlichen Wirklichkeit. Doch wie wir zuvor gesehen haben, ist das Göttliche im Bewusstsein der Menschen aus dem Diesseits der Schöpfung in das Jenseits des Himmels verdrängt worden. Die Erde hat in dieser

Weltanschauung nichts Göttliches mehr an sich, nichts Heiliges, und so steht ihrer bedenkenlosen Ausbeutung nichts mehr im Wege. Materielle Bedürfnisse bekamen einen viel höheren Stellenwert, denn das wachsende Ich in dieser neuen Identität des Menschen war hungrig, und man verlor, zunächst in der westlichen Hemisphäre dieser Erde, nach und nach das Gefühl für die Ganzheitlichkeit und Zusammengehörigkeit von Mensch und Schöpfung. Die Erde wurde ausgeschlachtet und gequält, und unsere Welt hörte zunehmend auf, für den Menschen ein Ort der Offenbarung des Göttlichen zu sein.

Gleichzeitig mit dieser Entwicklung zog sich das weibliche Wissen mehr und mehr zurück, entschwand aus dem Bewusstsein der Menschen. Der Rückzug war sicher nicht ganz freiwillig, denn, wie wir wissen, sind Lebensweisen, die von weiblichem Wissen geprägt waren, auch mit Macht, und nicht selten mit Gewalt, im Laufe der Geschichte zurückgedrängt worden. Auch weibliches Wissen ist nicht davor gefeit, dass seine Macht durch Menschen, und hier vor allem durch Frauen, missbraucht wird und ins Übermächtige wächst. Dies war mit Sicherheit auch einer der Gründe, die dazu führten, dass eine neue Ära der patriarchalen Weltanschauung die weiblich geprägten Zeitalter ablöste.

Wenn wir davon ausgehen, dass alles Wissen, das die Menschheit in ihrem Bewusstsein entwickelt, alle Kräfte und neuen Fähigkeiten, die sie findet und anwendet, eine Gabe Gottes sind, so können wir diese Gabe als etwas betrachten, das der Evolution der Schöpfung dient. Wenn wir nicht Mensch-zentriert, sondern Gott-zentriert denken, so mag uns deutlich werden, dass alle Erkenntnisse des Menschen ein Geschenk Gottes sind, auf dass der Mensch sie in dieser Welt anwende und damit das Göttliche letztendlich offenbart werden kann.

Immer wieder jedoch hat der Mensch das Gegebene zum Zweck der Dominanz benutzt. Ebenso wie weibliche Weisheit und weibliche Kraft missbraucht wurden zugunsten einer Herrschaft und Dominanz der Frauen und ihrer Formen weiblicher Spiritualität, so hat sich die Menschheit – und vor allem ihr männlicher Anteil – das Geschenk männlichen Bewusstseins und männlicher Kraft zum Zweck des Beherrschens angeeignet.

Die Durchsetzung einer männlichen Weise des Umgangs mit der Welt ging nicht zimperlich um mit dem weiblichen Wissen und auch nicht mit den Frauen. Von nun an bis in die heutige Zeit sollten Frauen den Schatten jenes neuen männlichen Bewusstseins spüren.

Das weibliche Wissen um Heilkunde und Heilweisen, die verknüpft sind mit einer profunden Kenntnis der Natur, das Wissen um Schwangerschaft, Geburt und Tod, die gesamte konkrete weibliche Lebensweisheit, wurde in unserem westlichen Kulturraum verunglimpft, verachtet und nicht selten, wie in der Hexenverfolgung des Mittelalters, zusammen mit ihren Trägerinnen ausgerottet.

Zu dieser Zeit hatten bereits viele weise Frauen die Türen zu den Schatzkammern ihrer inneren Welten geschlossen. Das Wissen stand der Welt nicht mehr zur Verfügung. Frauen haben den eigenen natürlichen Zugang zu ihrem Körper und dem Licht darin, das ihn heilig macht, verloren.

Mit den technischen Fortschritten der Neuzeit, die gewiss auch ein Geschenk an die Menschheit sind, hat der Mensch begonnen, die Erde und die Natur gnadenlos und grenzenlos auszubeuten. Die Spirale von Gier und Missbrauch schnellte immer weiter nach oben, und dies tut sie gegenwärtig noch immer. Frauen wie Männer dieser Welt sind daran beteiligt, und viele Frauen haben ihren ursprünglichen Schöpfungsauftrag, das Leben und das Heilige in der Welt zu schützen, vergessen.

Die Folgen der Abwesenheit weiblichen Wissens und weiblicher Kraft in der Welt präsentieren sich uns nun in einem desolaten Zustand unserer Erde und unserer menschlichen Beziehungen innerhalb einer globalisierten Welt, die eigentlich Ausdruck des Geschenks der Einheit ist.

Der Abgrund zwischen Armen und Reichen ist schwindelerregend, das Verhältnis zum Zerreißen gespannt. Obwohl wir im Zeitalter der Information und der allgegenwärtigen Kameras selbst in entlegenen Gebieten der Welt wissen, wie es um unsere Menschengeschwister und die Natur, wie es um das Leben anderer bestellt ist, obwohl auch die Naturwissenschaft uns längst die Zusammenhänge erklären kann, bewegen wir uns noch nicht wirklich in eine andere Richtung. Augenblicklich ist die globale Erwärmung, die sogenannte Klima-Katastrophe, ein beliebtes öffentliches Thema, doch das Problem wird isoliert betrachtet und nicht in Beziehung gesetzt zu unserer Haltung, mit der wir auf diesem Planeten leben.

Der Mensch verhält sich nämlich so, als würde die Welt ihm gehören. Er hat vergessen, dass sie ihm nur anvertraut ist, dass sie in Wahrheit Gott gehört. Doch an einen Gott können sich viele nicht mehr erinnern, allenfalls als jene Kindermärchen-Figur mit dem weißen Bart.

In den Augen der meisten Menschen mag Religiosität oder Spiritualität noch etwas sein für Weltabgewandte, die in Klöstern leben, für die sogenannten „Loser“ unseres Wohlstands oder für jene, die sich spinnerten New-Age-Bewegungen angeschlossen haben.

Dies ist eine unverkennbare Folge dessen, dass wir Gott von der Erde und aus unserem Leben hier verbannt haben. Wir wähnen Ihn allenfalls in anderen Sphären, im Himmel, weit weg von der Erde, weg von unserem alltäglichen Leben in diesem stofflichen Dasein. Die Augen der Menschen, mit denen sie aus dem Herzen schauen, sind trüb geworden. Sie erkennen nicht mehr das Licht, das die ganze Welt, das ganze Sein durchflutet. Die Welt selbst, die Welt als Ganzes, ist sich ihrer Göttlichkeit nicht mehr bewusst. Sie dämmert dahin und sehnt sich nach Heilung und Erwachen.

Der Zustand der Natur und der Zustand der Frauen

Unsere Welt befindet sich in einem entheiligten Zustand. Das Gleiche ist auf eine gewisse Weise mit den Frauen geschehen. Beides gehört zusammen.

Weibliches Bewusstsein und die weibliche Art, mit dem Leben umzugehen, sind nicht nur abgewertet, entwürdigt und missachtet worden, sondern auch nahezu ausgerottet.

So wie wir in der Erde und in der stofflichen Welt kein Licht mehr sehen wollten und konnten, so haben wir auch dem weiblichen Körper alles Göttliche aberkannt. Doch Frauen haben ein Licht in ihrem Körper, das sie auf eigene Weise an den göttlichen Ursprung allen Lebens erinnern kann. Dieses besondere Licht im Körper einer Frau ist selbst Teil dessen, was wir das weibliche Bewusstsein nennen. Es ist der lebendige Atem, der das weibliche Wissen durchweht und ihm Leben einhaucht; und aus genau diesem Bewusstsein bezieht das Weibliche seine Fähigkeiten und seine besondere Weise, mit dem Leben umzugehen.

Was hat es mit diesem Licht auf sich? Was macht es so einzigartig und verschieden von einem männlichen Körper und Bewusstsein? Um das tiefer zu verstehen, werfen wir noch einmal einen Blick auf Männer und Frauen und das, was sie unterscheidet.

Männer und Frauen sind verschieden. Das bestreitet niemand – trotz allen gegenwärtigen Bestrebens, auch seitens der Frauen, die Unterschiede zwischen Frauen und Männern zu nivellieren oder gar zu leugnen. Inzwischen haben wir zwar noch einen gesellschaftlichen Konsens darüber, dass es einen biologischen Unterschied gibt, doch eine andere als die rein physiologische Unterscheidung lassen wir kaum zu. Allenfalls gibt es noch einen Bereich in der Satire, der sich damit beschäftigt, dass Frauen anders „ticken" als Männer. Warum aber sind diese Witze so populär? Es scheint, als könnten Menschen sich endlich in einer ausgesprochenen, wenn auch überzeichneten Wahrheit entspannen, die sonst nicht wirklich zugelassen werden darf. Denn wir haben bewusst oder unbewusst übernommen, dass ein Unterschied zwischen Männern und Frauen mit einer Wertung einhergeht, wonach es keinen Unterschied geben kann, ohne das eine höher zu bewerten als das andere. In dem Versuch, der gewohnten Entwertung des Weiblichen zu entkommen, bemühen sich Frauen wie Männer, den Unterschied zu leugnen. In Übereinstimmung mit den Wertmustern der vergangenen Jahrhunderte streben vor allem Frauen danach, in vielen Bereichen wie Männer zu werden und sich nicht anmerken zu lassen, dass sie nicht nur einen weiblichen Körper, sondern auch eine weibliche Psyche, eine weibliche Intelligenz und ein weibliches Bewusstsein haben – ganz zu schweigen von einer weiblichen Spiritualität. Wir haben die Vorstellung der Minderwertigkeit viel tiefer verinnerlicht als wir ahnen. Die Leugnung der Einzigartigkeit des Weiblichen und die Anpassung der Frauen an das Männliche zeugen nicht von einer Überwindung dieses Werturteils, vielmehr offenbaren sie erst den tiefen Mangel an weiblichem Selbstbewusstsein.

In unserem materialistischen Zeitalter sind wir gewohnt, nur als wirklich zu erachten, was wir sehen und anfassen können, was eine physische Realität hat. Den biologischen Unterschied zwischen Frauen und Männern können wir sehen und anfassen und deshalb nicht leugnen. Doch wer die Welt als etwas Lebendiges begreift, das auf verschiedenen Ebenen existiert, und dazu noch wahrnehmen kann, dass diese Ebenen miteinander verbunden sind, weiß auch, dass der Mensch neben seiner physischen Erscheinung eine emotionale, eine geistige und eine spirituelle Existenz hat – und alle diese Ebenen nicht unabhängig voneinander sind. Was wir denken, fühlen oder sinnlich und körperlich spüren, hängt zusammen und spiegelt sich gegenseitig. Unsere physische Erscheinung hat keine eigene unabhängige Realität, die abgespalten von unseren Emotionen, Gefühlen und geistigen Regungen existieren kann. Die Ebenen beeinflussen sich gegenseitig. Wenn wir traurig sind, weinen wir, und aus unseren Augen fließen Tränen – ein körperlicher Ausdruck unseres Gefühls. Der Fluss der Tränen wiederum erleichtert unser Gemüt, reinigt und entspannt uns. Das Weinen ist also kein rein körperlicher Vorgang, sondern geschieht gewissermaßen auf mehreren Ebenen unseres Seins, die über ihre Gemeinsamkeit in der Ganzheit unseres Wesens miteinander kommunizieren, sich gegenseitig spiegeln und beeinflussen.

Auch das Weibliche oder Männliche in einem Menschen bestimmt nicht nur die jeweils physische oder biologische Ebene unseres Seins. Wir sind nicht nur im Körper Frauen oder Männer, sondern auch in unsere Psyche, auf der mentalen Ebene und in unserer Spiritualität; denn der physische Körper existiert mit seinen Eigenschaften nicht isoliert für sich allein.

Jeder Mensch hat zwar sowohl weibliche als auch männliche Anteile, doch einer von beiden überwiegt und bestimmt, ob wir Frau oder Mann sind. Natürlich ist das Verhältnis zwischen beiden in jedem Menschen individuell ein wenig anders gewichtet und wird auch jeweils unterschiedlich stark gelebt. Doch als Frauen haben wir einen weiblichen Körper sowie eine Art zu denken oder zu fühlen, die mehr weiblich ist. So sind wir geschaffen – oder wissenschaftlicher ausgedrückt: So ist es genetisch begründet. Getreu dieser genetischen Ausstattung braucht eine Frau jedoch, um ein Kind austragen zu können, nicht nur ein breiteres Becken als der Mann, sondern auch weibliche Qualitäten wie Geduld, Empfänglichkeit oder Fürsorglichkeit. Eigenschaften also, die mit ihrer Gefühls- und Verstandeswelt zusammenhängen. Doch noch weit entscheidender ist eine gewisse Substanz in der Frau, ein schöpferisches Licht, das es ihr erst möglich macht, ein Kind zu empfangen und zu gebären und alle diese Qualitäten zu leben, derer es bedarf, um für das Leben zu sorgen.

Diese Substanz ist nicht physisch. Sie ist keine chemische Verbindung, kein Hormon und kein Enzym, und doch wirkt sie sehr eng auch mit dem physischen Körper zusammen, und mehr noch, sie ist in den physischen Zellen einer Frau unmittelbar gegenwärtig. Sie ist auch nicht wirklich eine geistige Energie – es sei denn, wir sähen sie als einen Gedanken oder Wunsch, einen Schöpfungsimpuls, der direkt von Gott kommt. Es ist ein besonderes Licht, das die Zellen und das ganze Wesen einer Frau durchzieht und von dort als eine Lichtsubstanz mit der Welt, mit der Erde und dem gesamten Leben kommuniziert. Dieses Licht reflektiert das Göttliche in ihr. Es enthält das weibliche Potenzial der Schöpfungskräfte, wie sie der Frau als bewusstem mitschöpferischen Wesen anvertraut sind.

Mitunter nehmen wir dieses Licht noch wahr, beispielsweise bei schwangeren Frauen, die ein besonderes Leuchten ausstrahlen. Auch die Frau als „angebetete Schönheit" verdankt diese Aufmerksamkeit letztlich jenem göttlichen Licht, auch wenn wir nichts mehr darüber wissen und ihre besondere Anziehung längst der Herrschaft eines materialistischen Weltbildes unterworfen haben. Obwohl die vielgepriesene Schönheit der Frauen heutzutage extrem sexualisiert und einem verbreiteten Konsumdenken unterworfen worden ist, assoziiert noch jeder von uns, ob Frau oder Mann, ein gewisses Leuchten, eine Ausstrahlung, wenn jemand von der Schönheit der Frau spricht.

Wir sind uns auch einig darin, dass Schönheit nun einmal zum Weiblichen gehört, auch wenn wir keine wissenschaftliche Erklärung dafür haben, warum Männer diese besondere Art Schönheit, jene Lichtsubstanz, nicht besitzen. Freilich tragen auch Männer ein Licht in sich, doch das männliche Licht ist nicht so tief im Körperlichen und in den Instinkten verankert wie das Weibliche und gehört mehr zu Qualitäten wie Klarheit und Kraft.[2]

Frauen offenbaren das göttliche Licht ummittelbar in ihrem Körper, denn sie werden gebraucht an der Nahtstelle zwischen Formlosigkeit und Form, sind anwesend in dem Raum des Übergangs von Seele zu Körper. Sie können unmittelbar daran mitwirken, dass eine Seele körperliche Gestalt annimmt; und so übernehmen sie Verantwortung in dieser physischen Ebene. Sie tauchen damit tief ein in die Dichte der

2 Sicherlich warten auch diese männlichen Qualitäten darauf, auf neue Weise erkannt und gelebt werden zu dürfen, was jedoch in einem anderen Zusammenhang bearbeitet werden müsste.

stofflichen Welt. Um die Verbindung zum ursprünglichen Licht nicht zu verlieren, wenn sie so intensiv in der Materie arbeiten, ist ihnen der Zugang zu dieser Substanz direkt in ihren Körper gegeben.

Das Licht hilft der Frau, aber es hilft auch der Welt, sich durch sie an Gott zu erinnern; denn es hat die Kraft und die Möglichkeit, die Menschen in der dichtesten materiellen Umgebung an den göttlichen Ursprung von allem, was lebt, zu erinnern. Damit hat der weibliche Körper etwas Heiliges.

Was heilig ist, ruft danach, als solches erkannt zu werden. Es gibt ein natürliches Bedürfnis im Menschen, das Heilige zu achten und wertzuschätzen.

Doch der weibliche Körper, der dieses besondere Licht in sich trägt, jene Substanz, mit deren Hilfe eine Frau auf so intime Weise am Wunder des Lebens beteiligt wird, wurde schon lange nicht mehr wertgeschätzt. Ebenso wie die Erde, wurde er zum Gegenstand von Ausbeutung, Erniedrigung und Entwertung. Eine respektvolle Haltung gegenüber dem, was heilig ist, ging bezüglich der physischen Materie, der Erde und auch des weiblichen Körpers verloren. Durch Hunderte von Frauen-Generationen ziehen sich die Geschichten individuell und kollektiv erlebter Erfahrungen von Gewalt, Versklavung, Vergewaltigung und Gefangenschaft. Zu dieser körperlichen und seelischen Missachtung von Frauen kam es im Zuge einer Entwicklung, die eine Geringschätzung alles Weiblichen zugunsten einer zunehmenden Dominanz männlicher Werte erlaubte. Es war jene Weltanschauung, in der Geist und Materie scharf getrennt und alles Stoffliche dem Menschen zur Ausbeutung freigegeben wurde, die diesen Prozess beflügelte.

In den vergangenen Jahrhunderten war reichlich über die Missachtung von Frauen geklagt und gestritten worden. Inzwischen sind viele Menschen dieser Frage überdrüssig – verständlicherweise. Zum einen hat das leidige Thema sich niemals wirklich aus seinem innewohnenden Antagonismus befreit und blieb in seiner Bitterkeit und Humorlosigkeit hoffnungslos gefangen; zum anderen wollen wir neue Wege beschreiten. Die Menschheit bereitet sich darauf vor, alte Trennungen zu überwinden, und viele junge Frauen der gegenwärtigen Zeit haben gar nicht mehr den Raum, über diese Zusammenhänge nachzusinnen. Man hat das Thema mehr oder weniger unbewältigt irgendwo am Wegesrand liegen lassen, nicht ahnend, dass es hochbrisant für die dringendsten Fragen der Gegenwart ist und untrennbar verknüpft mit unserer kollektiven Haltung der Erde und dem gesamten Leben gegenüber.

Interessanterweise ist in der Auseinandersetzung mit der Missachtung des Weiblichen ein wichtiger Aspekt kaum wirklich wahrgenommen und deshalb auch nicht liegen gelassen, sondern erst gar nicht erkannt worden: Die Auswirkung auf die weibliche Spiritualität.

Zusammen mit der Missachtung ihres Körpers wurde den Frauen ihr eigener weiblicher Zugang zum Göttlichen genommen. Die weibliche Spiritualität ist eng mit dem Körper verbunden. Wir haben gesehen, dass Frauen diese heilige Substanz in ihrem Körper tragen, jenes feine Licht, das die Fähigkeit besitzt, nach dem göttlichen Willen direkt in der Schöpfung mitzuwirken. Dieses Licht ruht in ihren physischen Zellen und verleiht ihr ein Wissen und eine Kraft, die direkt über ihre instinktive Natur gelebt werden kann. Hat eine Frau also eine Verbindung zu ihrem Körper und ihrer instinktiven Natur, so hat sie damit gleichzeitig auch einen Zugang zum Göttlichen. Wenn sie die Verbindung lebt, so beginnt dieses Licht zu pulsieren. Es stellt sich zur Verfügung. Wenn eine Frau beginnt, nach ihrem göttlichen Ursprung, nach der Wahrheit zu suchen und sich damit auf die spirituelle Reise begibt, so wird sie in ihrem Prozess von genau diesem Licht unterstützt und begleitet.

Ein Mann muss auf dem Weg seiner Transformation, wie wir es auch aus vielen bekannten spirituellen Traditionen kennen, einen Teil seiner Instinkte transformieren und damit arbeiten. Der Zölibat ist das augenfälligste Beispiel. Für Frauen jedoch ist der Körper auf dem spirituellen Weg nicht hinderlich, sondern hilfreich.

Die Verbindung zum Göttlichen liegt für Frauen auch in ihrer instinktiven Natur, in ihrer Fähigkeit, mit der Erde umzugehen und für das Leben zu sorgen, in ihrer Gebärfähigkeit, in ihrer Schönheit und auch in ihrer Sexualität. Sie müssen nicht, wie es in männlich orientierten Traditionen wichtig ist, ihre Instinkte überwinden, sich von Körperlichkeit und Sinnlichkeit loslösen, um Gott zu finden und ihr Seelenpotenzial zu entwickeln. Vielmehr ist, wie wir gesehen haben, durch die besondere Verbindung zum Leben das Geistige und das Körperliche in Frauen auf viel engere Weise verknüpft. Der Körper selbst ist nicht nur eine Brücke zur Spiritualität einer Frau, sondern trägt auch eine Substanz in sich, die der Frau hilft, das Göttliche in sich zu realisieren.

Frauen und Männer sind verschieden, wie wir immer wieder feststellen. Jedoch sind sie nicht verschieden, um sich zu vergleichen oder gar zu bekämpfen und sich gegenseitig zu dominieren. Sie sind auf eine unterschiedliche Weise geschaffen, um miteinander und sich zusammen perfekt ergänzend für diese Schöpfung Verantwortung zu tragen. Freilich befindet sich alles Leben in ständiger Entwicklung. So ändern sich auch Frauen und Männer, und in dieser Dynamik verändert sich auch ihre Beziehung zueinander. Noch lange nicht sind wir am Ende unserer Möglichkeiten! Es bleibt reizvoll zu beobachten, was wir gemeinsam in dieser Dynamik noch entwickeln und wie wir den jeweils gegengeschlechtlichen Teil in uns integrieren können. Doch eine gewisse Dualität wird uns wohl bleiben, weil sie die Spannung ausmacht, die für jede schöpferische Manifestation notwendig ist.

Wir haben uns angeschaut, dass Frauen und Männer auf physische, psychische und geistige Art verschieden sind, und wie hier wiederum alle Ebenen sich gegenseitig durchdringen und voneinander abhängen. Wenn sie sich also auf körperlicher und seelischer Ebene unterscheiden, so ist auch leicht einsehbar, dass sie in ihrer Sexualität verschieden sind.

Instinkte und Sexualität existieren in uns nicht unabhängig von unserer Spiritualität, unserem geistigen Suchen und unseren Seelenqualitäten. Doch die Beziehung zwischen diesen beiden Ebenen ist in Frauen und Männern verschieden, weil sie eben verschieden gemacht sind. Während sich Männer auf eine gewisse Weise von der Bindung an ihre Instinkte lösen müssen, um Zugang zu ihrem Licht zu finden und dieses dann in ihr Leben zu integrieren, haben Frauen auch über ihre Instinkte Zugang zum Göttlichen.

So ist die weibliche Sexualität auch eng verknüpft mit der Spiritualität einer Frau. Wenn Frauen eine natürlich fließende, freudevolle Sexualität leben, so können sie diese unmöglich trennen von ihrer Beziehung zum Göttlichen.

Genau dies ist aber geschehen durch die Entheiligung des Körpers. Spiritualität und Sexualität wurden nicht nur komplett getrennt, viel mehr noch wurde das eine zum Schatten des anderen. Die Sexualität und alles, was mit dem weiblichen Körper zu tun hatte, wurde mehr und mehr ins Reich des Dunklen, in der christlichen Kirche sogar des Sündhaften verbannt. Der weibliche Körper wurde benutzt, und Frauen sind des eigenen Zugangs zu ihrer Sexualität, zu dem Wissen um Empfängnis, Schwangerschaft und Geburt enteignet worden.

Gleichzeitig hat eine männlich orientierte Spiritualität, die eine gewisse Loslösung von den Instinkten einschließt, für die Frauen mitunter tiefgreifende Folgen. Sie bleiben gewissermaßen „in der Luft" hängen, da die so essenziell notwendige Verbindung zur Erde und zu den Instinkten abgeschnitten wird. So finden sie nicht die Erfüllung, von der sie ahnen, aber nicht wissen.

Der Verlust des Zugangs zum eigenen Körper und dem, was darin heilig ist, geht also einher mit dem Verlust des Zugangs zur weiblichen Spiritualität. Beides, und das blieb bisher kaum erkannt, ist eng miteinander verknüpft.

Frauen tragen die Erinnerung an Verletzung und Verwundung tief in ihrem Gedächtnis. Auch wenn eine Frau individuell ein physisch und psychisch vergleichsweise unversehrtes Leben in ihrer Biographie aufweisen kann, so nimmt sie doch innerlich Teil an der kollektiven Erfahrung von Verwundung, die Frauen seit Jahrhunderten und über die verschiedenen Kontinente hinweg bis heute gemacht haben. Die Verletzung des Weiblichen ist Bestandteil des kollektiven Gedächtnisses von Frauen und prägt ihr Leben.

Darüber hinaus prägt es unsere Welt, da Frauen aufgrund dieser Prägung der Welt ihre Kraft nicht geben können oder vorenthalten. Darauf werden wir später zurückkommen.

Ein zweiter Aspekt, wenn wir über den Zustand der Frauen sprechen, ist, wie wir bereits gesehen haben, die Trennung von ihrem natürlichen weiblichen Wissen. Die ursprüngliche vitale und weise Verbindung zum Leben ist abgeschnitten, das Wissen ist verschüttet.

Noch immer gebären Frauen Kinder, aber viele der zumindest westlichen Frauen ahnen kaum noch, geschweige denn sind sich dessen bewusst, an welchem tiefen Mysterium sie teilhaben. Frauen leiden deshalb unter einem enormen Kraftverlust, und die weibliche Kraft, die einem fundamentalen Wissen über das Leben entspringt, fehlt der Welt. Frauen haben nicht nur als Mütter, sondern auch in ihren Berufen, in ihrer

Arbeit außerhalb der häuslichen Welt und in ihren Beziehungen den Zugang zu ihrer weiblichen Kraft verloren.

Deshalb sind die Frauen in unserer gegenwärtigen westlichen Welt verwirrt. Eine Flut von Ratgebern für alle erdenklichen Lebenssituationen und Vorgänge des Lebens überschüttet den Markt. Ob es darum geht, wie man die Signale seines Körpers oder die des eigenen Kindes verstehen kann, die Existenz solcher Publikationen ist ein Ausdruck dessen, dass Frauen den Zugang zu ihren natürlichen Instinkten verloren haben. Sie sind verunsichert und versuchen, woanders mühsam herauszufinden und nachzulesen, was eigentlich Teil ihres eigenen Wissens ist. Der Zugang ist verschüttet.

Bemerkenswert und dennoch wenig bedacht ist allerdings, dass letztlich Frauen selbst ihren Teil dazu beigetragen haben. Sie haben ihr Wissen vergraben und versiegelt und sich stattdessen bemüht, ein männlich geprägtes Bewusstsein und den entsprechenden Umgang mit der Welt zu adaptieren. Warum ist das geschehen? Nun, wir wissen, dass nicht immer in der Menschheitsgeschichte eine neue Kultur aus der vorhergehenden organisch gewachsen ist. Oft waren und sind noch immer die Veränderungen mit Bedrohung und Verfolgung jener verbunden, die als Träger des alten Wissens gelten. Die sogenannte Hexenverfolgung aus dem Mittelalter ist ein berühmtes Beispiel für die Hetzjagd gegen weise Frauen und die gewaltsame Ausrottung weiblichen Wissens. Das profunde und gleichzeitig intuitive Heilwissen um die Kräuter der Natur und das Wissen der alten Hebammen um die Unterstützung in Schwangerschaft und Geburt wurden dämonisiert und verfolgt. Damit Frauen in diesem Klima überleben konnten, mussten sie ihr Wissen verbergen und gaben es auch nicht mehr weiter. Weibliches Wissen ist seit jeher vorrangig auf mündliche Weise übertragen worden – von Müttern zu Töchtern, von Lehrerinnen zu Schülerinnen, von Priesterinnen zu ihren Novizinnen. Dieser Weg der Übertragung wurde nun häufig unterbrochen, nicht nur aus individuellen Überlebensgründen, sondern auch zu anderen weniger existenziell bedrohlichen Zeiten, um das Wissen selbst zu schützen. Gleichzeitig wurde natürlich Frauen mehr und mehr der Raum genommen, in dem sie sich diesem Wissen noch widmen oder es anwenden konnten.

So verhüllt sich das Licht des Weiblichen in unserer gegenwärtigen

Welt hinter zahllosen Schleiern, die es schützen sollen, letztlich jedoch auch leugnen, weniger wirksam und nahezu unsichtbar machen.

Die weiblichen Qualitäten und die Sorge des Weiblichen für das Leben fehlen der Welt und fehlen unserer Natur. Unserem Umgang mit der Erde mangelt es an jenem Wissen um die Ganzheit und um das Heilige in der Materie.

Der Zustand, in dem sich unsere Natur befindet, hängt also eng mit dem Befinden des Weiblichen zusammen: Die Erde vermisst das Licht, die Aufmerksamkeit und die Liebe des Weiblichen.

Gleichzeitig verbindet beide, die Erde wie die Frauen, die Gemeinsamkeit jener tiefgreifenden Erfahrung von Entheiligung und Verwundung. Auch der physische Körper der Erde ist entwürdigt und wird in so vielen Bereichen tief verletzt. Die Folge ist die fortschreitende Zerstörung unserer Natur. Ihre Selbstheilungskräfte haben nicht mehr viel Raum, um sich zu entfalten.

Frauen haben eine tiefe Verbindung zur Erde, und sie spüren den Schmerz der Erde. Sie sind sensibel für das Leid der Erde, da sie zum einen die enge Verbindung zur Erde empfinden und zum anderen die gleiche Erfahrung gemacht haben. Genauso sind Frauen aber auch in der Lage, die Freude der Erde zu spüren, ihre Wärme und ihre Großzügigkeit. Sie wissen um das Nähren und Genährt-werden und um die Kräfte der Heilung.

Es wird Zeit, dass sich Frauen wieder dieser Verbindung bewusst werden und sie ins Leben bringen.

Frauen, die Kinder zu versorgen haben und dies als große Belastung empfinden, mögen manches Mal die Grundweisheit gehört haben: „Sorge für dich selbst. Wenn es der Mutter gut geht, dann geht es auch den Kindern gut." Dies ist eine simple, aber sehr zutreffende Wahrheit. In leichter Abwandlung kann man sagen: „Wenn es den Frauen gut geht, geht es der Schöpfung, geht es unserer Welt gut."

Was also fehlt den Frauen? Wie kann es ihnen wieder gut gehen, damit die Welt, damit das Leben selbst wieder heilen kann?

Zweifellos hilft es unserer Welt nicht, wenn es den Frauen schlecht geht.

Darum ist es wichtig, dass die Frauen den Zustand der Verwundung des Weiblichen hinter sich lassen und wieder Zugang finden zur weiblichen Kraft. Nicht um eine neue Herrschaft aufzubauen, nicht um eine Dominanz durch eine andere auszutauschen, sondern um gemeinsam mit den Männern zu helfen, dass unsere Welt wieder lebendig wird und das Leben wieder singt. Deshalb werden wir uns im nächsten Teil mit der Heilung des Weiblichen befassen, mit dem Abschied der Frauen vom Leid.

Doch zuerst widmen wir uns der Möglichkeit, das bisher Gesagte nicht nur in Worten, die wir aufnehmen, sondern durch eine kleine Übung im eigenen inneren und körperlichen Erleben zu erfahren. Wir dürfen jedoch nicht vergessen, dass die Anleitung zu einer sogenannten Übung immer ein Hilfsmittel bleibt, das uns individuell unterschiedlich zusagt und auch unterschiedlich hilfreich ist. Niemals ersetzt sie die direkte Lebenserfahrung. Doch eine solche Achtsamkeitsübung kann uns den Zugang zu neuen Wegen eröffnen; denn uns selbst darin zu erleben, wird Teil unserer eigenen Erfahrung und als solche keine Glaubenssache, kein übernommenes Konzept, kein isoliertes Denkmuster, sondern immer ganz authentisches Gewahrsein.

Übung

Meine Verbindung mit dem Leben

Diese Übung dient dazu, uns einen Raum zu schaffen, in dem wir unsere eigene Verbindung zum Leben erspüren können. Sie arbeitet mit der Fokussierung unserer Aufmerksamkeit in einer entspannten Ausgangssituation. Die eigentliche Übung erfordert nur etwa zehn Minuten, doch es ist hilfreich, wenn man sich vor- und nachher jeweils zehn Minuten Zeit nimmt, um sie darin einzubetten und in das eigene Erleben zu integrieren.

Sie können sich die Schritte, wenn Sie allein damit sein möchten, vorher durchlesen und einprägen oder auch von einer Freundin oder einem Freund während der Übung ansagen lassen.

Suchen Sie Sich einen Ort, an dem Sie Sich wohlfühlen und ungestört bleiben können, einen Raum in Ihrer Wohnung oder draußen in der Natur. Wenn möglich, ziehen Sie Ihre Schuhe aus. Entspannen Sie sich einige Minuten und lassen den Kopf frei werden von Gedanken, die Sie beschäftigen.

Dann stellen Sie sich mit beiden Füßen fest auf die Erde und suchen eine Position, in der Sie entspannt und doch aufrecht und vor allem stabil stehen können. In dieser Haltung bleiben wir wach und aufmerksam und können zudem sehr deutlich und regelrecht physisch im Raum spüren, wie wir eine Verbindung zwischen Himmel und Erde herstellen.

Gehen Sie zuerst mit Ihrer Aufmerksamkeit in die Füße und fühlen Sie die Verbindung zur Erde. Ihre Füße berühren die Erde nicht nur, sie werden auch versorgt von einem beständigen Strom, der die Erde und Ihren Körper miteinander verbindet.

Jetzt gehen Sie mit ihrer Aufmerksamkeit zu Ihrem Atem. Lassen Sie den Atem so fließen, wie er von allein strömt, und schauen Sie ihm einfach dabei zu. Sie atmen ein und atmen aus. Spüren Sie, wie der Strom des Atems Ihren Körper in Schwingung versetzt, und folgen Sie diesen Schwingungen in Ihren Körper. Gehen Sie mit Ihrer Aufmerksamkeit mit, und reisen Sie mit dem Atemfluss durch den gesamten Körper, bis in die einzelnen Zellen. Nach einigen Atemzügen spüren Sie vielleicht, wie der Atem eine Qualität von Licht oder Friede mit sich führt und wie die Zellen Ihres Körpers darauf antworten.

Spüren Sie, wie mit jedem Atemzug das Leben in Ihnen neu erweckt wird. Wie mit jedem Atemzug das Licht in Ihren Zellen neu pulsiert. Spüren Sie die Vitalität, die Lebendigkeit in den Zellen Ihres Körpers, und vergegenwärtigen Sie sich, dass der Atem Sie mit allem Leben in und um Sie herum verbindet. Vielleicht nehmen Sie dies als eine Schwingung wahr, oder als ein fließendes Licht oder einfach als ein friedvolles Gefühl, in dem alles seinen Platz hat und es keine Zweifel gibt.

Jetzt können Sie schauen, wie verbunden Sie Sich mit der Ganzheit des Lebens fühlen, wie vielleicht vermeintliche Grenzen sich als trügerisch erweisen und das ganze Leben – und nicht nur ein kleiner Teil davon – Sie in seine Arme nimmt. Ist da wirklich eine Trennung zwischen dem Boden, den Sie berühren, und Ihnen selbst, zwischen der Luft, die Sie einatmen und der Luft um Sie herum, zwischen dem leise vernommenen Zwitschern eines Vogels und der Melodie im eigenen Herzen?

Gehen Sie mit Ihrer Aufmerksamkeit zu Ihrem Herzen und spüren Sie nach, was Sie tief in Ihrem Herzen für diesen Organismus des Lebens, für diese Erde empfinden. Was immer Sie empfinden, ob Respekt, Fürsorge, Verantwortung, Dankbarkeit oder ein tiefes Gefühl der Liebe, geben Sie ihm Raum und Achtsamkeit in Ihrem Inneren.

Spüren Sie dann in Ihren Körper hinein und schauen, wo Sie diese Kraft, die Sie mit dem Leben verbindet und die Sie selbst dem Leben zur Verfügung stellen können, am deutlichsten in Ihrem Körper spüren können. Legen Sie Ihre Hände auf diese Stelle und atmen Sie zu diesem Ort hin, wenn Sie ausatmen. Seien Sie ganz aufmerksam für das, was Sie fühlen, was Sie wahrnehmen. Nehmen Sie es als das, was es ist, in diesem Moment. Ohne sie zu bewerten, nehmen Sie diese Erfahrung in Ihr Herz.

Spüren Sie wieder in Ihre Füße und fühlen Sie den Kontakt zum Boden. Sie können sich jetzt wieder bewegen, die Arme ausstrecken oder sich ruhig hinsetzen. Kommen Sie mit Ihrer Aufmerksamkeit wieder zurück in Ihr alltägliches Leben. Nehmen Sie diese Erfahrung mit dort hinein!

Der 2. Kreis:

Die Heilung des Weiblichen

Wirf dich auf ihn! Und fürchte nicht,
er wird nicht weichen und dich fallen lassen!
Nein, wirf dich ruhig auf ihn;
er fängt dich auf und wird dich heilen.

AUGUSTINUS, CONF. VIII, 11,27

Verwundung und weibliches Leiden

Es ist keine Frage: Es gibt ein Gedächtnis für Verletzungen.

Eine physische Verletzung, wie der Bruch eines Knochens, eine tiefe Fleischwunde oder ein operativer Eingriff, graben sich immer in das Gedächtnis unseres Körpers ein. Wir sagen, der Körper ist traumatisiert. Das bedeutet, er ist in einer gewissen Weise erschüttert und aus seinem bisherigen Gleichgewicht gerissen. Auch wenn der Körper wieder heilt, bleibt für ihn das Ereignis unvergesslich, selbst wenn das bewusste mentale Gedächtnis keine Erinnerung mehr von diesem Ereignis haben sollte. Die meisten Wunden können heilen, doch der vorherige Zustand der Ganzheit des Körpers ist zerstört. In einem tiefgreifenden Prozess muss der Körper eine neue Ganzheit finden. Dabei wird die Erfahrung der Verletzung in die neue Ganzheit integriert.

Wenn eine Traumatisierung auf diese Weise physisch verarbeitet wird, entstehen häufig in der Zukunft wiederkehrende Situationen, die an den alten Schmerz erinnern, oft auch diesen Schmerz wieder aufleben lassen. Unser Körper speichert nicht nur die Verletzung, sondern auch die damit verbundenen Schmerzen in seinem Gedächtnis.

Ist es also verwunderlich, dass wir auch auf anderen, nicht körperlichen Ebenen Verwundungen im Gedächtnis behalten? Und wir wissen das. Wir speichern beispielsweise emotionale Verletzungen im Gedächtnis unserer Psyche auf ähnliche Weise wie der Körper. Für alle Verletzungen der Ganzheit, ganz gleich auf welcher Ebene, ob körperlich, emotional, mental oder spirituell, gibt es ein Gedächtnis.

Einige Verwundungen erinnern wir für längere Zeit oder lebenslang in unserem bewussten mentalen Gedächtnis, doch die unbewusst gespeicherten Erinnerungen machen einen wesentlich größeren Teil aus. Wir wissen aus Erfahrung und aus den Erkenntnissen der Wissenschaften, vor allem der Psychologie, dass das lebendige System unseres geistig-seelisch-körperlichen Organismus sich teilweise dadurch schützt, dass es traumatische Ereignisse aus der bewussten Erinnerung verdrängt, was aber nicht bedeutet, dass sie nicht weiter auf unser Leben einwirken.

Darüber hinaus kann der Mensch, der sich mit seiner Seele befasst – hier ist nicht die Psyche gemeint, sondern der unsterbliche göttliche Teil in uns – die Erfahrung machen, dass auch Erinnerungen auf der Ebene der Seele gespeichert werden.

Wenn das Weibliche nun, wie wir im vorangegangenen Kapitel gesehen haben, über viele Generationen hinweg verletzt worden ist, so muss es in der Menschheit ein unermessliches Gedächtnis von Erinnerungen an diese zahllosen Verwundungen geben. Auf einer individuellen Ebene sind diese Erinnerungen insbesondere in der Seele und dem Körper der Frauen gespeichert, da es die Frauen sind, welche vorwiegend die Verletzungen „am eigenen Leib" erfahren haben. Gleichzeitig ist die Verwundung des Weiblichen und der Ganzheit des Lebens auf einer kollektiven Ebene in unserer Welt und in unserer Erde gespeichert.

Wir werden auf den folgenden Seiten immer wieder Frauen mit ihren ganz eigenen Erfahrungen sprechen lassen, die auf einem Weg der Meditation mit der Arbeit an sich selbst konfrontiert waren und ihre Erfahrungen, Träume, Fragen und Erkenntnisse erzählt oder notiert haben.

Wenn wir individuellen Geschichten lauschen, die von Frauen erzählt werden, für die auf einem inneren Weg ein gewisses Licht des Bewusstseins in das Dunkel der unbewussten Gefühle strahlt, so wird uns einerseits die Thematik, auch in ihrer kollektiven Dimension, anschaulich, und andererseits können wir das Entwicklungspotenzial und die Möglichkeiten der Heilung darin erkennen. Die Geschichten und Reflexionen sind nicht allgemeingültig, aber es sind lebendige, authentische Beispiele. Freilich sind die Erfahrungen so individuell und einzigartig wie die Menschen, die hinter den Worten verborgen sind, und ihre Aufzeichnungen sind Ergebnisse eines einzigen Augenblicks, der sich ständig wandelt – eben genauso wie unser Bewusstseinszustand und die Art und Weise, wie wir auf die Welt, auf Gott und auf unser Leben blicken. Betrachten wir sie also wie Spuren im Sand des Lebens, die vom Wind eines großen schöpferischen Bewusstseins immer wieder verweht und zu neuen Mustern geformt werden. Niemand anders kann exakt in diesen Mustern laufen, denn wir müssen alle unseren eigenen Weg finden. Doch diese Erfahrungen geben uns Einblicke, Ahnungen und erzählen uns Geschichten, mit denen sich unsere eigenen Geschichten verbinden und erinnern lassen. Und sie geben Hinweise auf die Wege der Heilung.

Kehren wir zurück zu dem tief gespeicherten Gedächtnis der Verletzungen des Weiblichen, so finden wir seine Spuren auch in dem, was Frauen an die nächsten Generationen übermitteln. Mütter geben von Generation zu Generation das Leiden an der Verwundung und das Erinnern des Schmerzes an ihre Töchter weiter. Individuell sind die Geschichten verschieden, die vermittelten Botschaften jedoch ähneln sich.

Wie sich die Überzeugung vom Leiden der Frau – auch unausgesprochen – in die Generationenfolge von Frauen einbrennt, zeigen die Worte einer Frau, die inzwischen einen Weg der Heilung eingeschlagen hat:

„Lange war mein Weiblich-Sein mit der Möglichkeit sexueller Gewalt verknüpft. Das Thema Vergewaltigung war eigentlich ständig präsent.
Ich lebte mit Mutter und Großmutter zusammen, die beide während ihrer Flucht 1945 mehrfach vergewaltigt wurden. Auch ohne dass darüber gesprochen wurde, wirkten ihre Erfahrungen in mir. Für mich war klar, dass Frau-sein automatisch bedeutete, verge-

waltigt zu werden. Es fühlte sich an wie ein Naturgesetz und wurde nicht hinterfragt, sicher auch, weil es ein Tabu in der Familie war."

Auch wenn es im eigenen Leben nicht wirklich eine Erfahrung der Verletzung des Weiblichen gibt und ein Gefühl für das Leiden des Weiblichen nicht bewusst vorhanden ist, bestimmen oft kollektive Erinnerungen und unbestimmte Ängste oder Verweigerungen das weibliche Leben. Eine andere Frau, die schon viele Jahre an sich selbst gearbeitet hat, beschreibt dies so:

„Wenn ich auf mein jetziges Leben blicke, so gibt es da keine einschneidende Erfahrung, die einen Kontakt zum Leiden des Weiblichen hergestellt hat. Mir war lange nicht bewusst, dass ich etwas mit dem Thema zu tun haben könnte.
Heute weiß ich, wie stark ich damals vom Leben abgeschnitten war, keine wirkliche Verbindung zu mir und dem Leben hatte. Ich hätte es früher nicht so benennen können, aber es war im Nachhinein immer ein tiefes Gefühl von Isoliertheit und Unfähigkeit, da wirklich in Beziehung gehen zu können.
Ich erinnere mich, dass ich so sehr von mir und meiner Weiblichkeit entfernt war, dass ich mit fünfzehn Jahren innerlich ahnte, dass es nach der Schulzeit sichtbar werden könnte, dass ich mich nicht auf eine wirkliche Beziehung mit einem Mann einlassen werde/kann. Es war wie eine Einstellung, ein Geheimnis tief in mir, zu dessen Ursache ich aber keinen Zugang hatte, und der Kummer, der darin lag, versteckte sich hinter dem Mantel des „Besonderen". Es hat dann zwar Beziehungen gegeben, weil die Sehnsucht nach Liebe und Verbindung schon da war, aber ich konnte mich nie wirklich einlassen, was sich auch in der Wahl der Partner spiegelte. Ich fühlte mich darin hilflos, alleine und schuldig – auch grausam, als würde ich die Partner auf eine Art auch betrügen und ihnen etwas vorenthalten, was ich aber nicht geben konnte, weil ich mich damit nicht verbinden konnte."

Obwohl in diesen Worten schon deutlich wird, dass es einen gewissen eigenen Anteil am weiblichen Leiden gibt, der wie ein Teufelskreis die schmerzvolle Situation aufrechterhält, wird letztlich jeder Teil dieser gesamten Erfahrung – auch in den Reaktionen der Frauen selbst – immer wieder neu ins Leiden getaucht.

Das Leiden des Weiblichen scheint eine ganz eigenständige Realität zu sein, auch wenn es mit der Verwundung zusammenhängt. Doch Frauen leiden nicht nur an den Verletzungen des Weiblichen selbst, sie leiden auch an ihren eigenen Reaktionen darauf. Sie leiden an ihren Schmerzen und an den Schmerzen ihrer Kinder und Kindeskinder ebenso wie an den Schmerzen ihrer Mütter und Vormütter. Sie leiden an ihrer Verweigerung. Sie leiden an ihrer Opferrolle. Sie leiden an den Beziehungen zu Männern, die sie sich in der modernen westlichen Kultur doch überwiegend selbst wählen. Die Leidensfähigkeit scheint unermesslich zu sein und neigt dazu, sich auszudehnen und sich vom Zentrum des ursächlichen Schmerzes aus weit in alle Lebensbereiche zu erstrecken.

So mag es nicht verwundern, dass sich nicht nur bei Männern, sondern auch bei manchen Frauen eine gewisse Abwehr, wenn nicht gar ein Widerwille oder sogar eine Missachtung gegenüber dem Thema des „verwundeten Weiblichen" entwickelt hat.

Dieser Überdruss darf natürlich nicht darüber hinwegtäuschen, dass die Verwundung des Weiblichen eine lange Tradition in unserer Welt hat und bis auf den heutigen Tag eine Dimension einnimmt, die sehr weitreichend ist.

Vergegenwärtigen wir uns das Ausmaß des Gedächtnisses von Verwundung, so mag uns die Hartnäckigkeit und Zählebigkeit weiblichen Leidens nicht mehr erstaunen. Doch gleichzeitig drängt sich die Frage auf, wie wir denn nun diesen endlosen Kreislauf des ewig scheinenden Leidens, der lähmenden Schmerzen und Klagen, endlich durchbrechen können.

Die Verletzung des Weiblichen wirkt sich zwar auch auf Männer aus, etwa wenn das Weibliche in ihnen selbst verwundet wird, wenn sie Verletzungen durch die Reaktionen der Frauen erfahren oder wenn sie ihre weibliche Seite nicht zu entwickeln wagen. Doch das Leiden scheint vorzugsweise eine Erfahrung der Frauen zu sein, die sie passiv, aber auch in aktiver Form ins schier Grenzenlose ausdehnen können.

Interessanterweise findet sich schon in den ältesten Mythen das klassische Leiden des Weiblichen, wie etwa in dem vorpatriarchalen sumerischen Mythos der Göttin Inanna – einem der frühesten schriftlich überlieferten mythologischen Zeugnisse. Inanna, die mächtige und sinnliche Göttin, die den Weltenbaum gepflanzt und Ordnung in die Schöpfung gebracht hatte, singt diese leiderfüllte Klage:

„Mich, die Frau, hat er mit Schrecken erfüllt …
Hat mich, die Königin des Himmels, erfüllt mit
Bestürzung ….
Ich, die Frau, der das Land gehört, sag mir wo
ist mein Haus?
Sag mir, wo ist die Stadt, in der ich leben kann …
Der Vogel hat sein Nest, meine Jungen aber sind
vertrieben,
Der Fisch liegt im stillen Wasser, ich aber habe
keinen Ruheplatz.
Der Hund ruht auf der Schwelle: ich aber habe
keine Schwelle ….[3]

Dieses Lied mag sich auf ein konkretes Ereignis beziehen, und doch kann es auch als ein Symbol der leidenden Weiblichkeit gesehen werden, ein Symbol für das Gefühl der Frau, mit ihren natürlichen Kräften aus der Welt verbannt worden zu sein und auf ewig darunter leiden zu müssen. Selbst die leidenschaftliche Göttin Inanna, die noch die Freude und Sinnlichkeit des Weiblichen trägt und auch die Verbindung zur Schöpfung, die ihren mythologischen Nachfolgerinnen in einer männlich bestimmten Welt und Kultur verlorengegangen sind, klagt und leidet zutiefst. Mehr noch, sogar das Selbstmitleid, jene uns so hinreichend vertraute Nuance des weiblichen Leidens, klingt durch ihre Verse hindurch.

Beachtenswert ist jedoch, dass dieses Leiden nur ein einzelner Aspekt des gesamten Mythos ist, der uns nämlich in seiner Ganzheit die sehr tiefgreifende und bilderreiche Anschauung eines weiblichen Einweihungsweges liefert. Die gesamte Geschichte der Göttin Inanna ist ein Weg der weiblichen Transformation. Auf diesem Weg steigt sie hinab in die Tiefe und kehrt wiedergeboren zurück.

Wenn wir uns mit einem solchen Weg der Transformation befassen,

3 Sylvia Brinton Perera, Der Weg zur Göttin der Tiefe, Interlaken 1993.

dürfen wir nicht vergessen, dass bei einer tiefgreifenden Umwandlung Schmerz und Leiden selbst eine Kraft bilden, die mithilft und transformierend wirkt. Dies ist jedoch nur so lange der Fall, solange man nicht am Leiden festhält und damit zulässt und fördert, dass das Leiden zum Selbstzweck wird. Wenn wir den Schmerz zum Anlass nehmen, uns im Leiden einzurichten, wenn wir eine gewisse Genugtuung im Leiden erfahren und beginnen, uns mit unserer eigenen Existenz darin sicher zu fühlen, dann hat das Leiden sich bereits verselbstständigt. Bedauerlicherweise ist es vielen Frauen nicht bewusst, dass auf diese Weise eine Heilung blockiert wird und eine Umwandlung nicht stattfinden kann. Der ursprünglich erfahrene Schmerz mit der Kraft, die sich hinter bewussten Prozessen des Leidens verbirgt, steht dann einem tiefgreifenden Umwandlungsprozess nicht mehr zur Verfügung, bleibt isoliert, stagniert und verweigert sich selbst einer Veränderung. Leid wird zu Leiden und bleibt Leiden und entzieht sich jeder Sinnhaftigkeit.

Interessanterweise ist vielen Frauen nicht einmal das Leiden selbst bewusst. Sie bemerken lediglich einen Mangel an Freude, an Leidenschaft, an Lebenslust und Kreativität – an all jenen weiblichen Qualitäten, die den Frauen gegeben wurden, um für dieses Leben und unsere Erde zu sorgen.

Wenn Frauen sich auf einen Weg der Heilung einlassen, der in die Erneuerung des Weiblichen ebenso wie des ganzen Lebens auf der Erde mündet, so erfordert das, jenen ersten für eine Transformation notwendigen Schritt zu tun, der bedeutet, sich das Leiden bewusst zu machen, ohne daran festzuhalten, und die Verwundung anzunehmen.

Wir haben am Beispiel der physischen Verletzung gesehen, dass eine Ganzheit, die verletzt wurde, durch einen Heilungsprozess in eine neue Ganzheit einmündet. Diese neue Ganzheit grenzt das Ereignis der Verletzung nicht aus, sondern schließt es ein. Auf einer umfassenden Ebene, die alle Aspekte des menschlichen Seins auch in seiner geistig spirituellen Dimension einschließt, nennen wir das Transformation.

Das Annehmen ist der erste Schritt eines solchen Umwandlungsprozesses.

Die Verwundung annehmen

Um spüren zu können, was es wirklich bedeutet, anzunehmen, müssen wir uns zunächst den Unterschied zwischen dem *Beklagen* des Geschehenen und dem *Akzeptieren* verdeutlichen. Allein die Tatsache, dass Frauen über ihre Verletztheit klagen, bedeutet nicht, dass sie diesen Zustand des Verwundetseins angenommen haben. Das Klagen bleibt gewissermaßen auf einer mehr äußeren emotionalen Ebene stecken, es ist häufig genug verbunden mit einer Anklage oder einem Selbstmitleid und hält die Erfahrung auf diese Weise auf Abstand, nimmt sie nicht nach innen. Ohne Frage machen Menschen unglaublich schmerzliche Erfahrungen, und die qualvollen Erfahrungen von Frauen, auch in den vielen leiderfüllten Einzelschicksalen, sind unermesslich. So ist das Klagen darüber auch eine Form der Verarbeitung oder der Trauer und somit ein wichtiger Teil der Erfahrung selbst. Doch viele Frauen sind in eine Art kollektiver Dauerklage gefallen, die nicht mehr eine Stufe der dynamischen Verarbeitung, ein Ausdruck von Trauer ist, sondern eher einer festgefahrenen Gewohnheit gleicht, in der verewigt wird und so stagniert, was eigentlich wandelbar ist.

Auf der anderen Seite bedeutet jedoch die Akzeptanz des Zustands der Verletztheit nicht, dass man das Geschehene in irgendeiner Form bewertet, womöglich gutheißt.

Annehmen bedeutet, auf einer tiefen Ebene Ja zu sagen. Doch viele Frauen befürchten, sie geben mit diesem Ja ihre positiv wertende Zustimmung.

Ein wirkliches Annehmen jedoch ist frei von jeder Wertung. Es ist vielmehr ein Gewahrwerden und inneres Einstimmen auf das, was ist. Annehmen ist etwas, das im Herzen geschieht, es ist weder eine rationale noch eine emotionale Angelegenheit.

Wenn wir in unser Herz spüren und von diesem Ort aus die Dinge wahrnehmen, so können wir sie nicht gleichzeitig entlang einer mehr oder weniger selbstgerechten Werteskala betrachten. Das Herz sucht auch nicht nach Rationalisierungen, also dem erklärenden und rechtfertigenden Einfügen des Erfahrenen in unsere Verstandesmuster. Ebenso wenig lassen wir uns auf der Ebene des Herzens von unseren Emotionen leiten, die gewissen Reaktionsmustern unseres Egos entspringen, wie Gefühle von Zorn, Neid, Rache, Trübseligkeit, Selbstmitleid oder das Empfinden von Bestätigung, Triumph oder Stolz.

Unser Herz, der Ort unserer Liebesfähigkeit, ist jenes nicht-physische Organ, das eine direkte Verbindung zu unserer Seele hat. Auf der Ebene der Seele sind die Dinge wie sie sind. Das Licht des Seins ist hier vollkommen und klar. Es ist völlig ungetrübt von Gedanken, Bewertungen und Vorstellungen. Auf der Ebene der Seele existiert das reine SEIN.

Mit unserem Herzen können wir durch die Liebe jenes klare Sein hier in diese Welt bringen und wahrnehmen. Wir nehmen dann auf eine einfache Weise wahr: „Es ist, wie es ist."

In dieser Akzeptanz spüren wir Frieden. Damit ist nicht der Friede gemeint, der hergestellt wird am Ende eines Kampfes oder Krieges. Es ist nicht der Friede, den politische Diplomaten oder persönliche Mediatoren herbeiführen. Es gibt eine Qualität von Frieden, die zur Ebene der Seele und zum Herzen gehört. Sie hat nichts mit Polarisierung und deren Ausgleich zu tun. Es ist ein Friede, der nicht gemacht wird, sondern vielmehr *ist* und schon immer war und auf dem Grunde unseres Herzens ruht.

Dieser Friede ist die grenzenlose Entspannung in der Gegenwart der Wahrheit. Wir sind, wenn wir diesen Frieden empfinden, eingestimmt auf die Wahrheit, eins ist mit dem, was ist.

Der erste Schritt der Heilung des Weiblichen, den Frauen auf dem Weg dieser Transformation tun können, ist das Annehmen der Verwundung in der Tiefe des Herzens. Das bedeutet, dass Frauen es sich anschauen als das, was es ist – ohne dabei gleichzeitig Schuldige zu suchen, zu urteilen oder sich davon lähmen zu lassen.

Warum ist das schwierig? Es gibt verschiedene Reaktionsmuster, die es Frauen erschweren, die Verwundung des Weiblichen anzunehmen.

In einem Brief schilderte eine Frau sehr anschaulich diese „weiblichen"

Hindernisse, wie sie sowohl innerlich als auch äußerlich in ihr wirksam wurden:

„Die Verletzungen wirklich anzunehmen, ist mir erst sehr spät gelungen. Ich war schon längst über dreißig Jahre alt und kam auf Krücken zu Dir ... ein gutes Bild für meinen Zustand. Erst mit der spirituellen Arbeit in der Gruppe und in Einzelgesprächen kam es zur Akzeptanz.
Vorher habe ich mich mit den männlichen Werten wie Leistung, Mut, Stärke oder Verstand verbunden, um nicht länger ohnmächtig und verletzbar zu sein. Ich wollte 'stark' und unverletzbar sein, damit das alles nicht mehr passiert. Die Annahme meiner Verletzungen, die mit dem Erleben von tiefem Schmerz verbunden war, hätte vorher für mich 'Schwäche' bedeutet.
Ich war einerseits den Weg der Abhängigkeit und Sucht gegangen, andererseits zur Rebellin auf allen möglichen Ebenen geworden, überall da, wo ich männliche Gewalt fühlte. Das alles hatte mein gesamtes Leben, einschließlich meines Berufes und meiner Beziehungen bestimmt ... Alles diente dazu, mir meine 'Unabhängigkeit' und meine 'Stärke' als Frau zu beweisen."

Das Annehmen bedeutet, den Schmerz zu spüren. Auge in Auge mit der Verletzung zu sein bedeutet auch, unmittelbar den Schmerz zu fühlen, der mit ihr verbunden ist.

Es ist eine zutiefst menschliche Eigenschaft, den Schmerz zu vermeiden. Wenn wir eine Verletzung am Fuß haben, eine Zerrung oder Verstauchung, so nimmt unser Körper automatisch eine sogenannte Schonhaltung ein, um beim Gehen den Schmerz nicht wahrzunehmen. Wir bewegen uns dann nicht mehr, wie es eigentlich natürlich für uns wäre, sondern gewöhnen uns ein fremdes, unnatürliches Bewegungsmuster an.

Die „Schonhaltung" der Frau, die in diesem Brief ihre Entwicklung reflektiert, bestand im Annehmen einer Persönlichkeit, die ihr und ihrer Umwelt das Gefühl einer vermeintlichen Stärke gab. Die dafür erforderlichen Merkmale entlieh sie dem Spektrum männlicher Qualitäten unter Vernachlässigung der „natürlichen Bewegungsmuster" einer Frau. Wie die Schonhaltungen unseres Bewegungsapparates, geschehen diese Vorgänge unbewusst und dienen einer gewissen „Überlebensstrategie" sowie dem Versuch, frei von Schmerzen zu sein. Erst wenn wir mutig damit beginnen, anzunehmen, was uns widerfahren ist, und unsere Reaktionsweisen durchschauen, werden uns diese Muster in einem wertfreien Kontext bewusst, so dass wir – wie jene Frau in ihrem Brief – darüber denken oder sprechen können.

Die Schonhaltung, die vor dem Schmerz schützt und das Annehmen verhindert, war also in diesem Fall das Gefühl der Stärke – einer Stärke, die sich über männliche Werte, wie Verstandesdenken und Leistung, definierte. Den Schmerz zu spüren und die Verwundbarkeit anzunehmen, hätte Schwäche bedeutet; denn etwas zulassen, ohne zu agieren oder gar zu kämpfen, ist eine weibliche Qualität. Doch diese Eigenschaft gilt, im Licht der Identifizierung mit männlichen Werten betrachtet, als schwach. In Wahrheit braucht das Akzeptieren natürlich eine innere Kraft, da dies zu leben bedeutet, wirklich zu fühlen und mit dem zu sein, was ist.

Wenn wir von weiblichen und männlichen Stärken oder Schwächen sprechen, so ist es wichtig, sehr fein auf eine Unterscheidung zu achten: Zwischen einem wertenden Konzept, das wir uns aufgrund einer gewissen Konditionierung angeeignet haben – was stark ist und was schwach, was dementsprechend gut ist und was schlecht – und der tieferen natürlichen Qualität menschlicher Eigenschaften, ganz gleich, ob sie eher weiblich oder männlich sind. Als menschliche Qualitäten können sie von ihrer Natur her als weiblich oder männlich, aber nicht als besser oder schlechter, nicht einmal als zu Frauen oder zu Männern gehörig gesehen werden. Beide, Frauen wie Männer, haben Zugang zu weiblichen und männlichen Qualitäten oder Stärken, jedoch in unterschiedlicher Gewichtung und Direktheit, und so hat natürlich die Verdrängung der jeweiligen Qualitäten auch je unterschiedliche Auswirkungen.

Wir bewegen uns auch auf sehr dünnem Eis, wenn wir überhaupt von Stärken und Schwächen sprechen. Sind nicht genau jene sogenannten Schwächen in Wahrheit Stärken, wenn wir sie einmal außerhalb unserer übernommenen Konzepte betrachten? In einem männlich geprägten Denken – das wohlgemerkt in den Köpfen von Frauen nicht weniger vorhanden ist als in denen der Männer – sind weibliche Qualitäten, wie Zulassen, Hingabe, intuitives Wahrnehmen, Sein und Empfangen, nur schwache und unterlegene Gegenspieler von eher männlichen Qualitäten, wie rationalem Denken, Leistung und Aktivität, Zielorientiertheit und Durchhaltevermögen. So wie in unserer Kultur das Aktive eher als stark und das Passive als schwach gilt, so assoziieren wir die erwähnten weiblichen Qualitäten im Vergleich zu den männlichen Stärken mit Schwäche. In einem Licht betrachtet, das nicht polarisiert, haben wir es jedoch mit kraftvollen Qualitäten einer natürlichen weiblichen Haltung zu tun, die, ergänzt mit den eher männlichen Stärken, erst unser menschliches Potenzial zur Entfaltung bringen können.

Schmerz zu spüren und mit ihm umzugehen, verträgt sich nicht mit unseren männlich geprägten Vorstellungen von dem, was stark und was schwach, also was erstrebenswert oder zu vermeiden ist. Der Schmerz aber gehört zur menschlichen Existenz, ob wir das mögen oder nicht. Der Verlust unserer Fähigkeiten, ihn zu spüren und mit ihm umzugehen, beraubt uns vieler Entwicklungs- und Heilungsmöglichkeiten. Wenn Gefühl gegenüber rationalem Denken minderwertig ist, und wenn die Wertschätzung nur dem aktiven Tun oder gar dem dafür Kämpfen gilt, und wir geringschätzen, wo wir wahrnehmen, empfangen und uns ohne Kampf hingeben, so hat Schmerz keinen Platz mehr in unserem Leben. Wie sollten wir dann anders mit ihm umgehen, als ihn zu leugnen, ihn zu verdrängen, gegen ihn zu kämpfen oder ihn abzutöten? Schmerz bedeutet Schwäche, ebenso wie die weiblichen Stärken Schwäche bedeuten, auch wenn das Weibliche letztlich die Wege kennt, den Schmerz anzunehmen und als transformierende Kraft zu nutzen.

In unserem Beispiel hat zunächst die Orientierung an männlichen Qualitäten, in die sich diese Frau geflüchtet hatte, sie daran gehindert, ihre weibliche Stärke zu empfinden, die ihr in Form von Hingabe und Empfänglichkeit das Annehmen der Verletztheit zu einem früheren Zeitpunkt möglich gemacht hätte. Im männlich geprägten Denken ist diese Stärke eben eine Schwäche, also ein Fehlen an Kraft, das gering geschätzt wird.

Diese Bewertung übernehmen Frauen sehr häufig und beziehen sie auf sich selbst. Das wiederum löst ihre Verletztheit natürlich nicht auf, sondern führt vielmehr noch zu einer Verhärtung des Schmerzes, der innerlich so immer weniger fühlbar und erreichbar wird.

Die „Schonhaltung" des männlichen Gebarens also und die daraus folgende Verhärtung des Schmerzes führen zu einem großen Leiden. Man sollte nicht meinen, dass Frauen, indem sie den Schmerz und die dazugehörige „Ohnmacht" und „Schwäche" meiden, nicht doch unermesslich leiden. Die Anziehung des Leidens auf Frauen bleibt ungebrochen, auch wenn Frauen den Schmerz umgehen, indem sie sich an männlichen Werten orientieren.

Vor allem liegt dieses Leiden darin begründet, dass Frauen sich selbst noch weiter von jenen weiblichen Qualitäten abschneiden, die ihnen auf einem Weg der Heilung und Transformation helfen könnten. Sie leiden unter der Entfremdung von sich selbst, die ihnen ihre natürliche Kraft raubt und den Raum nimmt, einfach zu sein. Nicht selten breitet sich dann ein Kummer über den Mangel an Liebe aus. Wir mögen diesen Mangel auf das projizieren, was uns scheinbar oder tatsächlich nicht gegeben wird – von anderen Menschen, möglicherweise von Männern. Doch in Wahrheit ist es oft die Liebe, die wir im eigenen Herzen nicht mehr fühlen können – zu unseren Partnern, zu der Welt, die uns umgibt, zu Gott und zu uns selbst.

Eine weitere Ursache des Leidens liegt in weiblichen Reaktionsmustern, wie sie in dem zitierten Brief auch beschrieben wurden. Es gibt sicher auch weniger zerstörerische Wege als jenen der Abhängigkeit und Sucht, doch die Formen der Verweigerung, sich der eigenen Verletzlichkeit im Herzen zu stellen, tragen nicht selten eine Energie, die sich gegen die jeweilige Frau selbst richtet und somit den Zustand der Verletzung noch verstärkt. Auch Lebensweisen, die der Gesundheit nicht förderlich sind und die Bedürfnisse des physischen Körpers ignorieren, lassen sich manchmal auf diese Reaktionsmuster zurückführen. Wenn Frauen sich um ihren Körper kümmern, ihn pflegen, für ihn sorgen und achtsam mit ihm umgehen, so ehren sie auch ihre Weiblichkeit und achten das Heilige im Weiblichen, im eigenen Körper. Weigert sich jedoch eine Frau aus Unfähigkeit, sich der eigenen Verwundbarkeit und Verletztheit zu stellen, ihre Weiblichkeit zu leben, so äußert sich das nicht selten in der Missachtung ihrer gesunden körperlichen Bedürfnisse. Eine unangemessene Ernährung bis hin zu Essstörungen, aber auch mangelnde Achtsamkeit für die eigenen sexuellen Bedürfnisse oder Grenzen sowie der Raubbau an den physischen Kräften unter Verleugnung notwendiger Ruhepausen sind Beispiele für Reaktionsmuster, die auf sich selbst gerichtet das Leiden letztlich noch verstärken.

Wesentlich positiver besetzt als die nach innen, gegen sich selbst gerichtete Auflehnung ist in unserer Welt jedoch das Bild des Kämpfers, der seine Widerspenstigkeit nach außen richtet. Der Archetyp des Rebellen oder auch der Rebellin hat etwas Heroisches. Die Rebellin ist eine Heldin, die sich immerhin noch ihre vermeintliche Eigenständigkeit und ihren „eigenen Kopf" bewahrt hat. Wie wir im Auszug jenes Briefes lesen konnten, schließen sich jedoch beide Formen, die des nach innen und jene des nach außen gerichteten Widerstandes nicht aus.

Doch auch die Rebellin, die eine Form des Stolzes lebt, der keine Schwäche zulassen darf, bleibt in einem Kampf gefangen und kann so nicht zum Frieden finden. Im rebellischen Kampf gelangt sie nicht zur Entspannung in der Wahrheit, ins „Es-ist-wie-es-ist". Dieses „Es-ist-wie-es-ist" zementiert nicht die Situation, sondern ist eine höchst kreative, dynamische Grundlage für tiefgreifende Veränderungen.

Wenn es nicht Möglichkeiten und Wege gäbe, die Frauen zu jenem Ort führten, an dem sie in der Tiefe ihres Herzens annehmen und damit zum ersten Schritt der Heilung beitragen könnten, so würden wir uns nicht weiter mit jenen Hindernissen befassen. Lesen wir dazu in einem späteren Abschnitt des Briefes:

„Ich lag drei Monate mit grässlichen Schmerzen und Bewegungslosigkeit (Bandscheibenvorfall) weit weg, und Du hast mich in einem Brief gefragt, ob ich es mir weiterhin leisten könne, mein Leben mit Leiden zu vergeuden (oder so ähnlich). Ich war total sauer darüber, aber es hat mir ein Stück aus der Opferrolle herausgeholfen.
Als ich da so lange lag, nichts tun konnte, aber spürte, dass mein Leben so nicht weitergehen konnte, erwachte der tiefe Wunsch in mir, „heilen" lernen zu wollen. Ich hatte wohl so ein Bild von Schamanen-Schulung, die mich dann dazu befähigen könnte, viel von dem Leid um mich herum und dem Leid der Erde besänftigen zu können. Mein Leben drehte sich um 180 Grad.
Oft, während der spirituellen Arbeit, wenn es um die Liebe ging, war ich stark berührt und weinte … Das war wie in dem Märchen der „Eiserne Heinrich", jedes Mal löste sich ein eiserner Ring von meinem Herzen. Der letzte, glaube ich, hat sich gelöst, als bei einem Seminar unser Lehrer von der Verletzung des Weiblichen sprach. Ich war erschüttert, konnte gar nicht mehr aufhören zu weinen, war

verwirrt. Ich hatte das Gefühl, dass ein Tabu gebrochen worden war, mit dem ich auch irgendwie zu tun hatte, und dass es gut so war. Ich fühlte mich irgendwie befreit und stark."

Es gibt einen Ausspruch, der sagt: „Wenn der Mensch weint, dann läuft das Herz über." Die Tränen, welche die eisernen Ringe um unsere Herzen lösen, sind Tränen der Liebe. Sie sind unendlich kostbar. Jedes Annehmen im Herzen kann uns Tränen kosten, doch dies ist ein Preis, den wir mit Freuden zahlen, wenn wir wissen, was sie zu lösen vermögen.

Sie waschen alle unsere Verkrustungen weg, die wir für so lange Zeit mühsam aufrechterhalten haben. Sie lösen das Leiden und erlösen uns von unseren eigenen Konzepten, mit denen wir unermüdlich gegen den natürlichen Fluss der Liebe ankämpfen.

Die Liebe hilft uns, dass wir einen Schritt von uns selbst zurücktreten können. In diesem Moment sind unsere Augen nicht mehr getrübt von der Illusion des persönlichen Leidens, von dem wir glauben, dass es einzig und allein auf der Welt existiert. Sie werden klar, und wir sehen das „größere Bild". Wir mögen sogar etwas von dem wahrnehmen, was in der Welt, um uns herum, gebraucht wird. Wir empfinden Mitgefühl.

In diesem Mitgefühl können wir auch spüren, dass die Wandlung, die mit dem Annehmen geschieht, uns auf eine neue Weise verletzlich macht, verletzlich für die Liebe und in der Liebe.

Instinktiv mögen wir gerade diesen Zustand vorher gemieden haben, denn Verletzlichkeit ist genau das, was Frauen nicht mehr fühlen wollen und wovor sie sich schützen möchten.

Weibliche Verwundbarkeit als spirituelle Qualität

Hier gelangen wir nun zu einem schwierigen Punkt im Umgang der Frauen mit der Verwundung des Weiblichen: Es gibt einen Unterschied zwischen Verletztheit und Verletzlichkeit.

Das Weibliche ist verletzt und entwertet worden, in Frauen, aber auch in Männern, und in der Erde – und es wird immer noch verletzt. Infolgedessen leben wir in einem Zustand der Verwundung, der bewirkt, dass sich echte weibliche Qualitäten aus dem Leben zurückgezogen haben. Dies ist der Zustand der *Verletztheit*, des Verwundetseins.

Im Unterschied dazu gibt es eine weibliche Qualität, die in einer kreativen Weise zu leben Frauen weitgehend vergessen und verloren haben, und dies ist die *Verletzlichkeit* oder Verwundbarkeit der weiblichen Natur. Sie ist nicht das unheile Ergebnis menschlicher Handlungen, sondern eine eigenständige Qualität, die sich durch eine im tiefsten Sinne verstandene Offenheit auszeichnet.

Spricht man zu Frauen und Männern von dieser Verwundbarkeit, so ist dies nur möglich, wenn man die Muster ihres adaptierten Denkens bezüglich einer Polarisierung von Stärke – Schwäche, Macht – Ohnmacht, Gewinner – Verlierer sorgsam umschifft. Einen Kontakt zur wirklichen Natur der Qualität der Verwundbarkeit zu bekommen, erfordert ein Navigieren vorbei an jenen materialistischen Denkmustern, welche die heilige, die göttliche Dimension allen Lebens ausschließen. Mit diesen weltlichen Herrschaftsmustern hat die Verwundbarkeit keinerlei Berührungspunkte, da es sich um eine völlig andere Ebene handelt.

Die Verwundbarkeit ist das, was uns menschlich und göttlich zugleich macht. Es ist die Verwundbarkeit des Herzens, die Verwundbarkeit der Liebe. Ohne diese Verwundbarkeit sind wir nicht wandelbar, ohne sie könnten wir niemals zu jenem Zustand gelangen, der uns wirklich und vollkommen menschlich macht, und ebenso wenig könnte ohne sie das göttliche Licht, das in der Schöpfung und in jedem menschlichen Herzen ruht, erweckt und verwirklicht werden.

Es hat sie zu allen Zeiten gegeben, doch es scheint, zu keiner Zeit haben wir Wesen und Bedeutung dieser Art der Verwundbarkeit so sehr verdrängt wie heute. Ganz selten werden wir darauf aufmerksam gemacht, wie beispielsweise in der Lyrik Leonard Cohens, wenn er singt: „Forget your perfect offering. /There is a crack, a crack in everything/ That's how the light gets in."[4]

4 Leonard Cohen, Anthem

Gehen wir ein wenig in der Zeit zurück, so finden wir in der griechischen Mythologie eine anrührende Geschichte über die Göttin Aphrodite und ihren schönen geliebten Adonis. Aphrodite pflegte in den Zeiten, die Adonis mit ihr in der Oberwelt verbringen durfte, ihn auf der Jagd zu begleiten. Sie fürchtete zwar um ein tragisches Schicksal, das ihn ereilen könnte, doch da er die Jagd so leidenschaftlich liebte, wollte sie ihm diesen Wunsch nicht verwehren. So geschah es bei einem Jagdausflug, dass Adonis von einem Eber angegriffen wurde. Als Aphrodite erschrocken zu ihm eilte, zerkratzten ihr die Dornen einer weißen Rose das Bein. Die Rose wechselte die Farbe und wurde durch ihr Blut zu einer roten Rose, während Aphrodite zu ihrem sterbenden Adonis eilte, ihn küsste und zutiefst die Schmerzen fühlte, die er erlitt.

Die Verwandlung der weißen in eine rote Rose ist sehr symbolkräftig, und tiefsinniger lässt sich die Bedeutung der Verletzlichkeit in der Liebe kaum veranschaulichen. Denn Aphrodite zog sich die Verletzung zu, *weil* sie liebte und infolge ihrer Liebe. Weil sie Adonis liebte, hatte sie ihn auf die Jagd begleitet, und um seinetwillen eilte sie zu ihm und verletzte sich. Der eigentliche Schmerz, ihr tiefster Kummer, war der Verlust des Adonis, der sterben musste. Der Schmerz, den sie dann fühlte, war der durchdringende Schmerz, der ihm durch den Angriff des wilden Tieres widerfuhr.

Die rote Rose ist das Symbol der Liebe, zugleich signalisiert die Wandlung der Farbe Weiß in Rot den Übergang von überirdischer Reinheit in irdisch menschliche Qualität. Die Liebe bekommt ein menschliches Angesicht, sie ist zur Erfahrung geworden, sie hat gelebt. Nur aufgrund der Verletzung durch die Rose, die wiederum ein Symbol der Liebe ist, kann das Blut der Göttin zum Vorschein kommen und letztendlich zur Umwandlung der Rose beitragen. Das Blut ist das Symbol und zugleich Trägerin des Lebendigen, des Gelebten, des Erfahrenen.

Aphrodite, die Göttin der Liebe, ist verletzbar. Sie ist nicht verletzbar, *obwohl* sie die Göttin der Liebe, sondern *weil* sie die Göttin der Liebe ist. Doch ihre Verletzbarkeit gibt ihr die Fähigkeit, den Weg für die Transformation zu öffnen.

Die Schöpfung ist in unaufhörlicher Wandlung begriffen, in ständiger Veränderung. So bleibt sie lebendig. Das Weibliche, mit seiner Nähe zur

Schöpfung, hat einen wichtigen Anteil an dieser Wandelbarkeit. So wie das Weibliche – in uns allen und in der Natur – über eine mütterliche, Leben spendende und schützende Kraft verfügt, so besitzt es auch die dynamische Qualität, Veränderung und Transformation voranzubringen, indem es das Vergangene los und gehen lässt. In diesem Zusammenhang ist die Verwundung durch die Liebe nicht ein Hindernis, sondern vielmehr eine fördernde Kraft im Prozess der Transformation, sofern Frauen dazu in der Lage sind, sie als solche zu integrieren und damit weiterzugehen.

Eine alte Ganzheit muss aufgebrochen werden, damit eine neue Ganzheit entstehen kann. Der Impuls, der gegeben wird, um sie aufzubrechen, und der Bruch selbst können sehr schmerzhaft sein. Es ist eine Wunde, die um einer Neugeburt willen entstanden ist. Das Neue willkommen zu heißen beinhaltet auch, das Alte gehen zu lassen, den Tod zu akzeptieren.

Auch in dem Brief jener Frau, die den eigenen Weg mit dem Leiden reflektierte, wird dies deutlich. Sie fährt fort zu schreiben:

„Die Transformation des Leidens habe ich durch die Liebe erfahren, so, wie sie mir in meinem sehr irdischen Leben begegnet ist. Auch der Tod von geliebten Menschen hat mich eine Liebe und ein Gefühl von Einheit erleben lassen, das unendlich groß war.
Ich leide immer noch, wenn ich die Folgen von Krieg und Gewalt an den Menschen, vor allem an Kindern, sehe, aber das ist heute zu Mitgefühl geworden und hat nichts mehr mit der Opferrolle oder dem „kämpfen müssen" zu tun. Es macht eher das Herz auf…"

Auch im Mythos von Aphrodite und der Rose ist der Schmerz des Mitgefühls, der tief mitempfundene Schmerz des sterbenden Adonis, ein Aspekt von Aphrodites Leid.

Die Göttin Aphrodite ist ein Archetyp, der in jeder Frau lebt. Sie ist schön, sie hat ein reines Bewusstsein – und sie verkörpert die Liebe. Was wir auf den ersten Blick nicht ahnen oder zulassen möchten – sie ist verwundbar. Sie lässt diese Verwundbarkeit zu und ermöglicht so die Transformation.

Die Nähe zur Schöpfung, die Empfänglichkeit und die Liebesfähigkeit der Frau sind außergewöhnliche Fähigkeiten, doch geben sie auch Raum für Verwundung. Das Weibliche ist verletzlich in sich selbst, und das ist – entgegen unserer modernen kulturellen Prägung – eine seiner Stärken.

Die Mythen und die Literatur der Menschheit sind reich an Geschichten über die bis an den Wahnsinn grenzende Trauer von Müttern und Geliebten. Hier drückt sich das Drama des Lebens aus, dass alles, was gegeben wird, auch wieder genommen werden kann. Die Nähe zur Schöpfung beherbergt auch die Tiefe der Emotion und des Gefühls. Dieses Gefühl und auch das Mitgefühl gibt Frauen die entsprechende Motivation und Kraft, für die Schöpfung zu sorgen. Doch gleichzeitig kann es zum Verhängnis werden, wenn die Frau an ihrer Nähe zur Schöpfung festhalten und sie für sich selbst, für ihr eigenes Wohl allein beanspruchen will.

Dann nämlich beginnt sie sich zu wehren gegen jede Verwundung, die im Sinne einer Transformation in ihr Leben tritt. Wenn sie sich wehrt, wenn sie sich schützt, wenn sie festhält, entsteht und beginnt das Leiden, jenes zählebige Leiden des Weiblichen, das zur Stagnation führt.

Geht eine Frau mit dem Schmerz, so transformiert er, so hat er die Kraft, sie in ihrem Innersten umzuwandeln und dem Licht näherzubringen. Über einen Abstieg in die Tiefe und die Dunkelheit, einen Weg der Initiation, wie wir ihn später noch näher betrachten werden, kommt sie schließlich an den Punkt, an dem sie beginnt, ihre Göttlichkeit zu leben.

Gleichzeitig kann die Frau durch das Zulassen ihrer Verwundbarkeit menschlicher werden, ihre Menschlichkeit vervollkommnen. Im Loslassen ihrer vermeintlichen Macht über das Leben, im Akzeptieren ihrer Verwundbarkeit kann sie lernen, demütig zu werden.

So verbindet sich im spirituellen Aspekt der Verwundbarkeit des Weiblichen die Göttlichkeit der Frau mit ihrer Menschlichkeit. Ihre Verwundbarkeit macht sie menschlicher, und gleichzeitig bringt sie ihre Göttlichkeit hervor.

Eine noch tiefere Dimension der Verwundbarkeit eröffnet sich für uns alle, Frauen wie Männer, auf einem mystischen Weg. In allen spirituellen Traditionen, die eine tief gelebte Mystik überliefern, ist die Suche nach der Vereinigung mit Gott das zentrale Anliegen.

Einst schrieb der Dichter Rumi: *„Liebe kam und nun fließt sie unter meiner Haut wie Blut durch meine Adern; sie hat mich leer gemacht von mir selbst und mit dem Geliebten mich erfüllt. Der Geliebte hat jede Zelle* *meines Körpers durchdrungen; von mir bleibt nur ein Name, alles andere ist Er.*"[5]

Und an anderer Stelle schrieb derselbe Poet und Mystiker:
„*Wo immer sich eine Ruine findet*
ist auch Hoffnung auf einen Schatz –
Wieso suchst du Gottes Schatz nicht
Im verwüsteten Herzen?"[6]

Auf einem mystischen Weg ist die Seele weiblich vor Gott. Erst durch die Verwundung durch die Liebe, tief in unserem Herzen, werden wir empfänglich für die Liebe Gottes. Wie ein zeitgenössischer Mystiker einmal sagte: „Gott tritt durch die Wunde ein in das menschliche Herz."[7] So können wir auf einem solchen Weg dahin finden, dass wir uns ganz geben, unser Herz vollständig geben für ein Verschmelzen mit Gott. In dieser mystischen Verwundbarkeit sind wir alle, Frauen wie Männer, auf eine gewisse Weise zutiefst weiblich.

Doch unglücklicherweise, wenn auch nachvollziehbar, wird in unserem Empfinden diese Art der Verwundbarkeit vor Gott und die weibliche Verwundbarkeit auf dem Weg der Transformation und Initiation häufig verwechselt mit der Verwundbarkeit zwischen Menschen und der von Menschen ausgelösten Verletzung des Weiblichen.

Der Schmerz, das Leid und die Reaktionsmuster von Trotz und Verweigerung, von Angst und Wut, die alle durch die Verletzung des Weiblichen hervorgerufen worden sind, werden übertragen auf den inneren Entwicklungsweg von Frauen und ihren tieferen Schöpfungsauftrag.

Damit geraten das Potenzial und die Kraft der Transformation, die in jener schmerzvollen Geschichte des Weiblichen verborgen liegen, völlig aus dem Blickfeld – und es kommt zu einer Stagnation. Das Leiden an der Verletzung und die Auflehnung dagegen werden zum Dauerzustand. Echte weibliche Qualitäten verschwinden noch tiefer in der Versenkung der Geschichte, und das Licht des Weiblichen, das den Frauen wie der ganzen Erde beim Erwachen helfen könnte, läuft Gefahr, sich völlig zu verdunkeln.

---

5 Rumi, zit. nach „Die Karawane der Derwische" Ffm. 1997, S. 137.
6 Rumi, a.o.O., S. 73.
7 Cecil Collins (Gerd Collins)

Doch eben jenes Licht weist uns den Weg. Es kann uns zeigen, dass eine Umwandlung, eine Heilung möglich ist. Der erste Schritt der Heilung ist das Annehmen.

Das Annehmen ist ein Prozess

Auch das Annehmen geschieht in einem Entwicklungsprozess und nur äußerst selten von einem Moment zum nächsten. Manchmal müssen viele Schichten abgetragen werden, die sich Frauen zu ihrem Schutz und aufgrund einer tiefen Kränkung zugelegt haben, bevor eine Berührung in Liebe möglich wird, bevor ein Offenlegen der echten weiblichen Verwundbarkeit gewagt werden kann.

Eine Frau, deren Leben sehr von der Verletztheit des Weiblichen bestimmt ist, muss den tiefen Wunsch nach einer Aussöhnung haben. Ihre innere Sehnsucht will geweckt sein, bevor sie den Mut entwickeln kann, hinter den Schleier ihrer eigenen Mechanismen von Schutz, Groll, Widerstand und Furcht zu treten.

Es geschieht nicht ohne Gnade. Dazu braucht es gewisse Erfahrungen und manchmal eine Begleitung, in der sich ein behütender Schutzraum, eine Art Kokon bildet, innerhalb dessen eine tiefgreifende Wandlung vor sich gehen kann. Innerhalb dieses von außen eher unsichtbaren Raumes können Frauen zu ihren ursprünglichen Qualitäten zurückfinden und damit auch den Mut, die Leidenschaft, das Durchhaltevermögen und nicht zuletzt die Sehnsucht und Hingabe dafür aufbringen, in Liebe anzunehmen, was ist.

Äußerlich sichtbar mag dann nur eine Entwicklung sein, die auf und ab, vor und zurück verläuft, etwa nach dem Prinzip des Jojo. Auf einen Schritt vorwärts folgt wieder der Rückfall zu einem zurückliegenden Punkt, und erneut geht es voran und wieder zurück.

Doch schließlich gibt es einen gewissen Moment im Leben einer Frau, in dem ihr Innerstes, ihr Höheres Selbst oder ein unbewusstes Wissen ihr deutlich signalisiert, dass sie nun bereit ist anzunehmen. Ihr wird von innen her angekündigt, dass ein sehr wichtiger Schritt auf dem Weg zur Heilung gemacht wird.

Eine Möglichkeit, wie unser unbewusstes Wissen, das unermesslich größer und umfassender ist als unser Verstandesbewusstsein, uns erreichen kann, sind unsere nächtlichen Träume, die wir erinnern und mit in unser Tagesbewusstsein nehmen dürfen.

Der folgende Traum einer Frau, die bereits einige Jahre lang auf einem spirituellen Pfad meditiert und an sich selbst gearbeitet hatte, zeigt sehr deutlich diesen Wendepunkt, an dem sich grundlegend etwas in ihrer Beziehung zur Verletzung des Weiblichen geändert hatte:

„Ich stehe in einem Raum, der durch eine Gardine zweigeteilt ist. Ich nehme die Gardine weg und sehe eine Art Gaststätte, in der meine Mutter – es ist eine andere Frau als meine richtige Mutter – bedient. Irgendjemand in diesem Raum sagt etwas. Ich weiß nicht was, aber es ist wohl eine Art Auslöser, so dass ich denke: Jetzt reicht es! Es ist wie ein Startschuss, und ich denke: Den schnappe ich mir jetzt!
Dann renne ich in recht schweren Schuhen hinter dem Betreffenden her, eine ewig lange Zeit. Die Landschaft verändert sich, es wird stark sandig.
Plötzlich renne ich aber hinter einer Katze her, d.h. der/diejenige hatte sich verwandelt, und ich denke: Na, die werde ich ja nie einholen! Ich renne trotzdem weiter, und als ich sie endlich doch einhole, verwandelt sich die Katze in eine Rose, die im Sand steckt, eine rote Rose.
Ich schaue sie erst verwundert an, aber dann werde ich innerlich ganz ruhig, und irgendwie hat die ganze „Hatz" ein Ende – und durch die Rose wird es „richtig" ....
Dann gibt es einen Schnitt.
Ich stehe wieder mit der Mutter auf der Straße, und diese Straße geht endlos weiter. Sie schlängelt sich in der Ferne endlos dahin. Am Straßenrand stehen viele Männer und auch Kinder, und ich muss – es ist eine Art Aufgabe – diese Straße entlang gehen. Es ist wie ein Alptraum für mich, aber meine Mutter sagt: Ich unterstütze dich, lass uns zusammen gehen. Ich halte das kaum aus und senke

nur den Kopf, damit ich nichts sehe. Nach den ersten Schritten höre ich, wie ein Mann ganz ehrlich und fast schon bittend sagt: „...wenn du uns nur einmal anschauen würdest...“ Es ist ganz viel Mitgefühl und Liebe in diesem Satz.“

Die Träumerin, die gebeten wurde, ihre eigenen Gedanken und Gefühle zu diesem Traum zu notieren, schrieb Folgendes auf:

„Als ich den Traum erzählte, hatte mich dieser letzte Satz sehr berührt! Es war etwas, wo ich wirklich neu beginnen konnte, Vertrauen zuzulassen.
Der erste Teil zeigt mir, dass mein Leben hinter der Gardine – einem Schleier – beendet worden war und mit dem bewussten Eintritt in das Leben eine ständige Angst vor Verletzungen begann. Und mein Kampf damit ...
Was ich nicht genau verstand, war die Transformation dessen, was ich jagte... Ich weiß heute noch nicht genau, wieso es sich in eine Katze verwandelte, eine Symbolik, die ich eher mit dem Weiblichen verbinden würde ... Es hatte mich auch im Traum verwundert. Als die Transformation beendet war, war es eine Rose, also Liebe. Liebe war für mich das Ziel meiner Sehnsucht ... Und irgendwie war ich zu dem Zeitpunkt an jenem Ort angekommen, wo ich diese dritte Umwandlung gesehen und vor allem gespürt hatte – die Rose, als Symbol für Liebe und als Symbol für den Sufi-Pfad, dem ich folge. Mich hat von Anfang an dieser Pfad durch die tiefe Liebe, die von ihm ausging, angezogen.

Der zweite Teil des Traumes war wie eine äußere Konsequenz, im Gegensatz zum ersten Teil, den ich eher auf eine „innere Transformation“ beziehe: Der Kampf war zu Ende, aber jetzt musste ich mich dem stellen, was ich immer am meisten gefürchtet hatte. Ich musste mich den Männern stellen.
In der Art, wie der Mann diesen Satz sagte, nahm ich zum ersten Mal Mitgefühl eines Mannes wahr, mit mir, mit dem „Schicksal“, das ich hatte – so als wüsste er um meine ganze Vergangenheit und auch darum, dass ich dadurch, dass ich den Kopf gesenkt hielt, nicht sehen konnte, welche Freude und auch „Bewunderung“ er hatte, so als wüsste er und wollte mir sagen: Schau mich an, dann

weißt du, es ist vorbei, du kannst uns alle mit Freude anschauen, und du würdest so den Weg viel leichter zu Ende gehen können."

Rückblickend fügte sie später noch hinzu:

„In der Realität war es wirklich so, dass es eine Zeit war, in der ich dieses Gefühl der ständigen Verfolgung und des Kampfes verlor und sich die Gewissheit, dass es eine ganz andere als die persönliche Liebe gibt, in mir „eingepflanzt" hatte, die mir sehr viel mehr Gelassenheit gab und wirklich die Möglichkeit, mit Vertrauen jede neue Situation zu begrüßen – mal mehr, mal weniger...
Eine Zeit, in der ich auch das Gefühl bekam, in Begleitung und mit Unterstützung des alten weiblichen Wissens dem Männlichen neu zu begegnen und somit auch der Realität neu zu begegnen."

Die Träumerin wurde in einem Augenblick der Gnade mit diesem Traum beschenkt, einer Art persönlichem Mythos, der einen Abschnitt ihres Weges der Heilung und Transformation schildert.

Der Traum beginnt damit, dass sie hinter den Schleier tritt. Dies ist ein wichtiges Anfangssignal. Es zeigt, dass der Traum eine spirituelle Dimension hat.

Die Mystiker sagen, dass unser Ich-Bewusstsein und die Vorstellung, die wir uns von der Realität machen, die Schleier bilden, die uns von der Wahrheit, von der Wirklichkeit Gottes trennen. In den alten Schriften ist von den Tausenden von Schleiern die Rede, welche die Wahrheit vor uns verhüllen. Auf dem Weg einer Seele zu Gott werden nach und nach die Schleier der Illusion gehoben und damit wird die Wahrheit mehr und mehr enthüllt.

Doch die Überlagerungen der einzelnen Schleier sind wie Verdichtungen, so als verzerre jeder weitere Schleier noch einmal mehr das Bild des Vorhergehenden. Mit der Wegnahme eines Schleiers kommt ein neuer, etwas weniger dichter Schleier zum Vorschein. Die Wirklichkeit rückt näher, doch ist sie immer noch verhüllt wie durch ein nur feineres, etwas mehr transparentes Tuch. Viele Schichten von Schleiern folgen, denn das reine Licht der Wirklichkeit zu schauen, ist für den Menschen nahezu unmöglich.

Auch unser Herz, auf dessen innerstem Grund das höchste göttliche Geheimnis ruht, ist durch Schichten von Schleiern bekleidet und häufig sogar ganz dahinter versteckt. Die Liebe kann sich erst vorsichtig zeigen, wenn wir begonnen haben, die Muster des Selbstschutzes, des Misstrauens und der Angst abzubauen. Dann können wir uns Schicht für Schicht zum Inneren unseres Herzens vortasten und entdecken, dass jede weitere, tiefere Ebene von feinerer Qualität und gleichzeitig der Wahrheit näher ist.

Der Weg der Verwandlungen im geschilderten Traum zeigt ein solches Annähern an die immer tieferen Ebenen. Zunächst geht es um etwas Bedrohliches, Schmähendes, das die innerliche Verletztheit der Träumerin zum „Hochkochen" bringt und ihre Gegenwehr mobilisiert und auslöst. Gleichzeitig ist dieses „Jetzt reicht es" ein gesunder Impuls, diesem ewig währenden Drama jetzt ein Ende zu setzen.

Ihre Wut, der Kampf, die Gegenwehr und die Jagd, dies zusammen ist die alleräußerste, die dichteste Schicht gewesen, die ihr den Zugang zur Liebe versperrt hatte. Dass sie mit einem Mal eine Katze statt einer möglicherweise finsteren männlichen Gestalt jagt – zu ihrer eigenen Verwunderung „ein eher weibliches Symbol" – macht deutlich, dass sie zu einer nächst tieferen Schicht, zu einer feineren Ebene vorgedrungen ist.

Die Erkenntnis, dass Frauen in der Haltung von Furcht und Hass, von Gegenwehr und Kampf sich letztlich von ihren eigenen weiblichen Instinkten abtrennen, diese elementaren weiblichen Kräfte durch ihre eigene „Hatz" sogar verfolgt und bedroht werden, ist ein wichtiger Schritt im Prozess der Veränderung. In der Rüstung des Kampfes, im Sich-Aneignen sogenannter männlicher Stärken, entfernt sich die Frau, wie wir in einem anderen früheren Beispiel gesehen haben, von ihren weiblichen Instinkten, die nicht nur passiv und abwartend, sondern durchaus auch dynamisch und kraftvoll sein können. Wie die Träumerin auch selbst im Traum feststellt: Die Katze – als Symbol weiblicher Instinkte – ist sehr schnell, sehr dynamisch.

Doch am Ende holt die Träumerin sie ein; und dies ist der Moment der eigentlichen Transformation: Die Katze hat sich in eine Rose verwandelt – in das Symbol der Liebe. Und wie im Mythos von Aphrodite ist die Rose rot. Die Erfahrung der Liebe ist menschlich, sie ist irdisch gemacht, und sie ist lebendig wie das rote Blut, das durch unsere Adern fließt. Die rote Rose ist ein Symbol der Liebe, so wie sie tatsächlich ins Leben kommt, wenn sie gelebt wird.

Für die Träumerin geht es nicht um eine konkrete Liebesgeschichte zu einem Menschen, sondern um die Liebeskraft in ihrem eigenen Herzen, zu der sie Kontakt findet.

In ihrem Herzen ist Liebe erweckt worden, durch die Liebe, die auf ihrem spirituellen Weg gegeben wird, und sie selbst beginnt, in dieser Liebe zu leben.

Diese Liebe befähigt sie letztendlich, mit der Unterstützung ihres alten weiblichen Wissens, mit der Kraft, die Leben gibt – symbolisiert durch die Mutter – dem Männlichen zu begegnen und schließlich im Herzen anzunehmen, was ist.

An dieser Stelle im Traum fügt sich allerdings noch ein ganz neues, unerwartetes Element hinzu: Das Männliche kommt auf sie zu und macht sie darauf aufmerksam, genau hinzuschauen. Dies geschieht mit einer Energie von Liebe und Mitgefühl. Das endgültige Annehmen all dessen, was gewesen ist, was ist und was sein wird, kann nur geschehen, wenn das Weibliche und das Männliche darin zusammenkommen. Während im Traum die Frau den Blick gesenkt hält, sieht der Mann hin, sucht die Verbindung und signalisiert sein tiefes Verstehen. Dieser Mann symbolisiert sowohl die männliche Seite in der Frau selbst als auch die Männer in der Welt, die von dieser Frau nun auf eine ganz neue Weise wahrgenommen werden.

Die Traumszene weist darauf hin, dass zum einen eine Erlösung nur möglich wird, wenn in einer Frau das Weibliche und das Männliche – beides Seiten in ihr selbst – zusammenfinden. Zum anderen tragen aber nicht nur Frauen, sondern auch Männer die Sehnsucht nach Heilung, nach einer neuen Art des Zusammenzulebens in sich.

Diese Erkenntnis ins Bewusstsein aufsteigen zu lassen, erfordert Zeit – vor allem für Frauen, die sehr im Leid gefangen sind. Es erfordert auch Zeit und dazu einen inneren Raum, um zu jenem Ort in uns selbst zu finden, wo wir annehmen können, wo einfach sein darf, was ist. Dafür ist ein Weg zu gehen, über verschiedene Stationen hinweg, allein oder in Begleitung, und individuell sicher sehr unterschiedlich. Es gibt keine für alle gültige Wegbeschreibung und kein allgemein gültiges Rezept zu diesem so wichtigen ersten Schritt der Heilung, der im Annehmen liegt. Doch was für alle gleichermaßen gilt und unabdingbar notwendig ist, wenn wir diesen Weg einschlagen wollen, ist zum einen das Vertrauen in die Möglichkeit der Heilung und zum anderen die Bereitschaft, aus unserer isolierten kleinen Ich-Welt herauszuwachsen, indem wir unser Herz sprechen lassen und den Blick in ein größeres Bild der Wirklichkeit wagen. Das ist die Wegzehrung, für die wir selbst sorgen können, und darüber hinaus ist es Gnade, die uns führt und Türen öffnet.

Was, so fragen wir uns, wird geschehen und weiter noch benötigt, wenn Frauen beginnen, die Verletztheit anzunehmen?

Loslassen

Die Verletzung des Weiblichen anzunehmen, erfordert gleichzeitig einen Prozess des Loslassens. Etwas zu sich zu nehmen und es gleichzeitig loszulassen, mag paradox erscheinen. Doch was hier gegensätzlich anmutet, gehört in Wahrheit zusammen.

Es gibt kein Annehmen, ohne dass wir etwas gehen lassen, und kein Loslassen, ohne dass wir etwas zu unserem Herzen nehmen.

Das eine folgt nicht auf das andere oder begründet es, vielmehr gehen beide, das Annehmen und das Loslassen, auf dem Weg der Heilung Hand in Hand.

Es ist wichtig, uns klarzumachen, dass Heilung nicht ein linearer Prozess ist, der in einer Abfolge vorhersehbarer Schritte verläuft. Abgesehen davon, dass ein Heilungsprozess immer auch einem ganz individuellen Weg folgt – und wenn wir von menschlicher Heilung sprechen, bei jedem einzelnen Menschen anders verläuft –, so ist Heilung auch ein Geschehen, das am Ende immer ein Mysterium bleibt.

So wie alles Werden und Vergehen, Geborenwerden und Sterben, alle Wechsel von Zuständen des Seins letztlich in Gottes Händen liegen, so stehen wir Menschen, wenn wir offenen Herzens sind, auch staunend vor dem Wunder der Heilung.

Gewiss können wir unser Bewusstsein und unser Verständnis öffnen für einen Heilungsprozess und für die Bedürfnisse jener neuen Ganzheit, die sich formen möchte. Zweifellos ist es auch wichtig, dass wir kooperieren.

Suchen wir beispielsweise bei Krankheit einen Arzt auf, einen kundigen Heiler, dem wir vertrauen, und verordnet uns dieser eine gewisse Diät oder ein Medikament, so ist es auch notwendig, dass wir die Verordnung einhalten. Auch wenn wir, von einer anderen Ebene schauend, sehen können, dass Heilung immer ein Wunder ist, dass sie gegeben wird und wir sie nicht herstellen können, bedarf sie unserer Mitarbeit.

Auch bei einem Blick auf die einfachen Selbstheilungskräfte unseres Körpers können wir bereits sehen, wie wichtig es ist, mit den natürlichen Kräften des Lebens zusammenzuarbeiten. Wenn wir bei einem kranken oder vergifteten Verdauungssystem nicht die Diät oder das Fasten einhalten, das unser Körper in seinem Selbstreinigungsprozess verlangt, kooperieren wir nicht mit den Heilungskräften und verhindern damit die Heilung. In gleicher Weise verhält es sich auf allen anderen Ebenen – überall, wo etwas aus dem Gleichgewicht gebracht und aus seiner Ganzheit gerissen ist und auf Heilung wartet. Wenn wir tiefgreifend verletzt sind, schickt das Leben uns in seinem natürlichen Fluss Impulse, die zur Heilung beitragen. Doch wir sind diejenigen, die sie aufgreifen müssen. Tun wir das nicht, oder mehr noch, stellen wir diesem natürlichen Fluss des Lebens Hindernisse in den Weg, indem wir uns beispielsweise aus falschem Stolz heraus einem Hilfsangebot verweigern, so kann das Leben seine Heilungskraft nicht ungehindert entfalten. Wir verweigern unseren Beitrag, obwohl wir eigentlich wüssten, was zu tun wäre.

Doch auch bei ernsthafter Bereitschaft mitzuarbeiten, ist dieses Wissen begrenzt. Niemals gibt es für einen Heilungsprozess, ganz gleich auf welcher Ebene er sich vollzieht, ein klar zu verfolgendes „Zwölf- Schritte-Programm“, das kausal und linear aufeinander aufbaut und dabei alle Möglichkeiten der Reaktion auf heilende Impulse berücksichtigen kann. Es gibt kein Konzept, keinen menschlichen Entwurf, der in der gelebten Realität eins zu eins das Soll erfüllt.

Jedes Konzept von dem, wie die Heilung sich konkret darstellen könnte, ist letztlich viel enger gefasst als die unendliche Weite von Möglichkeiten, die das Leben selbst bietet. Auch hier geht es deshalb im Sinne eines „Weniger-Ist-Mehr“ darum, die Vorstellungen, die wir haben, gehen zu lassen und uns stattdessen in einen Fluss einfühlen zu lernen, den uns das Leben selbst erahnen lässt.

Auch die verschiedenen Aspekte einer Heilung des Weiblichen, wie sie hier dargestellt werden, können nicht als eine lineare Abfolge von zeitlich aufeinanderfolgenden oder kausal sich bedingenden Ereignissen gesehen werden. Vielmehr sind sie unterschiedliche Seiten eines umfangreichen, vielschichtigen organischen Prozesses. Die vielfältigen Aspekte sind miteinander verwoben, weit mehr, als dies in der fortlaufenden Folge des geschriebenen Wortes dargestellt werden kann. Sie bedingen einander, durchdringen sich gegenseitig und leben sich in jedem individuellen Prozess auf eine einzigartige Weise.

Die Prozesse des Annehmens und des Loslassens greifen im konkret Erlebten also ineinander und beziehen, wie wir später sehen werden, noch weitere Elemente in das tiefere Geschehen mit ein.

Doch was, so werden Frauen fragen, sollten sie loslassen, wenn sie diejenigen sind, die verletzt wurden, die leiden, die sich in der Position des Opfers befinden? Nun, die Antwort liegt bereits in der Frage: Es geht um das Loslassen des Leidens.

Indem wir mit dem Herzen und tief im Herzen annehmen, dass das Weibliche in Frauen, in der Welt und möglicherweise auch in uns selbst verletzt wurde, können wir gleichzeitig endlich beginnen, das Leiden daran loszulassen.

Was geschieht eigentlich, wenn wir loslassen?

Wir haben es hier mit einem reichlich abgenutzten Begriff zu tun, der in vielerlei Ratgeber- und modernen Lifestyle-Broschüren herumgeistert und nicht wirklich noch viel Inhalt für uns transportiert. Wer tatsächlich etwas loszulassen hat, fragt sich angesichts der zuweilen fast moralischen Aufforderung, die ein notwendiges Handeln suggeriert: Wie lässt man los? Was muss man tun, um etwas loszulassen? Doch der Clou an der Sache ist, stellen wir uns das Loslassen nur einmal bildlich vor, dass sein wesentliches Merkmal ja darin besteht, gerade gar nichts zu tun, nicht zu handeln. Wenn unsere Aufmerksamkeit auf das gerichtet ist, was wir loslassen möchten, wird es nicht funktionieren; denn auf diese Weise bleiben wir daran kleben. Ein kleines Kind, das laufen lernt, kann die neue Erfahrung nur machen, wenn es wagt, die Hand der Mutter loszulassen. Solange ihre Hand im Mittelpunkt seiner Aufmerksamkeit steht, wird es sie nicht freiwillig loslassen können. Erst wenn wir unsere

Aufmerksamkeit von dem abwenden, woran wir uns festhalten, können wir loslassen.

Loslassen bedeutet, sein Einverständnis dafür zu geben, dass etwas weggenommen wird. Nicht wir nehmen es weg, nicht wir kämpfen dagegen an, vielmehr lassen wir zu, dass es geht. Wie funktioniert das? Schauen wir uns zum Beispiel unsere Beziehungen und Freundschaften an, wie sie sich im Laufe eines Lebens verändern oder wechseln, so wie wir selbst uns verändern. In manchen Freundschaften lebt eine so tiefe Verbindung der Seelen, dass sie ein Leben lang halten und alle unsere beiderseitigen Wandlungen überdauern. Andere Beziehungen jedoch beginnen, blühen auf und vergehen wieder, weil sie nur für eine bestimmte Phase des Lebens wichtig waren. Das Vergehen kündigt sich meistens an durch Zeichen, die leicht zu verstehen sind. Man findet keine Zeit, sich zu treffen, die Terminkalender lassen keine Übereinstimmung mehr zu, oder wenn man sich dann trifft, bekommt man Kopfschmerzen oder ermüdet sehr schnell. Eine Verbindung, die für eine Weile sehr wichtig war, ist auf einmal nicht mehr nährend, nicht mehr wirklich lebendig. Die Zeichen der Veränderung sind gleichzeitig bereits die ersten Schritte, die das Leben macht, um diese Beziehung zu einem Ende zu führen. Weil die Zeit vorbei ist, weil wir uns verändert haben, weil wir am Anfang von etwas Neuem stehen, kann die Verbindung, so wie sie zuvor gelebt wurde, aufgelöst werden. Wir lassen los, wenn wir die Zeichen der Zeit erkennen. Wir brauchen dann weder dagegen anzukämpfen noch müssen wir selbst etwas aktiv abbrechen. So können wir am leichtesten loslassen. Lediglich wenn wir weiter an einer Verbindung festhalten, ist ein Loslassen nicht möglich.

In jedem Leben gibt es zahllose Momente, in denen wir gefordert sind, loszulassen, in kleinen Veränderungen wie auch in großen Abschieden – von Menschen, Gewohnheiten, Sichtweisen, Orten und Dingen.

Es geht dabei häufig um etwas, das uns zuvor aus irgendeinem Grund sehr wichtig war, das uns Sicherheit, Identität oder eine Art Existenzberechtigung gegeben hat. Zum Zeitpunkt des Loslassens ist seine Zeit aber vorbei, es wird im Sinne einer Weiterentwicklung nicht mehr gebraucht, und häufig ist der Abschied überfällig. Ein weiteres Festhalten führt zur Stagnation, denn eine neue Erfahrung kann nicht gemacht werden.

Frauen erleben das Festhalten am Leiden häufig als eine Art Endlosschleife, auch wenn sie verzweifelt versuchen, ihr zu entkommen. Sie mögen sich öffnen, sogar neue Erfahrungen machen, die das alte Leidensmuster nicht bestätigen, und doch können nur kleine Auslöser, hervorgerufen durch einen alltäglichen Konflikt oder eine Kränkung ihres Egos, die bekannte Dynamik des weiblichen Leidens wieder in Gang setzen. Sobald die ganze Aufmerksamkeit dann wieder auf dieses Leiden gerichtet wird, ist die Chance, die in der neuen Erfahrung lag, bereits vertan. Eine neue Runde beginnt in diesem endlos scheinenden Kreislauf.

Hier ist der Punkt erreicht, wo eine Frau vollkommen wachsam sein muss. Sie hat die Möglichkeit, das Angebot des Rückfalls komplett auszuschlagen und der Verführung, sich an einer alten Identität festzuhalten, wachsam zu widerstehen. Richtet sie ihre Aufmerksamkeit nämlich auf das, was neu ist in ihrer Erfahrung, kann sie eine Tür entdecken, die den Kreis des Leidens unterbricht und einen Weg nach draußen weist.

Dieses Erlebnis durfte ich mehrmals teilen, als Frauen, entmutigt durch Verletzungen und kummervolle Erfahrungen in früheren Beziehungen, ob zu ihren Vätern, Arbeitskollegen, Freunden oder in Liebesbeziehungen, große Schwierigkeiten hatten, sich auf neue Erfahrungen einzulassen. Vor allem, wenn es darum ging, sich auf eine nahe Beziehung einzulassen, suchten sie in den kleinsten Gelegenheiten nach Zeichen, die ihr Leiden für die Zukunft wiederholen und damit bestätigen sollten. Die neuen Partner hatten dann wenig Chancen, wirklich sie selbst zu sein. Die Frauen nahmen in ihrer Vorstellung das Leiden vorweg, bevor es überhaupt hätte beginnen können. Ganz zu schweigen von der Möglichkeit, dass eine ganz andere Erfahrung auf sie wartete. Erst als sie sich selbst dafür öffneten, auch glückliche und freudvolle Erfahrungen machen zu können, ohne dabei den sicheren Boden ihrer Existenz zu verlieren, gaben sie dem Leben und den Partnern eine Chance, ihnen neue Erfahrungen zu schenken – jenseits des erwarteten Leidens. Dies war der einzige Weg für sie, um zu erkennen, dass es eine Art zu leben gibt, die auf das bekannte Leiden verzichten kann. Es gibt vielmehr ein Leben, welches ganz neue Möglichkeiten bereithält. Das war in jeder Geschichte so beglückend wie eine neue Geburt, doch gleichzeitig auch immer ein wenig beängstigend; denn diese Tür führt in eine unbekannte Zukunft. Die Wachsamkeit des Augenblicks verlangt die Bereitschaft, die Ungewissheit eines ganz neuen Raumes zuzulassen. Verzichtet eine Frau wirklich darauf, den Ausgang der Erfahrung selbst zu bestimmen, so gibt sie tatsächlich ihre Erlaubnis dafür, dass ihr das alte Leiden weggenommen werden kann. Sie lässt los.

Es kostet immer Mut, sich einer neuen Erfahrung zu überlassen. Wir wissen aber alle, dass ohne Risikobereitschaft kein Wachstum, keine Veränderung möglich ist.

Auch Schmerz und Leiden gehören bis zu einem gewissen Maße zu einem Transformationsprozess dazu. Sie sind, werden sie angenommen und wiederum losgelassen, Kräfte, die den Umwandlungsprozess antreiben und unterstützen. Die dynamische Seite des Weiblichen weiß um diese Kräfte. Jede Frau, die ein Kind geboren hat, weiß, dass dieser Schmerz ein notwendiger Teil für die Geburt ist, sich jedoch in eine Kraft umwandelt und letztlich zu etwas Neuem und Wunderbarem führt. Wenn das Kind dann geboren ist, spielen die Schmerzen keine Rolle mehr. Manche Frauen leiden wirkliche Qualen während einer Geburt, und dennoch, sieht man sie kurz darauf mit ihrem neugeborenen Kind im Arm, so verrät der Anblick ihres Glückes nicht die geringste Spur von Leiden. Hier hilft die Natur der Frau, dynamisch auf einer Welle mitzugehen und mit ihr mitzufließen. Festhalten ist kaum möglich.

Dieser dynamischen Seite des Weiblichen steht die erhaltende, bewahrende Seite gegenüber. Durch ihre Nähe zur Schöpfung hat die Frau besondere Fähigkeiten, für die Schöpfung zu sorgen, sie zu erhalten. Die dunkle Seite dieser Qualität sind Festhalten- und Bewahren-Wollen bis hin zum Wunsch, die Dinge zu kontrollieren. Zwischen der übergroßen Fürsorge einer Mutter für ihre Kinder und dem Drang, deren Leben völlig kontrollieren zu wollen, sind die Übergänge schwimmend. Das Anhaften und Festhalten gehören zur Schattenseite der die Schöpfung bewahrenden Qualitäten des Weiblichen.

Gegen das Festhalten jedoch hilft einzig und allein das Loslassen.

Das Loslassen ist nicht mit einer aktiven Arbeit verbunden. Es besteht vielmehr darin, die eigene Aktivität herauszunehmen. Wir müssen auch nicht daran arbeiten, den Gegenstand, an dem wir uns festhalten, zu entfernen oder unwirksam zu machen. Wer von einem 3-Meter-Brett springen möchte und sich noch unsicher oben am Geländer festhält, jedoch so gerne sich dem Vergnügen hingeben würde, zu springen, zu fliegen und ins Wasser zu tauchen, der tut am besten daran, das Geländer einfach loszulassen. Er muss es nicht erst absägen, zerkleinern und vernichten, damit es ihn nicht mehr aufhält. Das einzig Notwendige ist, die Hand zu lösen.

Ebenso wenig ist es notwendig, dass Frauen an ihrem Leiden *arbeiten*, mit dem Ziel, es loszuwerden, es zu vernichten, so dass sie nicht weiter darin gefangen sind. Das Leiden wird weggenommen, der Schmerz wird umgewandelt, wenn wir dies erlauben und zulassen. Wie ist das praktisch möglich? Was sollen wir tun, wenn wir eigentlich nichts tun sollen? Es kann ja nicht bedeuten, dass wir passiv darin verharren, während ein geheimer Zauber uns das Leiden aus der Seele zieht. Nein, vielmehr geht es um ein Nachgeben, darum, einen Raum zu geben und den Raum zu weiten. Das beginnt damit, dass wir unseren Horizont erweitern. Wir können unser Bewusstsein dafür öffnen, dass die Art, wie wir bisher gelebt haben, nicht die einzig mögliche ist. Können wir uns vorstellen, Nicht-Leidende zu sein? Nicht mit diesem schweren Gepäck des weiblichen Leidens, mit der Bürde des Leidens aus Jahrhunderten, dem Leben zu begegnen? Wer sind wir dann, wenn diese Bürde, die für viele Frauen zu einem meist unbewussten Teil ihrer Identität geworden ist, wegfallen würde? Indem wir uns für diese Fragen weiten, öffnen wir bereits einen neuen Raum, lassen zu, dass eine alte Begrenzung gehen kann.

Darüber hinaus können wir unsere Sinne dafür öffnen, Erfahrungen wahrzunehmen und zu würdigen, die unsere alten Leidensmuster nicht bestätigen. Dazu gehört beispielsweise, dass wir Begegnungen mit Menschen zulassen, die ganz andere Geschichten erzählen als wir selbst, statt immer nur nach dem im anderen zu suchen, das uns bekannt und vertraut ist, das unsere eigene begrenzte Welt und die gewohnten Erfahrungen bestätigt.

Wir dürfen nicht vergessen, dass wir alle Teil haben an einem großen Ganzen. Dieses Ganze ist weitaus mehr als ein kleiner Teil und jenseits davon auch weitaus mehr als die Summe aller seiner Teile. In dieser Ganzheit spiegeln wir uns gegenseitig und helfen uns, Dinge wahrzunehmen, die bisher nicht Teil unseres Bewusstseins waren. Doch wir müssen dem Leben Gelegenheit geben, uns diesen Spiegel vorzuhalten. Das bedeutet aber, den Mut für Neues aufzubringen, in eine neue Welt zu springen und die alte Welt hinter sich zu lassen.

Den Griff zu lösen von dieser alten, sicheren Identität, die weder Frauen noch Männer noch unsere Welt glücklich macht, erfordert von uns allen das Wagnis, nicht mehr zurückzuschauen in die Vergangenheit, sondern uns den neuen Möglichkeiten zuzuwenden, die auf uns warten.

Die Erlösung des dunklen Weiblichen

Die Prozesse, zu denen Annehmen und Loslassen gehören, sind nicht nur notwendige Schritte in einem Umwandlungs- und Heilungsprozess, sie begleiten gleichzeitig für die einzelne Frau einen Weg der Erneuerung, der Initiation in eine neue Bewusstseinsstufe. Wenn eine alte Identität geht und ein neues Leben daraus wiedergeboren werden kann, so bedeutet dies zugleich Heilung und Erwachen auf einer neuen Ebene.

Bereits beim Mythos der alt-sumerischen Göttin Inanna haben wir angesprochen, dass eine solche Initiation mit dem Abstieg in die Tiefe verbunden ist.

Die Göttin Inanna war „Königin des Himmels und der Erde" und gleichzeitig die Göttin der Liebe. Sie symbolisierte deren Kraft, Kreativität, sexuelle und sinnliche Energie. Doch sie machte sich zur Vervollkommnung ihres Weges auf, in die Dunkelheit der Unterwelt hinabzusteigen. In jenem fast viertausend Jahre alten Mythos bringt sie das Licht des Bewussteins in das Reich ihrer dunklen Schwester, die in der Unterwelt regiert. Auf diesem Abstieg wird sie völlig entblößt, grenzenlos verletzbar und schutzlos gemacht und schließlich getötet. Mit der Annahme ihrer Verwundbarkeit, mit der Verbindung mit ihrem Schatten – der dunklen Schwester – und letztlich mit ihrem Tod geschieht die Transformation. Inanna lässt ihre alte Identität hinter sich. Mit dem Wasser des Lebens wird sie später wieder zu neuem Leben erweckt; und mit ihrem neuen Erblühen gedeiht wieder alles Leben auf der Erde.[8]

8 Vgl. die psychoanalytische Literatur zum Thema der weiblichen Initiation:
- C.G. Jung, Gesammelte Werke.
- Sylvia Brinton Perera, Der Weg zur Göttin der Tiefe, Ansata, Interlaken 1993.
- Helen Luke, Kaleidoscope, The Way of Women, New York 1992.

Auf dem Weg der Heilung des Weiblichen ist für die Frau der Abstieg in die innere Dunkelheit unverzichtbar.

Frauen wissen um den Kreislauf von Geburt und Tod. Damit etwas Neues geboren werden kann, muss das Alte sterben. Der Abstieg in die Tiefe bedeutet zum einen ein Sterben in die Saat hinein, die das Neue wieder wachsen lassen wird, und andererseits die Verbindung mit den tiefen Kräften des Weiblichen wieder aufzunehmen, die dort zu Hause sind.

Jeder neue Keim entsteht im Dunkel, und von dort aus wächst er ins Licht. Der Abstieg in die Tiefe bringt für eine Frau jedoch auch eine Konfrontation mit den dunklen Seiten mit sich, mit den Schattenseiten des Weiblichen. Erst wenn wir auch den eigenen weiblichen Anteil anschauen und annehmen, werden jene tiefen Kräfte des Weiblichen nicht mehr durch das Ego und den Schatten, sondern im Licht und für eine höhere Ebene gelebt werden.

Gleichzeitig können wir dann erkennen, dass das Thema von der Verwundung des Weiblichen nicht ganz so einfach zu polarisieren und dann zurückzuführen ist auf ein simples Täter-Opfer-Modell. Vielmehr sind die Zusammenhänge wesentlich vielschichtiger, so dass letzten Endes auch im Weiblichen selbst einiges auftaucht, das wir uns näher ansehen sollten.

Eine Frau, die, wie sie selbst sagt, „eine starke Verbundenheit und Nähe zum Leben" fühlt und deshalb niemals zuvor auf den Gedanken gekommen wäre, auf der Seite der Verletzenden zu stehen, beschreibt den Weg in die eigene Dunkelheit und von da aus in das Licht der Erkenntnis an ihrem eigenen Beispiel:

„Ich wollte, dass alles nach meinen Vorstellungen lief und für mich absolut kontrollierbar blieb. Es gab eine Situation, in der ich wieder übergriffig wurde, das aber überhaupt nicht als solches erkennen konnte. Ich fühlte mich als das typische Opfer und involvierte Freunde in meinen Konflikt in dem Glauben, dass ich allein im Recht war und Unterstützung benötigte. In einer Begegnung mit A. fiel es mir wie Schuppen von den Augen, dass ich noch verwirrender und manipulierender als früher meinem Mann den Lebensraum beschnitt, ihm die Luft zum Atmen nahm und er in seiner Not offenbar gar nicht anders reagieren konnte, als mich zu verletzen.

Da geschah wirkliches Erkennen. Wie „die Spinne im Netz" durfte ich sehen, wie das Muster funktioniert, das ich so gut beherrsche. Es war erschlagend, und es schien aussichtslos, jemals aus diesen eigenen gesponnenen Fallen wieder herauszukommen.
Ich hatte über Monate die Aufgabe, mir dieses Verhalten anzuschauen, und obwohl es immer noch schwer war, dieses Dickicht zu durchdringen, hat es sich schließlich mehr und mehr gelöst.
In diesem Verhaltensmuster ist enthalten, dass das „Ich" absolut wichtig ist und das Wissen, dass „Ich" als Frau eigentlich fast alles erreichen kann. Es geht um Machtausübung in der negativen Form. Macht, die alles kontrollieren und beherrschen und dabei der Mittelpunkt sein will. Das enthält keine Liebe. Als das mehr und mehr abfiel, konnte ich spüren, dass ich nicht wichtig bin und die Dinge auch nicht in der Hand habe; und das ist sehr entlastend. Gottes Liebe kann jetzt durchscheinen, und das ist einfach wunderbar."

Diese Frau ist, aus der Not eines tiefen Konfliktes heraus und mit der Bereitschaft, die lichte „Oberwelt" zu verlassen und der unbekannten Dunkelheit der eigenen Unterwelt zu begegnen, einem Archetyp des *Dunklen Weiblichen* in sich selbst begegnet: Der dunklen Seite der Großen Mutter, der Göttin über Leben und Tod, die einer Spinne gleich im Zentrum des Lebensnetzes sitzt und alles kontrolliert. Der Blick jener Frau auf die Verletzung des Weiblichen, jene Ganzheit des Lebens, als deren Beschützerin sie sich wähnte und für dessen Verletzung sie allein das Männliche verantwortlich gemacht hatte, veränderte sich durch diese Erfahrung. Durch diesen Prozess hatte sie eine direkte Verbindung zu ihren eigenen Tiefen gefunden und konnte gleichzeitig auch auf der persönlichen Ebene die Beziehung zu Männern auf eine neue Basis stellen. Von diesem Zeitpunkt an konnte sie beginnen, die Göttin in sich selbst in ihrer Ganzheit zu leben, auf eine liebende Weise.

Die Begegnung mit dieser Wirklichkeit verlangt allerdings die Bereitschaft, kompromisslos ehrlich mit sich selbst zu sein. Das Bedürfnis des Egos, zu den „Guten" zu gehören, ist nicht leicht aufzugeben, doch erst der Mut, in eine Wirklichkeit zu blicken, die jenseits dieser Wünsche ist, führt uns zu der inneren Freiheit, einer umfassenderen Wahrheit ins Auge blicken zu können.

Abschied von Wut, Zorn und Rache

Auf dem Weg in die Tiefe begegnen der Frau noch weitere Aspekte des dunklen Weiblichen, die auch durch ihre Verletztheit entfacht und angetrieben werden. Es sind dies vor allem Wut und Zorn und mit ihnen die Rachsucht. Diese Wut und die daraus resultierenden Rachezüge des Weiblichen können grenzenlos sein und haben verheerende Auswirkungen, wenn sie unkontrolliert durch 'unwissende Unbewusstheit' zum Durchbruch kommen. Doch auch auf eine mehr kontrollierte, subtile Weise kann sich die weibliche Wut leben und nach Rache sinnen, dort, wo sie ihr wahres Gesicht nicht offenbart, sondern hinter vorgeschobenen Motiven verbirgt. Am wenigsten bewusst ist Frauen diese Wut, wenn sie sich allein nach innen gegen sie selbst, gegen das eigene Leben richtet.

Alte Mythen, wie die griechischen und auch frühere, die aus der Zeit des Übergangs zum Patriarchat überliefert sind, erzählen uns mehrfach von der Rache der Göttinnen, die verletzt wurden.

In den Mythen rächen sich die Göttinnen, indem sie die Felder unfruchtbar machen und ihre Leben spendenden Kräfte der Welt und den Menschen nicht mehr zur Verfügung stellen.

Demeter, die Göttin der Kornspeicher, der Fruchtbarkeit, hielt in ihrem Kummer und Gram, in all ihrer Verzweiflung über den Raub ihrer Tochter Persephone, die Saat von der Erde fern, so dass die Felder keine Ernte mehr trugen. Damit entzog sie der Welt genau das, was ihr eigenes Potenzial ausmachte. Auch Inanna, die sumerische Göttin des Himmels und der Erde, der Sinnlichkeit und der Kultur, ließ in ihrer Verzweiflung die Äcker verdorren.

Diese Göttinnen, die als Archetypen in jeder Frau leben, bringen uns auf deutliche Weise das Potenzial weiblicher Verzweiflung und Vergeltungssucht nahe. Diese Mythen sind nicht nur Allegorien für die wechselnden Jahreszeiten, sie zeigen uns auch, wie Frauen, die sich verletzt fühlen, den eisigen Winter über das Leben bringen können. Dabei steht außer Frage, dass sie in diesen Wintern des Lebens auch selbst hungern und frieren. Die Rache, ganz gleich, gegen wen sie sich zunächst richtet, erreicht in ihrer zerstörerischen Dimension am Ende auch immer die Frau selbst.

Gelangt eine Frau an den Punkt, diese Zusammenhänge zu erkennen, indem sie in den eigenen Abgründen den Archetyp des zornigen, verzweifelten und rachsüchtigen Weiblichen antrifft, so kann sie durch das Licht des Bewusstseins und durch die Liebe, die in diesem ehrlichen Augenblick hineinfließt, der Heilung Raum geben. Schon an dieser Stelle wird deutlich, dass die Heilung dann nicht nur sie persönlich, nicht nur das Weibliche als Ganzes, sondern die ganze Erde betrifft. Die Wachstum fördernden Kräfte, die sie dem Leben und der Welt entzogen hatte, können zurückfließen, und nach langen, entbehrungsreichen Wintern kann es endlich wieder Frühling werden.

Auf dem individuellen Weg einer Frau, die über Jahre hinweg schon meditiert und an sich selbst gearbeitet, nie aber eine Verbindung zum Thema der Verletzung des Weiblichen hatte, kündigte sich ein solcher Prozess mit diesem Traum an:

„Es ist dunkel. Aber wie von einem Scheinwerfer angeleuchtet, sehe ich, wie eine junge Frau, die ganz nackt ist, blutüberströmt vor einem Baum zusammenbricht. Ich sehe sie von hinten. Der ganze Rücken ist voller Blut, rot und schwarz. Sie ist beschossen worden, aber nicht so, dass sie sofort tot ist. Es ist aber klar, dass sie an den Verletzungen sterben wird. Sie muss aber den vollen Schmerz bis zum Ende spüren. Sie schreit entsetzlich, voller Qual, und ruft in äußerster Verzweiflung nach ihrer Mutter, wie ein Kind, obwohl klar ist, dass ihre reale Mutter nicht da ist."

Der Scheinwerfer des Bewusstseins ist gnadenlos auf die erschütternde Szene gerichtet, die sich in der Dunkelheit abspielt. Die Träumerin hat einen Raum betreten, von dem sie bisher nichts ahnte. Nun gibt es kein Zurück mehr in die Unwissenheit. Dieses Bild war für die Frau, die es träumte, der Auftakt für eine ganze Reihe von Träumen, die für sie „einen Kontakt zum verletzten Weiblichen darstellen, der nichts mit meinem jetzigen Leben zu tun hat". Es stiegen in qualvollen Bildern

Erfahrungen von Demütigungen, Verletzungen und Tod auf. Sie lösten Schmerz, Erschütterung und „ein tiefes Gefühl von Ohnmacht" in der Träumerin aus.

Als sie begann, diese Gefühle zuzulassen und die Erfahrung anzunehmen, als sie ihre eigenen Konzepte und Vorstellungen, die sie zu diesen Themen aufgebaut hatte, losließ, tauchte noch etwas ganz anderes auf: Ein Gefühl für die Rache des Weiblichen, deren Spuren sie dann letztlich auch in ihrem eigenen Leben fand.

Sie beschrieb diese Rache als etwas, das *„darin lag, sich den Männern, dem Leben, mit etwas Essenziellem zu verweigern. Darin liegt das Potenzial der Selbstzerstörung, weil es uns auch von uns selber trennt und krank macht und auch dem Männlichen keine Möglichkeit gibt, wieder zu heilen, es vielmehr damit weiter einer zerstörerischen Haltung überlässt."*

Das „Essenzielle", das verweigert wird, hat immer etwas mit den grundlegenden weiblichen Qualitäten zu tun, mit den natürlichen Ressourcen der Frauen, aus denen sie schöpfen und der Welt etwas geben können. Bei Demeter, der Göttin der Ähren und Kornspeicher, waren es ihre nährenden Kräfte, die sie der Welt entzog, indem sie aus Verzweiflung und Rache die Felder vertrocknen ließ. Für manche Frauen sind es Sinnlichkeit und Sexualität, die sie aus unbewussten Rachegefühlen den Männern, die sie lieben, verweigern. Damit entziehen sie ihnen nicht nur eine Möglichkeit, ihre Liebe auf körperliche Weise zu leben, sondern auch den Zugang zu dem Heiligen, das in in ihrem Körper lebt. Aber auch die Fürsorge, die Fähigkeit, für das Leben oder für die Erde zu sorgen, verweigern Frauen, wenn sie aus unbewussten oder gar bewussten Rachegefühlen heraus dem Leben und letztlich sich selbst etwas vorenthalten, das sie geben könnten.

Die Erkenntnis, durch Verweigerung selbst an einem Rachefeldzug des Weiblichen teilzunehmen, läutete für diese Frau eine Wende ein. Einige Zeit später fasste sie rückblickend in Worten zusammen, was für sie der Segen dieser Erfahrung war:

„Ich war so dankbar über diese Erfahrung, die sich wie ein Aufwachen anfühlte und gleichzeitig auch einen Schalter umgelegt hatte.

Danach fühlte ich das erste Mal so etwas wie Verantwortung dem Leben gegenüber, das Bedürfnis und die Bereitschaft, im Leben ganz anwesend zu sein und ihm dienen zu wollen.
Auch wenn es mir schon so oft wieder weggerutscht ist, ist es doch ein Faden, nach dem ich immer wieder suche. Wenn ich mich daran erinnere und es schaffe oder es mir geschenkt wird, mich von meinem Kreisen um mich selbst zu lösen, ist da manchmal solch eine beglückende Nähe und Verbundenheit zu allem und immer mehr ein tiefes Gefühl von Notwendigkeit, dieses nie mehr zu vergessen. In solchen Momenten stellt sich auch eine besondere Liebe zur Erde ein. Heute weiß ich und kann es manchmal fühlen, wie bedeutsam und heilend diese Beziehung ist.“

Der „Schalter, der umgelegt wurde“, ist der Moment der Umkehr, der Beginn des Aufstiegs zurück ins Licht, der auf dem Weg der Initiation den Kreis vollendet und letztlich zur Wiedergeburt führt.

Auch die Göttin Inanna stieg wieder aus dem Reich der Unterwelt und des Todes auf und hat am Ende erneut den Frühling gebracht und mit ihm Wachstum und Fruchtbarkeit für die Erde.

Die Mythen und Träume schildern die Geschichte auf dem Schauplatz einer inneren, einer Art Zwischenwelt, und helfen uns so, die verschiedenen Wirklichkeiten in uns zusammenfinden zu lassen. Sie vermitteln zwischen der spirituellen und der irdisch-manifesten Welt, und auf einer anderen Ebene versöhnen sie die Welt des Verstandes – und seine begrenzten Möglichkeiten zu begreifen – mit der Tiefe unseres intuitiven Wissens. Sie lassen uns ahnen und verstehen, ohne zu erklären.

Träume sind ein wichtiges Element in einem inneren Transformationsprozess, aber sie nehmen uns nicht ab, ein gewisses Stück des Weges tatsächlich zu *gehen*, es zu *leben*. Die hier angeführten Mythen waren in einer Zeit lebendig, in der sie auf eine gewisse Weise zur Unterstützung des Einweihungsweges in der Form von Mysterien gelebt wurden. Diese Mysterienspiele gehören der Vergangenheit an, und letztlich auch die Mythen, die sie begründen. Wir leben in einer Zeit, in der neue Mythen geboren werden, da wir uns einem neuen Zeitalter nähern, das durch völlig neue innere Bilder geprägt sein wird.

Doch gegenwärtig befinden wir uns in einer Zeit des Übergangs.

Wir ziehen hier die alten Göttinnen-Mythen zu Rate, wohl wissend, dass sie einer vergangenen Zeit angehören und nur noch den Abschied vom Alten illustrieren können. In der Essenz bleibt natürlich das Weibliche immer das Weibliche, doch auch seine Archetypen sind einer Veränderung unterworfen, und es ist an der Zeit, die alten Archetypen, die unser weibliches Leben und das gesamte Leben prägten, zu verabschieden und gehen zu lassen.

Wir haben in der gegenwärtigen Zeit des Übergangs, hier in unserer westlichen Welt, jedoch kaum ernst zu nehmende ritualisierte Möglichkeiten, um diese Wege der Transformation zu beschreiten und uns daran zu orientieren. Es gibt dafür keine Rituale mehr.

Doch wir können uns von unseren Träumen und inneren Bildern führen lassen, und wir können uns nähren und begleiten lassen von dem Licht, das in uns erweckt wird, wenn wir uns auf einen spirituellen Weg begeben. Doch der Weg wird letztlich nicht wirklich gegangen, wenn wir nicht selbst die Schritte unternehmen, die dazu notwendig sind. Das bedeutet, unsere Erfahrungen müssen ins Leben gebracht werden. Es ist wichtig, dass wir jeden einzelnen Schritt auf diesem Weg tun, sei es, dass wir Umwege einschlagen, dass wir auch einmal wieder zurückgehen und von neuem Anlauf nehmen, dass wir müde oder träge werden oder für eine Zeit den Schmerz nicht mehr fühlen wollen. Der Weg ist immer auch ein individueller Weg, mit den für die jeweilige Seele ganz spezifischen Erfahrungen, den Erleichterungen und Rückschlägen, der Freude und der Verzweiflung und – das ist sehr wichtig – der eigenen Zeit, die man jeweils dafür benötigt.

Gerade am Beispiel der Wut, die sich tief im Weiblichen und in vielen Frauen angestaut hat, können Frauen die Erfahrung machen, dass vom bewussten Spüren der Wut und der Einsicht in ihre Folgen bis hin zu einer befreienden transformierenden Erfahrung manchmal ein weiter Weg ist. Unzähligen Erd- und Gesteinsschichten gleich lagern sich die Ebenen weiblicher Wut und weiblichen Zorns übereinander, so dass Frauen zu ihrem eigenen Erstaunen, je tiefer sie vordringen, immer wieder ungeahnt auf unliebsame Überraschungen in sich selbst stoßen. Auch wenn sie glauben, ihre Wut überwunden zu haben, genügt manchmal ein unerwarteter Anlass, um sie mit einer noch tieferen bisher unbekannten Schicht von Wut in sich selbst zu konfrontieren. Über eine sehr lange Zeit hinweg, so dürfen wir nicht vergessen, hat sich diese Wut im Weiblichen angesammelt, und solange sie nicht in einem gewissen Licht erkannt wird, wird sie noch weiter genährt. In ihrer Essenz ist sie reine Kraft, ein unglaubliches Energiepotenzial, das auch zu Recht gefürchtet wird. Tief unter all jenen Gesteinsschichten brodelt heiße Magma, ein flüssiges Feuer. Das Energiepotenzial weiblicher Wut in dieser Welt kann es locker aufnehmen mit allen Vulkanen dieser Erde zusammen.

Eine Frau, die unvermutet und für sie selbst überraschend noch einmal mit ihrer Wut konfrontiert wurde, sagte dazu: *„Ich glaube, dass ich Wut und Zorn aus dem Weg gehen oder sie noch vor ihrem Ausbruch abstellen will. Wenn erst einmal Platz gegeben wird und der Zorn oder die Wut herauskommen können, wird es schwer und bedarf es großer Anstrengung, die Türen wieder zu schließen. Es bebt noch lange nach. Das Gefühl überwiegt, dass wütend oder zornig zu sein mir Energie raubt, statt eine positive Wirkung zu haben."*

Doch hier gilt es, eine wichtige Unterscheidung zu treffen: Unterstützt von einem Licht im Herzen, das uns den Weg in dieser verwirrenden Dunkelheit leuchtet, in Kontakt mit der weiblichen Wut zu kommen und andererseits sie blind auszuleben, sind zwei völlig verschiedene Dinge. Natürlich macht sie uns Angst, zumal wenn wir sie kaum kennen, ihr zerstörerisches Potenzial aber erahnen. Das Ausleben solcher Emotionen, wie jene Frau sie äußerte, die aufgeladen sind mit der reinen Kraft der Instinkte, raubt unendlich viel Kraft. Sie zu leugnen, raubt jedoch ebenso Kraft und bindet die Energie, die darunter wartet, gelebt zu werden. Es braucht also – von unserer Seite aus und abgesehen von der Gnade, die in solchen Prozessen immer gegeben wird – das Licht der Liebe und des Bewusstseins sowie auch eine große Portion Mut und Aufrichtigkeit, sich dieser Wut zu nähern.

Was bedeutet das konkret? Wie kommt eine Frau an ihre verdrängte Wut heran, und was kann sie damit tun, wenn sie aufsteigt und sie zu überwältigen droht?

Zunächst spüren wir meistens, dass etwas nicht in Ordnung ist, dass wir auf eine Weise reagieren oder agieren, die zerstörerisch oder verletzend ist. Ein Mensch, in dem ein gewisses Licht erwacht ist, der sich danach sehnt, mehr im Einklang zu leben, wünscht sich dann eine Veränderung dieses Zustands. Die Veränderung beginnt damit, dass wir das Licht des Bewusstseins hineinbringen, denn was im Dunkel liegt, braucht Licht, um gefunden zu werden. Dieses Bewusstsein kommt aus dem Herzen. Es ist größer und umfassender als die Sicht unseres Egos, das unsere Handlungen immer zu rechtfertigen sucht und nur im isolierten und beschränkten Kreis unserer kleinen Ich-Welt die Dinge betrachten und beurteilen kann.

Mit dem Bewusstsein des Herzens schaffen wir eine gewisse Distanz zu unseren eingefahrenen emotionalen Mustern und können dann viel tiefer schauen. Wir erkennen, dass wir wütend sind. Das Gefühl der Wut offenbart sich ganz schnell, wenn wir beginnen, uns selbst und unsere Reaktionen zu beobachten. Schwieriger, als die Wut offenbar werden zu lassen, ist, sie in dem Moment anzunehmen und zuzulassen. Uns einzugestehen, dass wir wirklich wütend sind, vielleicht schon seit langer Zeit eigentlich wütend sind, obwohl wir hervorragend gelernt haben, ganz andere Motive für unsere Handlungen vorzugeben. Indem eine Frau beginnt, sich selbst schonungslos zu beobachten, achtsam zu werden mit ihrem eigenen Gefühlszustand, entdeckt sie häufig, dass es unzählige Anlässe gibt, die diese verborgene Wut anstoßen. Es geschieht jedes Mal, wenn ein alter Schmerz der Verwundung berührt wird. Die Auslöser mögen gering sein, doch die Wut hat ein immenses Ausmaß. Die Frau beginnt, die Wut wiederzuerkennen. Sie lernt mehr und mehr ihre Wut kennen, macht sich mit ihr vertraut und schafft so die Voraussetzung dafür, etwas annehmen zu können. Nur was wir näher an uns heranlassen, können wir auch annehmen. Gelingt es uns dann erst einmal, die Wut anzunehmen, so können wir verhindern, dass sie sich blind austobt; denn dann ist Liebe mit im Spiel, und die Bombe ist entschärft. Das Annehmen ist die Schwester des Loslassens, und beides zusammen bildet das Fundament für eine tiefgreifende Veränderung. Wenn wir genug haben, wenn wir sagen: „Der Kampf ist zu Ende", wie eine Frau es in einem früheren Beispiel ausdrückte, können wir beginnen, diese alte Wut loszulassen.

Mit der Haltung, anzunehmen und loszulassen, können wir dann erleben, dass ein Fließen entsteht, das uns mitnehmen und umwandeln kann, ohne uns zu überwältigen.

Doch seien wir vorsichtig mit voreiligen Erwartungen. Erinnern wir uns daran, dass die Abgründe der weiblichen Wut kaum auszuloten sind und in unermessliche Tiefen unseres Unbewussten reichen. Immer wieder erleben Frauen, dass sie nach einer gewissen Zeit der Beschäftigung mit ihrem tiefsitzenden Ärger überzeugt sind, jenseits von Wut und Zorn gelangt zu sein, um dann überraschenderweise bei einem neuen Ereignis einsehen zu müssen, dass sie sich getäuscht hatten und nur mit der Oberfläche ihres Ärgers in Kontakt gekommen waren.

Diese Erfahrung machte auch jene hier zitierte Frau, die darüber sprach, dass sie ihrer eigenen Wut lieber aus dem Weg gehen wolle. Der Anlass, der sie überraschenderweise wieder so wütend machte, war eine Begebenheit aus ihrem privaten Alltag.

Durch eine Unterhaltsauseinandersetzung war sie wieder über Dritte, das Jugendamt und den Rechtsanwalt, mit dem Vater ihrer Tochter in Kontakt gekommen. Dieser hatte sie und auch das noch ungeborene Kind vor vielen Jahren bei Bekanntwerden der Schwangerschaft verlassen, da er den Fortbestand der Beziehung von einer Entscheidung gegen das Kind abhängig gemacht hatte. Nun musste sie feststellen, dass, wie sie sagte, *„obwohl so viel Zeit vergangen und ich lange Jahre damit Ruhe hatte, ich die Wut auf ihn oder den Umstand als solchen immer noch in mir trage. Für mich war das überraschend, da ich naiv geglaubt hatte, ich hätte die Dinge angenommen oder es wachse Gras drüber. Aber scheinbar will sich etwas, das in mir schlummert, befreien. Seitdem ich mir darüber klar wurde, ist die Wut verebbt, und ich hoffe, das nächste Gespräch mit dem Rechtsanwalt nüchterner führen zu können."*

In diesem Fall ist die Wut erst einmal verebbt, doch die betreffende Frau hat das Gefühl, dass ein tiefgreifender Prozess begonnen hat.

Was aber kann eine Frau tun, wenn die Wut hochsteigt, ihr Ausmaß erahnen lässt und überwältigend zu werden droht? In diesen Momenten bedarf es, ganz praktisch gesehen, einer Feuerwehr, die direkt wirken kann, um einen zerstörerischen Flächenbrand zu vermeiden. Es brennt bereits, und die innere Ruhe, die wir benötigen, um etwas in unser Herz zu nehmen, scheint unerreichbar geworden zu sein. Es bleibt kein Raum und keine Zeit mehr für Kontemplation und Selbstbeobachtung. Doch mit einfachen Techniken können wir diesen Raum wieder schaffen und gleichzeitig ein verheerendes Feuer verhindern. Wir tun etwas, was wir alle können: Wir atmen.

Doch wir atmen nicht einfach nur, wir atmen vielmehr bewusst. Je wütender wir sind, um so bewusster, um so tiefer und um so langsamer sollten wir atmen. Sobald wir mit unserer Aufmerksamkeit in einer solchen Situation auf den Atem achten, werden wir feststellen, dass der Atem aus dem Gleichgewicht geraten ist, genau wie unsere Emotionen. Wenn der Atem nicht mehr ruhig fließen und uns mit unserer tieferen Wirklichkeit verbinden kann, sind wir „außer uns". Die Instinkte und Emotionen agieren unkontrolliert, denn sie schwingen nicht mehr im Einklang mit unserer ganzen Wirklichkeit und unserer Seele.

Der Atem schafft wieder Raum und verbindet uns mit dem, was höher ist in uns. Wir bemerken zuerst, dass sich etwas entspannt. Von irgendwoher fließt Liebe hinein, zunächst vielleicht in kaum wahrnehmbarer Form. Das Problem ist natürlich noch nicht gelöst, aber die Gefahr eines Flächenbrandes ist gebannt. Der hätte uns meilenweit zurückgeworfen und einen großen Teil des Energiepotenzials verzehrt, das für Heilung und Transformation gebraucht wird. Es verlangt nicht viel, doch was wir wirklich tun müssen, ist, die Feuerwehr zu rufen. Das heißt, uns an den Atem erinnern und innehalten, um zu beginnen, bewusst zu atmen.

Nach diesem Noteinsatz beginnt die innere Arbeit des Anschauens. Eine Frau, die auf diese Weise ihrer aufsteigenden Wut begegnen konnte, hat jetzt Raum und Weite, sich aufrichtig selbst zu beobachten und die Situation, die beteiligten Menschen und ihr Inneres anzusehen. Sie mag vielleicht langsam erfahren, dass unter der Wut ein tiefer Schmerz liegt. Etwas, von dem sie weiß, dass es lebendig und heilig ist, wurde verbannt. Auch sie hat es vergessen. Die Wut ist ein Ausdruck dieses Schmerzes, den sie nicht mehr fühlen wollte, den sie nicht annehmen kann. Nach und nach kann sie die Muster erkennen, wie sie dem entflohen ist, wie sie womöglich versucht hat, sich am Leben zu rächen oder auch nur nicht gewagt hat, das Lebendige und Heilige in sich selbst zu leben. Manche Frau erkennt dann sogar, wie sie selbst ihre Qualitäten dem Leben sehr wirkungsvoll entzogen hat.

In unserem Beispiel, in dem die Unterhaltsverhandlungen den alten Zorn heraufbeschwörten, hatte sich die Frau zum früheren Zeitpunkt trotz ihrer Wut dafür entschieden, ihre Kraft dem Leben zu geben und für das

Leben zu sorgen – wenn auch mit einer gewissen verborgenen Bitterkeit, die sich erst jetzt offenbarte. Manche andere Frauen sehen jedoch keine andere Wahl und entscheiden sich dafür, ihre Kraft aus dem Leben und der Welt zurückzuziehen. Wie Demeter, die die Felder brachliegen ließ, entziehen sie dem Leben ihre schöpferischen Kräfte. Ein Ausdruck kann, wie wir vorher schon gesehen hatten, die Verweigerung einer Liebesbeziehung sein, ein anderer die strikte Weigerung, Kinder zu bekommen.

Eine Frau, die heute auf dem Weg ist, ihre schöpferischen Kräfte auf eine andere Weise dem Leben zu geben, beschreibt ihre Entscheidung, die sie aufgrund der schmerzhaften Erfahrungen ihrer Mutter bereits in der Kindheit fällte, so:

„Die Entscheidung, niemals Kinder zu bekommen hatte ich mit neun Jahren getroffen, als ich in der Schule erfahren hatte, dass es Verhütungsmittel gäbe und Kinder nicht „automatisch" in Frauen entstanden, so wie Äpfel auf Bäumen wachsen.
Das klingt auch für mich unglaublich, aber die Entscheidung gegen eigene Kinder hat mich als Kind sehr entlastet, irgendwie befreit, und hat sich fast dreißig Jahre lang gehalten.
Ich hatte damals ein Gefühl, als würde ich aus einer Falle entkommen oder einen Irrtum rückgängig machen können. Einen Weg nach draußen, nach Hause, in Sicherheit finden können.
Dennoch sah ich in dieser Zeit nie meine Zukunft vor mir, hatte keine Pläne, wusste nicht, wie ich weiterleben sollte und übernahm keine Verantwortung für mein äußeres Leben.
Daneben entstand langsam eine Kraft, die sich anfühlte wie Trotz. Mir war klar, dass ich sowieso immer draußen und verkehrt war, also holte ich mir immer wieder, mehr oder weniger bewusst, die Bestätigung dafür."

Für diese Frau schien die Entscheidung gegen Kinder ein rettender Ausweg, ein Entkommen aus dem unheilschwangeren Schicksal einer Frau.

Es ist allerdings wichtig, eine solche Entscheidung nicht zu verallgemeinern, denn es gibt selbstverständlich auch Frauen, die sich aus freien Stücken gegen eigene Kinder entscheiden, weil dies einfach nicht zu ihrem Leben gehört – ohne dass damit eine Weigerung, eine feindselige Haltung oder die Flucht vor einer Erfahrung verbunden ist.

Für einige Frauen jedoch scheint zumindest für eine Zeit ihres Lebens die gewollte Kinderlosigkeit einer Art „Verschwörung", wenn nicht gar Rache gleichzukommen, und nur allmählich, auf dem Weg einer Heilung, wird ihnen bewusst, dass sie willentlich einen alten Eid brechen müssen, um ihre „Rachegefühle" dem Leben selbst gegenüber zurückzunehmen.

Eine Frau, deren *„große Abwehr dem Leben gegenüber immer mehr gebröckelt ist"*, erinnerte sich, dass sie ein halbes Jahr vor Beginn ihrer ersten Schwangerschaft festgestellt hatte, dass sie sich nun *„in der Lage fühlen würde, ein Kind zu bekommen."*

Weiter sagte sie dazu: *„Es war aber noch immer etwas wie ein „Verrat" da, als hätte ich eine alte Entscheidung oder Abmachung gebrochen. Erst unter der schweren und langen Geburt, an dem Punkt, wo ich dachte „und wenn ich sterbe, dann sterbe ich eben" und mich damit dem Prozess und den Schmerzen wirklich hingegeben habe, ist mir etwas genommen oder transformiert worden. Es klingt irgendwie merkwürdig, aber danach konnte ich mein Kind erst der Welt „schenken"."*

Kurze Zeit danach hatte sie folgenden Traum:

„Ich bin am Strand und gehe plötzlich auf eine Frau zu und will sie endlich umarmen. Sie ist in graues Fell gekleidet, dann aber nackt. Sie steigt aus dem Wasser, und wir nehmen uns zärtlich in die Arme."

Dieser Traum spiegelt ihr, dass ein vorher unbewusster Anteil ihrer Weiblichkeit endlich wieder auftaucht. Sie kann sich wieder mit dieser Frau in sich selbst in Liebe verbinden, die schließlich so wie sie, nackt, in ihrer essenziellen Natur gegenwärtig ist und umarmt werden kann.

Jenseits der Scham

Die Abwertung der weiblichen Natur und der weiblichen Instinkte haben sich nicht nur Männer, sondern auch Frauen zu eigen gemacht und tief verinnerlicht. Was ursprünglich durch eine männlich geprägte Kultur missachtet und entwertet wurde, haben Frauen wie Männer in sich selbst abgespalten, und viele Frauen haben sich so von einem essenziellen Teil ihrer selbst, von dem, was sie eigentlich authentisch macht, isoliert.

Die Gründe sind durchschaubar: Was heilig in ihnen ist, wurde entheiligt und entwertet. Diese Qualitäten dem Leben nicht mehr zur Verfügung zu stellen, ist zweifellos eine Schutzreaktion, damit sie, einmal ins Leben gebracht, nicht weiter verdinglicht, ausgebeutet und entwertet werden. Gleichzeitig ist mitunter auch eine passive Gegenwehr, eine unbewusste Weigerung damit verbunden, die sich bedauerlicherweise letztlich auf das Leben selbst auswirkt. Der Zugang zu den schöpferischen Qualitäten des Weiblichen, zur instinktiven Weisheit des Weiblichen, hat sich den Frauen selbst so mehr und mehr versperrt. Ihre Wahrnehmung von sich selbst ist gebrochen und reflektiert nur noch die Wahrnehmung einer Welt, welche die Achtung vor dem Weiblichen und vor dem Leben verloren hat.

Diese Entfremdung von sich selbst führt bei vielen Frauen zu einer tiefen Scham, die sie sich weder rational erklären noch wirklich eingestehen können.

In der Tat wird über die Scham im Weiblichen äußerst selten gesprochen, obwohl sie im emotionalen wie im spirituellen Leben vieler Frauen eine große Rolle spielt. Der Verdacht liegt nahe, dass wir es hier mit einem Tabu zu tun haben.

Freilich liegt es in der Natur der Scham, dass sie sich nicht zeigt, sondern sich zu verbergen sucht. Wenn niemand darüber spricht, wenn sie nicht benannt wird, so existiert für Frauen auch kein Spiegel, in dem sie ihre eigene Scham wiedererkennen und ermutigt werden könnten, sich mit ihr auseinanderzusetzen.

Die weiblichen Gefühle von Scham reichen sehr tief und stellen für eine Frau, wenn sie unbewusst bleiben, ein großes Hindernis dar, mit ihrer Kraft, ihren Instinkten und ihren weiblichen Qualitäten in Kontakt zu kommen. Dieser Kontakt wiederum – die Verbindung zu den weiblichen instinktiven Kräften und Qualitäten – ist jedoch unverzichtbar notwendig, wenn ein Heilungsprozess in Gang kommen möchte.

Frauen schämen sich zum einen dafür, dass und wie sie verletzt sind, für einen Zustand also, der sie auf eine Art und Weise entblößt, die sowohl den Respekt anderer als auch ihre eigene Selbstachtung schwächt oder gar auslöscht.

Darüber hinaus gibt es aber auch häufig eine tief verborgene Scham für ihre eigene weibliche Natur, so wie sie ist, in ihrer Ganzheit und Heiligkeit.

Wenn im patriarchalisch geprägten Blick die weiblichen Instinkte und der weibliche Körper minderwertig sind, wenn sie bar alles Heiligen sind und eine Frau sich selbst mit diesen Augen betrachtet, so führt dies unweigerlich dazu, dass sie dieser Seite in sich selbst mit erheblicher Ablehnung begegnet oder sich abgrundtief dafür schämt.

Einerseits betrachtet sie sich selbst mit jenem entheiligenden Blick, der ihren Körper zu einer Sache degradiert und ihre Verbindung zum Leben leugnet oder geringschätzt, andererseits aber ist und bleibt sie unweigerlich eine Frau mit einer, wenn auch gebrochenen, weiblichen Identität. Dieser Blick „von außen" löst Scham aus. Die Frau, die so ist, wie sie ist, schämt sich vor derjenigen, die sie ansieht – obwohl beide eins sind und doch tragischerweise nicht wirklich eins sein können.

Gerade wenn Frauen noch nicht gänzlich abgeschnitten und getrennt von ihrer eigenen weiblichen Natur sind, wenn noch immer ein unbeabsichtigtes Schimmern jenes ursprünglichen weiblichen Glanzes durch sie hindurch in diese Welt dringt, so sind sie geneigt, diese Scham zu empfinden. Eine Ahnung ist in ihnen geblieben, doch sie leben in einer Welt, die ihre Natur abwertet.

Wie sich das Mondlicht absichtslos auf einer Wasseroberfläche spiegelt und sein Schimmern nicht verbergen kann, so können diese Frauen letztlich nicht anders, als jene letzten Strahlen ihrer Weiblichkeit in die Welt zu reflektieren. Auf beständiger Suche nach einer Tarnung, in stetiger Furcht, entlarvt und entdeckt zu werden, gehen diese Frauen durch ihr

Leben. Sie schämen sich vor sich selbst und sie schämen sich vor dem Blick der anderen, der Frauen und der Männer, die sie in der Ganzheit ihrer Weiblichkeit bemerken könnten.

Diese Scham ist jedoch so subtil, so verborgen und fast geheimnisvoll verschleiert, dass selbst Frauen sie kaum gegenseitig wahrnehmen. Auch die betroffene Frau schämt sich für ihre Scham so sehr, dass sie diese auch an sich selbst nur noch selten wahrnehmen kann. Noch viel weniger nimmt sie natürlich das Potenzial wahr, dass sich hinter dem, wofür sie sich schämt, eigentlich verbirgt und das ihr Würde und Selbstachtung zurückgeben könnte. Doch wenn das Weibliche heilen möchte, ist es an der Zeit, sich nicht nur diese Form der Scham bewusst zu machen und sie zu enttabuisieren, sondern sie auch loszulassen und zu lernen, sie zu überwinden.

Es erscheint uns paradox: Während auf der einen Seite der nackte weibliche Körper in einer gewissen Schamlosigkeit öffentlich exponiert, in respektloser Weise verdinglicht und sexualisiert wird, verhindert auf der anderen Seite eine tief empfundene Scham der Frauen selbst, dass sie mit ihren ursprünglichen weiblichen Qualitäten wieder in Kontakt kommen und diese der Welt und dem Leben zur Verfügung stellen. Doch was paradox erscheint, gehört zusammen. Scham hat immer auch mit Intimität zu tun. Was intim bleiben möchte, nutzt das Gefühl der Scham, um sich vor all zu vielen Blicken zu verbergen. Wenn Intimität und Nähe verletzt werden, so kann die Scham helfen, ein gewisses Wertgefühl zu schützen.

Frauen haben eine Nähe zur Schöpfung und eine Intimität mit dem Göttlichen nicht nur im geistigen Raum, sondern auch in ihrer ganz weltlichen und körperlichen Existenz. Wenn diese Intimität verachtet, entwertet und verletzt wird, so mag auch ein tief empfundenes Schamgefühl der unbewusste Versuch sein, diesen Wert nicht auf- und preiszugeben. Dies geschieht allerdings um den Preis, das Wertvolle nicht nur zu verbergen, sondern der Welt und dem Leben letztlich zu entziehen.

Fühlen wir eine gewisse Nähe und Intimität mit dem Göttlichen, so wird eine Qualität in unser Leben treten, die aus dem Innersten unseres Herzens kommt und unser ganzes Sein erfasst – die Hingabe. In der

Hingabe finden wir einen Ausdruck unserer Liebe und überwinden die Grenzen unseres Ichs. Menschen, die sich auf einem spirituellen oder mystischen Weg befinden, wissen, dass es ohne Hingabe keinen Weg zu einem Leben und Bewusstsein jenseits des Egos gibt. Hingabe ist eine zutiefst weibliche Qualität, die im Herzen von Frauen und Männern darauf wartet, gelebt zu werden. Gerade aufgrund jener Intimität mit dem Göttlichen haben Frauen eine außerordentliche Fähigkeit zur innigen Andacht und Hingabe, die sich auf alle Ebenen ihres Seins erstreckt und auch die physische Ebene mit einschließt.

Doch Hingabe und Dienen werden in unserer westlichen Welt gleichgesetzt mit Schwäche und Unterlegenheit. Die Intimität, die ihnen zugrunde liegt, wurde vor langer Zeit von der physischen wie auch der spirituellen Kraft der Frau abgespalten. Die einzig überlebende Vorstellung weiblicher Hingabe hier bei uns im Westen ist das Ideal mütterlicher Hingabe, das für die meisten Frauen jedoch nicht mehr ernsthaft erstrebenswert ist und nicht wirklich etwas mit weiblicher Kraft zu tun hat. Es scheint, auch dieser Archetyp gehört einer vergangenen Zeit an und ist nicht mehr genährt von vitalen Lebensenergien. Abgesehen davon ist auch in diesem Modell ein wichtiger Aspekt des Weiblichen abgetrennt.

Im Kontext der abendländischen christlichen Kultur ist dieser Archetyp verkörpert in Maria, der Mutter Christi, die als weibliche Figur zwar hingebungsvoll, doch allein eben mit dem mütterlichen Aspekt assoziiert wird, der vor allem bewahrend, beschützend und damit statisch ist.

Maria ist nicht der Archetyp der Liebesgöttin, die Leidenschaft, Sinnlichkeit *und* hingegebene Liebe als etwas Dynamisches und Transformierendes lebt. Im christlichen Kontext wird dieser Aspekt des Weiblichen eher von Maria Magdalena, der Gefährtin des Christus, verkörpert. Doch diese Form weiblicher Hingabe wurde in die Dunkelheit des Vergessens verbannt. Wir kennen Maria Magdalena lediglich noch als Sünderin oder Hure, keinesfalls als eine Verkörperung der Möglichkeit weiblicher Hingabe, die auf kraftvolle Weise Körper und Seele vereint.

So ist es letztlich auch nicht mehr überraschend, dass Frauen sich für ihre Hingabe und innere Andacht schämen.

Im Zusammensein mit Menschen in Meditation und spiritueller Arbeit habe ich lange Zeit nicht wirklich verstanden, warum vor allem Frauen trotz ihrer großen Sehnsucht immer wieder Ausflüchte finden, um sich im Alltag ihrem Verlangen nach Stille, Andacht und Meditation dann doch nicht hinzugeben. Warum konnten sie sich dem nicht einfach überlassen, wenn die Zeit dafür eigentlich gegeben war? So nahmen sie sich ja selbst die Möglichkeit, ihre Hingabe ganz zu leben und in den Dienst an das Göttliche und das Leben zu stellen. Erst zu dem Zeitpunkt, als sich mir die Scham zeigte, die sich dahinter verbarg, als ich in mir selbst und in anderen Frauen erkannte, dass wir uns unserer Hingabe und unserer Sehnsucht zu dienen schämen, begann ich zu verstehen, warum gerade Frauen solche Schwierigkeiten mit ihrer Hingabe haben. Manchmal geht diese aus der Scham geborene Abwehr, die gleichzeitig auch ein Schutz ist, sogar so weit, dass Frauen ihre eigene, noch so ersehnte Hingabefähigkeit regelrecht bekämpfen, untergraben oder sogar zerstören.

So finden Frauen beispielsweise, um die innere Hingabe nicht zu leben, allerlei Ausflüchte und Ausreden, um sich nicht Zeiten der Meditation und des Gebets, des innigen Zusammenseins mit dem Höchsten, ganz überlassen zu können. Manches Mal werden sie aufgrund anscheinend wichtigerer Dinge auch einfach beiseite geschoben und letztlich sogar sabotiert. Frauen gönnen oder nehmen sich nicht den Raum, ihre Hingabe fließen zu lassen, obwohl ihre Seele danach verlangt und die Fähigkeit dazu ihnen so sehr vertraut ist. Mitunter kreieren sie Umstände, in denen sie zu kämpfen und sich abzuarbeiten haben, statt sie in ihrer Hingabe zu bejahen und mitzugehen. Manchmal werden Konfliktsituationen inszeniert, im Beruf oder in der Familie, die eine hingebungsvolle Haltung unmöglich machen. Die Kinder werden für eine Mutter dann mitunter zum Vorwand, ihre Hingabe nicht zu leben, obwohl sie eigentlich gerade in diese Welt des Dienens und der Hingabe eingeschlossen sind.

Wir Frauen der gegenwärtigen Zeit, vornehmlich hier im Westen, haben die Fähigkeit verloren, die verschiedenen Aspekte der Hingabe in uns zu vereinen. Körper und Seele sind nicht mehr vereint in unserem Gefühl der Hingabe – so wie Maria und Magdalena zu unvereinbaren Gegensätzen wurden.

So geschieht es auch, dass das beglückende Gefühl der Hingabe auf einem spirituellen Weg, wenn Frauen es dann zulassen, sie sehr verwirren kann.

Maria Magdalena, die weibliche Hingabe in ihrer Einheit von Körper und Seele symbolisiert, war Gefährtin, aber auch Schülerin Christi – in einer Nähe, wie sie kennzeichnend ist für das klassische Lehrer-Schüler-

Verhältnis in allen mystischen Traditionen. Diese Art von Intimität ist uns Menschen im Westen, vor allem den Frauen, sehr fremd geworden. Oft wird Intimität nur noch mit einer weltlichen und persönlichen Form verbunden – als eine individuelle Liebesbeziehung, die eine gelebte Sexualität einschließt. So kennen viele Frauen lediglich noch das Entweder – Oder: Während eine dynamische oder sinnliche Qualität von Liebe allein in den Bereich persönlicher Liebesbeziehungen gehört, erscheint Hingabe wiederum nur als „rein", wenn sie allein die geistige Dimension umfasst. Sollten Frauen dann doch in Kontakt mit jener dynamischen oder sinnlichen Qualität ihrer spirituellen Hingabe kommen, so verwechseln sie das schnell mit persönlicher Liebe und Leidenschaft, die hier jedoch fehl am Platz ist. Sie wissen dann instinktiv, dass hier „etwas nicht stimmt", und so kommt es dazu, dass sie sich auch hier schämen.

Die scheinbar unüberbrückbaren Gegensätze führen oft dazu, dass Frauen entweder auf die eine oder auf die andere Seite springen. Lassen sie die irrtümlich angenommene Form der persönlichen leidenschaftlichen Beziehung zu, so hat das fatale Folgen für ihren inneren Weg. Da es auf einem spirituellen Weg immer auch darum geht, frei zu werden, um im Einklang mit dem Göttlichen in uns zu leben, bauen sich erhebliche Hindernisse aus diesem Irrtum auf. Sie verdecken die Sicht auf den Weg, und der suchende Mensch läuft Gefahr, diesen eigentlichen Weg gänzlich aus den Augen zu verlieren; denn die innere Beziehung der Seele zu Gott hat nichts mit dieser individualisierten persönlichen Ebene zu tun. Wenn eine Frau ihrer spirituellen Suche aus einem Raum heraus nachgeht, in dem ihre persönlichen Wünsche an Liebesbeziehungen, an Nähe und Aufmerksamkeit wohnen, so fließen auch alle die dazugehörigen Muster, Wünsche, Bedürfnisse und Begehrlichkeiten mit ein. Unbewusste Konditionierungen und unbearbeitete Aspekte der Person werden so nicht etwa transparent und bewusst, sondern eher verfestigt. Der Weg, der sie aus der Dualität in die Einheit des Herzens führen will, kann für lange Zeit unsichtbar werden, während die Frau sich verirrt im Dickicht ihrer eigenen unbearbeiteten Wünsche. Es gibt viele Beispiele von Frauen im Westen, die sich tragischerweise so verirrt haben und manchmal Jahre brauchen, um wieder an dem Essenziellen in sich selbst anknüpfen zu können. Ein echter Lehrer in einer Tradition, die nicht korrupt ist, wird die Gefahr erkennen und entsprechend darüber wachen. Doch unglücklicherweise gab und gibt es sogenannte „spirituelle"

Lehrer im Westen, die das weibliche Potenzial an Hingabe ausnutzen und sexuelle Beziehungen mit ihren Schülerinnen eingehen. Der Missbrauch der so kostbaren Qualität der Hingabe verfestigt nicht nur die Irrtümer, sondern raubt den Frauen oft ihr Vertrauen und ihre unvoreingenommene Fähigkeit, sich hinzugeben. Aber was bleibt, ist die Scham, und meistens wird sie durch eine solche Erfahrung noch größer.

Auf der anderen Seite des Entweder-Oder führt die Scham dazu, dass Frauen ihre innig empfundene Hingabe aus dem Fluss ihrer Lebendigkeit abgraben oder nur eine Art der Hingabe zulassen, die immer abgehoben und vergeistigt bleibt und das Gefühl zurücklässt, nicht wirklich authentisch, nicht *ganz* zu leben.

Die Scham für die eigene weibliche Natur, für das Heilige in der Frau, für das Wesen der Spiritualität genauso wie für Körperlichkeit und Sinnlichkeit, verursacht – vor allem wenn sie ein gewisses Maß übersteigt und unbewusst bleibt – immer wieder neues Leiden und versperrt den Zugang zum wahren Potenzial des Weiblichen.

Es ist an der Zeit, dass Frauen damit beginnen, ihre Scham zu überwinden, die sie daran hindert, sich mit ihren ursprünglichen Qualitäten, ihrer ursprünglichen weiblichen Kraft wieder zu verbinden. Doch wie kann ein solcher Weg der Überwindung aussehen? Wie kommen wir dorthin? Sicher ist es nicht mit einem Fingerschnippen getan, es braucht Zeit, Sorgfalt und Achtsamkeit, da wir es mit etwas so Intimem, Verborgenem und weitgehend Unbewusstem zu tun haben. Freilich ist auch jeder individuelle Weg darin einzigartig, so verschieden wie bei allen anderen Prozessen, die mit der Heilung des Weiblichen auf individueller Ebene zu tun haben.

Doch bei allen unterschiedlichen Erfahrungen gibt es ja etwas Gemeinsames im Weiblichen, das zu seinem Wesen gehört und zu dem wir alle potenziell einen Zugang haben können. Es gibt auch eine Geschichte des Weiblichen, an deren Erleben wir alle teilhaben und die sich auf uns alle auswirkt. Erinnern wir uns, dass das Leben ein organisches Ganzes ist, das alles enthält, was geschieht, empfunden und erdacht wird, da es Vergangenheit, Gegenwart und Zukunft vereint. In einem kollektiven Unbewussten sind die Erfahrungen gespeichert, die Mythen und die archetypischen Kräfte, die das Verhalten und die Entwicklung der ganzen Menschheit mit prägen. Aus dem Blickwinkel der Ganzheit betrachtet, sind wir alle ein Teil davon und haben über die Kraft unseres Bewusstseins Zugang dazu.

Wenn einzelne Frauen die tieferen Zusammenhänge um den Weg des Weiblichen und seine Muster, die es in Frauen und in unser aller Leben formt, ins Licht ihres Bewusstseins bringen, so ist dies bereits ein Beitrag für ihren eigenen Heilungsprozess, vor allem aber für den Heilungsprozess des Weiblichen insgesamt und für die Heilung eines zerrissenen Lebens in unserer Welt. Das Licht, das in die Dunkelheit unserer Unwissenheit und unserer Zerrissenheit und Isolation leuchtet, führt das, was getrennt war, wieder zurück in die Einheit. Die Dinge werden erhellt, anerkannt und integriert, und das in ihnen ursprünglich verborgene Licht kann wieder zum Leben erweckt werden. Das Bewusstsein also, eine weit unterschätzte und nur dem Menschen verliehene Kraft, ist in der Lage, zu erneuern und Unglaubliches auf den Weg zu bringen. Wann immer wir Menschen in einen Heilungsprozess eingebunden sind und daran beteiligt werden, ist das Licht unseres Bewusstseins eine unverzichtbare Zutat.

Wenn Frauen also wieder Zutritt zu den Räumen finden wollen, die jenseits der Scham liegen, so ist es wichtig, erst einmal eine Bewusstheit darüber zu erlangen, dass diese Scham existiert und wie sie wirkt. Allerdings dürfen wir dieses Licht des Bewusstseins nicht verwechseln mit einem kognitiven Wissen oder verstandesmäßigen Reflektieren. Schon gar nicht geht es darum, Denkmodelle zu übernehmen, weil sie plausibel erscheinen, und sie einfach in unsere Verstandeskonzepte einzubauen. Mit dem Bewusstwerden ist nicht das verstandesmäßige Erfassen gemeint. Das Licht des Bewusstseins kommt von einer anderen, einer höheren Ebene. Es ist eher zu verstehen als eine klare Qualität des Herzens, die sieht und versteht, ohne zu werten. Mit diesem Bewusstsein knipsen wir einen Lichtschalter an, und in diesem Licht können die Dinge so sein, wie sie sind, entsprechend ihrer eigenen Natur. Mehr, als dass wir wissen, bezeugen wir also einfach.

Uns unserer Scham bewusst zu werden, bezieht mit ein, dass wir sie annehmen, verstehen und einfach betrachten als das, was sie ist, nicht mehr und nicht weniger. Es ist ein inneres ehrliches Fühlen, Erfassen, Sehen und Bezeugen mit der Kraft der Liebe. Den Verstand benötigen wir dazu, wenn wir es in Worte fassen und ihm eine Form geben wollen.

Indem wir weiter die Gefühle, Motive und die Zusammenhänge ins Licht holen, ohne zu werten, zu verurteilen oder sie in ein Konzept zu pressen, wenn wir sie benennen, so wie es hier geschieht, beginnen wir ein Gefäß zu schaffen, das allen Frauen Raum gibt, sie aus dem Dunkel hervorzuholen. Das individuelle Bewusstsein kann sich spiegeln und erleichtert so, sich dieser Scham gewahr zu werden.

Nicht alle Frauen empfinden diese Scham, und wo sie nicht ist, kann sie nicht bewusst werden. Doch wir alle können sie potenziell fühlen im kollektiven Weiblichen. Es ist eine Scham für unsere Nähe zur Schöpfung und die Intimität mit dem Göttlichen, für das Wissen um die Ganzheit von Materie und Geist, von Körper und Seele.

Manchmal erreicht die weibliche Scham unser Bewusstsein durch einen Traum, der sich aus den Tiefen unseres Unbewussten bis in die plötzliche Erinnerung im hellen Tageslicht vorgearbeitet hat. Wenn wir den Traum dann aufgreifen, willkommen heißen, uns mit ihm beschäftigen, so geben wir diesen verborgenen Zusammenhängen das Licht des Bewusstseins.

Bewusstsein verändert. Es verändert uns. Wir werden niemals dieselben sein, die wir vorher waren, wenn etwas bewusst geworden ist. Die Scham ist im Licht, sie ist sichtbar, aber die Frau, die sich schämte, existiert nicht mehr; denn in diesem Licht ist sie nicht mehr die Gefangene dieser Scham, sie kann sich freier bewegen. Doch die Energie, die in diesem Schamgefühl gebunden ist, existierst noch und möchte sich umwandeln. Der direkteste Weg in diese Umwandlung ist, dass Frauen das Gefühl der Nähe, der Intimität zum Göttlichen wieder zulassen.

Dieser Ort der Nähe ist ein Bereich, in dem jede Frau ganz und heil ist. Hier ist sie nicht verletzt und kann nicht verletzt werden; denn an diesem Ort gibt es nur Gott und sie, und niemanden anders. Diese Intimität spüren wir alle, Frauen wie Männer, tief in unseren Herzen, doch in Frauen kann dieses Gefühl der Nähe ihr ganzes Sein umfassen, auf allen Ebenen.

Es zuzulassen bedeutet nicht, es hinaus in die Welt zu tragen oder zur Zielscheibe von Verletzungen zu machen. Was intim ist, möchte nicht exponiert werden. Es geht vielmehr darum, ohne Scham vor sich selbst oder einer äußeren Instanz die innere Verbindung zu dieser Intimität wieder aufzunehmen und damit die Ganzheit in sich selbst und in der Welt wieder wahrzunehmen.

Wenn Frauen damit aufhören, mit dem Blick, der spaltet, auf das Weibliche und sich selbst zu schauen, können sie wieder ein neues Selbstbewusstsein für diese Ganzheit in sich selbst entwickeln, können wieder eins mit sich selbst werden. Wenn sie sich erlauben, ihre Intimität mit dem Göttlichen, ihre Hingabe und Andacht in ihrer weiblichen Ganzheit zu leben, so können sie wieder dahin finden, ihre weibliche Kraft auch der Welt erneut zur Verfügung zu stellen.

Um uns unserer Ganzheit gewahr zu werden, brauchen wir den Mut, uns von übernommenen Vorstellungen und Urteilen zu lösen und wirklich zu fühlen, was in unserem Inneren lebt. Es erfordert unsere Aufmerksamkeit und unsere Aufrichtigkeit uns selbst gegenüber. Es gibt gewisse Augenblicke, in denen das leichter als zu anderen Zeiten wahrzunehmen ist, und denen wir trauen können. In Momenten, in denen wir uns im Frieden mit uns selbst und mit der Welt fühlen, können wir sehr leicht spüren, was authentisch in uns ist, was wahr ist und was einfach dazugehört. In diesen Momenten hat alles seinen Platz, nichts ist unerwünscht und nichts fehlt. Die meisten Menschen kennen solche Augenblicke in ihrem Leben und wissen genau, wovon man spricht, wenn man sie erwähnt. Oft tauchen sie völlig unbeabsichtigt auf, und wir sind, sofern wir sie bewusst wahrnehmen und anerkennen, überrascht von einem grundlosen Gefühl des Glücks. Es passiert mit einem Mal, etwa wenn wir in den Himmel schauen und den Zug der Wolken betrachten, oder auf der Fahrt zur Arbeit, wenn im Autoradio eine Musik gespielt wird, die uns irgendwie berührt. Wenn auch häufig nur für die Dauer weniger Minuten, so sind diese Augenblicke des Friedens doch, ebenso wie Zustände des Getrenntseins oder der Unruhe, auch Teil unseres ganz normalen Lebens.

Schieben wir dann einen solchen inneren Zustand nicht beiseite, sondern nehmen ihn bewusst wahr und lassen diesen Frieden in uns leben, so spüren wir auch die Liebe, Sehnsucht oder Hingegebenheit unseres Herzens – in ihrer Ganzheit. Es kann sein, dass eine Frau diese Liebe im Herzen *und* in allen Zellen ihres Körpers spürt, in jeder Pore, ganz physisch; und doch ist es keine Liebe, die aus der Welt der Dualität kommt und sich auf einen bestimmten Menschen bezieht, sondern die Liebe ihrer Seele zu Gott, die aus der Realität der Einheit kommt. Sie fühlt sich erhoben und gleichzeitig tief unten mit der Erde verbunden. Sie fühlt sich ganz tief darin. Es gibt dort keine Zweiheit, nichts Verwerfliches oder gegenteilig Erwünschtes, kein Entweder-Oder. Eine Scham, die sie trennt von einem Teil von sich selbst und damit auch von dem, was sie ist, hat dann keinen Platz mehr.

Das Gewahrwerden ihrer Ganzheit, die ihre tiefen weiblichen Qualitäten, ihre Weisheit und ihre Kraft auf allen Ebenen ihres Seins einschließen, gibt der Frau die Grundlage dafür, ihre Gefühle von Scham gehen zu lassen. Die Energie, von der sich die Scham so lange Zeit genährt hat, kann freigesetzt werden und der Heilung zufließen.

Die Schuldgefühle überwinden

Möglicherweise stoßen Frauen auf dem Weg, Licht in die Dunkelheit zu bringen, jenseits der Scham noch auf ein weiteres inneres Hindernis, das eng mit ihr verbunden ist. Es äußert sich in tiefverwurzelten Schuldgefühlen. Scham- und Schuldgefühle liegen nahe beieinander; und das oft unbestimmte Gefühl einer Schuld hindert Frauen natürlich daran, mit ihren ursprünglichen Qualitäten in Kontakt zu kommen. Dieses diffuse Schuldgefühl führt dazu, dass Frauen dazu neigen, sich für nahezu alles schuldig zu fühlen, das ihnen oder anderen widerfährt. Das geht so weit, dass sie selbst wenn es ihnen einfach nur gut geht, Schuldgefühle entwickeln. Ohne Frage behindern und blockieren solche Gefühle den freien Fluss des Lebens und schwächen die Kräfte, mit denen eine Frau für das Leben da ist.

Woher kommt ein solches grundlegendes Schuldgefühl?

Meistens gründen sich solche Emotionen ja auf die bewusste oder unbewusste Annahme, dass wir – gemäß sozialer Konventionen oder moralisch-religiöser Überzeugungen – etwas in diesem Sinne Falsches getan haben. Nach diesem Gefühl haben wir anderen, uns selbst oder der Gemeinschaft geschadet oder haben etwas unterlassen, das einen Schaden hätte verhindern können. Wir übernehmen die Last der moralischen Schuld und sehen uns selbst als Subjekt und Verursacher für das jeweilige Verhängnis.

Was wir damit jedoch nicht übernehmen, ist die Verantwortung. Ein

Schuldgefühl kann uns niederdrücken, es gibt uns aber nicht die Kraft dafür, die „Suppe auszulöffeln, die wir eingebrockt haben". Es hindert uns, die Verantwortung zu übernehmen. Schuldgefühle lähmen vielmehr und verwischen die Sicht auf ein klares Bild, und damit bieten sie dem individuellen Menschen eine Flucht in eine Emotion, die eine klare Haltung zu einem Verhalten oder einem Geschehnis eher blockiert. Auf sozialer Ebene hingegen haben Schuldgefühle sicher auch die Funktion, die Menschen als Teil einer Gemeinschaft von unerwünschtem und schädigendem Verhalten abzuhalten oder subtil Unerwünschtes einfach zu sanktionieren.

Auch in individuellen Beziehungen haben Schuldgefühle, vor allem in Konfliktsituationen, eine besondere Bedeutung und spielen in der Übertragung und Kommunikation von Gefühlen eine große Rolle. Die Schuld ist nämlich ein geeigneter Wurfball im Spiel der zwischenmenschlichen Projektionen. So wie wir Schuld anderen zuschieben, so können wir umgekehrt auch Schuldzuweisungen auffangen und übernehmen.

Alle diese Merkmale des Schuldgefühls, die Annahme, etwas Falsches getan zu haben oder ganz einfach „falsch zu sein", die verengte Sicht auf das eigene Ich als Verursacher eines entstandenen Schadens, das Ausflüchten in ein lähmendes Gefühl, das Leiden bedeutet, und schließlich die unbewusste Akzeptanz einer Projektion, sie alle können mit den Erfahrungen des Weiblichen und der Frauen in Verbindung gebracht werden. Die Gründe für das weibliche Schuldgefühl, so irrational es uns mitunter erscheinen mag, sind nachvollziehbar und einleuchtend.

Nehmen wir als Beispiel die Mütter. Sie sind vornehmlich bekannt dafür, unentwegt unter Schuldgefühlen zu leiden, ganz gleich wie sich verhalten. Gehen sie ihrem Beruf nach, um ihren gesellschaftlichen Beitrag zu leisten und für Einkommen zu sorgen, so haben sie ein schlechtes Gewissen, weil sie nicht genug Zeit mit ihren Kindern verbringen. Bleiben sie zu Hause, weil sich das für sie stimmiger anfühlt, so fühlen sie sich schuldig, weil sie einem neuen gesellschaftlichen Ideal nicht entsprechen, nämlich „ihren Mann zu stehen" in der Berufswelt und die Kinder so früh wie möglich nach der Geburt fremdbetreuen zu lassen. Sie sind unsicher in ihrem eigenen Gefühl, das ihnen sagen kann, was stimmig ist; denn „fühlen" und „intuitiv wissen", vor allem, wenn es um die eigenen Kinder geht, ist zwar weiblich, doch in einer rational orientierten Welt kein anerkannter Weg zur richtigen Entscheidung. Es wird immer eine gesellschaftliche anerkannte Stimme geben, die jeweils die eine oder andere Entscheidung für falsch hält, generell natürlich und nicht im Einzelfall, nicht von innen her betrachtet. Orientiert sich eine Frau an diesen Stimmen – und mehr oder minder, bewusst oder unbewusst, tun wir das alle, solange wir nicht ganz zu uns selbst gefunden haben –, so hat sie immer Gründe, Schuldgefühle zu entwickeln. Was immer schiefläuft mit den Kindern, Mütter fühlen sich irgendwo schuldig. Wenn eine Frau den direkten Zugang verloren hat, zu fühlen, was ihr Kind – unabhängig von ihren eigennützigen Vorstellungen – braucht, so fällt es ihr natürlich auch schwer, zu ihrem Verhalten und ihren Entscheidungen zu stehen. Gleichzeitig sucht sie dann Halt in generellen und gleich Dogmen vorgetragenen Meinungen und Ratgebern, die selten die Weisheit der weiblichen Nähe zum Leben berücksichtigen. Entweder gibt es tatsächlich einen Anlass zur Sorge um ein Kind, weil im Leben nun einmal nicht alles gut und glatt verläuft, oder sie bemerkt einfach nur vage in ihrem Inneren, dass sie gegen ihr natürliches Gefühl gehandelt hat – aus beidem entwickelt sich ein Schuldgefühl.

Charakteristisch für diese mütterlichen Schuldgefühle ist der Mangel an Veränderung und Klarheit. Sie bleiben oft latent, immer ein wenig unter der Oberfläche, verursachen Leiden, das sich oft auch auf die Kinder überträgt, und führen häufig nirgendwohin außer in die Stagnation. Selten sind diese Gefühle bewusst, und gerade durch diesen Mangel an Bewusstheit versperren sie der Frau den Weg zu ihrer eigentlichen Weisheit und Kraft.

Doch zum Schuldgefühl gehört auch, dass es jenes unbewusste Gefühl der eigenen Macht gibt, denn wie sonst kann man alleiniger Verursacher eines unerwünschten oder gar schadhaften Ereignisses sein? Schuldgefühle setzen irgendwo die eingeschränkte Sicht auf das eigene Ich voraus, das mächtig, weil wirkungsvoll ist, obwohl paradoxerweise die entsprechende Gefühlslage eher mit Ohnmacht und Hilflosigkeit verbunden ist.

Die Nähe zum Leben und zur Schöpfung gibt Frauen eine gewisse Macht. Auch überall wo sie nicht frei als eine Kraft gelebt wird, ist sie dennoch vorhanden, festgehalten, vielleicht verschüttet, jedoch immer in kleinen Überbleibseln noch gelebt, manchmal auch aus ihrem Schatten heraus. Genau dieses oft in sich verdrehte Machtgefühl macht gerade Frauen anfällig für Schuldgefühle. Am Beispiel der Mütter wird es deutlich: Sie verfügen ja tatsächlich, besonders bei kleinen Kindern, über eine gewisse Macht aufgrund ihrer körperlichen und seelischen Nähe und Verbindung, die ihnen mit ihren weiblichen Schöpfungsqualitäten mitgegeben wurde. Wenn diese Kraft zum Wohl und Gedeihen des Lebens da ist, ist nichts falsch daran, im Gegenteil: Sie wird gebraucht. Erst wenn wir die uns verliehenen Kräfte allein für den eigenen Vorteil nutzen und die Ganzheit des Lebens, also auch das Wohlergehen des jeweils anderen, aus den Augen verlieren, wird Macht missbraucht. Doch die instinktive Nähe zum Leben stattet Frauen auch mit einer natürlichen Liebe zum Kind aus, die bei allen Fehlentscheidungen, persönlichen Irrtümern und charakterlichen Unvollkommenheiten in der überwiegenden Mehrheit immer das Wohl des Kindes im Auge hat. Fraglos sind Mütter so unvollkommen wie alle anderen Menschen auch. Diese Tatsache wird sich immer in der Vielfalt interessanter, kummervoller, schwieriger oder wundersamer Lebensgeschichten widerspiegeln. Doch auch nicht mehr.

Mütter bewirken nicht das Leben, sind nicht seine Quelle und nicht seine Schaltzentrale. Sie sind nicht die Essenz des Lebens, sondern selbst ein Teil davon. Ein Teil eines großen, mehrdimensionalen, wundersamen Gewebes. Wie sich das Leben entwickelt und gestaltet, hängt von einem sehr vielschichtigen Geflecht von miteinander kommunizierenden Faktoren ab. Darin haben wir zwar für unsere eigene Haltung, unsere Gefühle, Gedanken und Taten Verantwortung zu übernehmen, doch zu glauben, den Ausgang einer Entwicklung ganz allein bewirken und beeinflussen zu können, ist mehr als anmaßend. Kaum eine jener Mütter, die von Schuldgefühlen geplagt werden, wird sich dieser Allmachtsphantasie hingeben, und doch liefert gerade das in sich verdrehte und nicht mehr frei fließende Gefühl für eine gewisse Kraft und Fähigkeit den Nährboden dafür, sich schnell schuldig fühlen zu können. Insgeheim fühlt sich eine Mutter dann manchmal doch mächtig, zumindest mächtig genug, um einen „Schaden“ anzurichten und deswegen Schuld auf sich zu laden.

Zweifellos ist die Entwicklung und das Wohlergehen des Kindes von der mütterlichen Beziehung zum Kind abhängig – ganz sicher mehr von der Beziehung selbst als von ihren Entscheidungen, die wir viel zu hoch bewerten. Unser Leben mit Kindern liefert uns Müttern genügend Material, um aus Fehlern zu lernen. Doch eher selten hatten Mütter dabei dann wirklich nur den eigenen Vorteil im Blick – auf Kosten des Kindes. So wird oft, wo eigentlich ein menschliches Fehlverhalten, Unwissenheit oder einfach mangelnde menschliche Reife vorliegen, unbewusst das Gefühl einer großen Schuld aufgebaut. Würden wir einfach unsere Fehler als das sehen, was sie sind und uns damit auseinandersetzen, daraus lernen, so würden wir tatsächlich Verantwortung übernehmen – im Unterschied zum Stagnieren in Schuldgefühlen, die zudem noch viel Leiden verursachen und Frauen von ihren natürlichen Fähigkeiten abschneiden.

Diese Zusammenhänge werden hier zwar am Beispiel der Mütter deutlich, können aber genauso auch in anderen Lebensbereichen von Frauen gefunden werden. Dabei spielt jedoch nicht nur die eigene Anziehung zum Schuldgefühl, sondern auch die Zuweisung von Schuld eine große Rolle. Jahrhundertelang ist in unserer Kultur das Dunkle und Sündige dem Weiblichen zugewiesen worden, während die hellen, lichten Kräfte dem Männlichen zugeordnet wurden. Wo immer etwas in einem Zeitalter der Überschätzung des rationalen Verstandes nicht von diesem Verstand erfasst werden konnte, war es allzu leicht, es auf das Mysteriöse und daher Bedrohliche im irrational Weiblichen zurückzuführen. In einer Welt, die das Weibliche und das Männliche, und darüber hinaus Geist und Körper, auf diese Weise polarisierte, blieb es nicht aus, dass Frauen diese Projektion des Dunklen übernommen und damit auch projizierte Schuldgefühle aufgenommen haben. Damit dreht sich die Spirale der Schuldgefühle weiter, denn tief verborgen fühlen sich Frauen auch dafür schuldig, dass sie die verletzende, trennende Umgangsweise mit dem Weiblichen und dem Leben von einer patriarchalen Kultur verinnerlicht, also etwas übernommen haben, was nicht wirklich ihr Eigenes ist, und dies dann für das Männliche mittragen.

Hier können wir allerdings, wenn wir tief genug graben, auf eine interessante Entdeckung stoßen. Ein tief verborgenes Schuldgefühl geht nicht allein darauf zurück, dass Frauen die Spaltung und Trennung übernommen haben. Vielmehr finden zunehmend Frauen, die sich innerlich ernsthaft mit diesen Fragen beschäftigen, Zugang zu der Ahnung oder gar Erkenntnis, dass es einen eigenen Anteil im Weiblichen gibt, der unabhängig von einer männlichen Beteiligung zu der Spaltung der Ganzheit des Lebens und auch zur Spaltung zwischen Himmel und Erde, zwischen Geist und Materie geführt hat. Es handelt sich dann also nicht um die eindeutige Reaktion auf die Verletzung des Weiblichen, die sie als Opfer einer männlichen oder patriarchalen Kultur erleiden mussten, vielmehr liegt hier der Akt der Trennung im Weiblichen selbst begründet.

Eine Annäherung an diese Erkenntnis findet häufig zuerst in ganz alltäglichen Beziehungssituationen statt. Eine Frau berichtete von dieser Erfahrung, die sie in einem Ehe-Konflikt hatte:

„... dann hatte ich einige Wochen später, während einer tiefen, gravierenden Auseinandersetzung mit meinem Ehemann, bei der ich in meiner Selbstgerechtigkeit – die auch mit meiner Haltung zu tun hat, dass Frauen die besseren Menschen sind – zunächst der Meinung war, im Recht zu sein, diese Erfahrung: Es war, als würden mir wie durch Nebelwände hindurch meine Anteile gespiegelt – mein unbewusstes Bedürfnis, vor allem dem Männlichen gegenüber Macht auszuüben, es zu manipulieren, zu kontrollieren, zu bestimmen. Ich sah meinen Stolz, meine Selbstgerechtigkeit, meine Arroganz. Ein tiefes Gefühl von Ernüchterung und Relativierung mir selbst gegenüber trat ein. Ich konnte diese Seiten zum ersten Mal wirklich erkennen und auch zu mir nehmen. Ich konnte kurz die Dinge aus seiner Perspektive betrachten, sein Leid und seine Einschränkungen sehen, die er durch mich erfahren hatte. Es tat mir unendlich leid. Es entstand eine Sehnsucht – und auch die Notwendigkeit wurde mir bewusst –, diese unbewusste Dynamik in mir wahrzunehmen und ohne Kompromisse zu mir zu nehmen."

Wir dürfen nicht vergessen, dass im Weiblichen, also in Frauen, jene mächtigen schöpferischen Kräfte ruhen, die auf das Leben einwirken, ja Leben spenden können. Selbst wenn diese Kräfte von einer Kultur verachtet werden, wenn Frauen innerlich davon abgeschnitten sind, gibt es immer Möglichkeiten, wie sie sich durch den Schatten, in den sie verdrängt wurden, doch auf eine verzerrte Weise ihren Weg bahnen können.

Es ist kein leichter Schritt für Frauen, sich dies in einer inneren Offenheit und Klarheit einzugestehen, anstatt in mehr oder minder unbewussten Schuldgefühlen zu verharren, die sie am eigentlichen Zugang zu den essenziellen Kräften hindern.

Gleichzeitig versperrt die Identifikation damit, Opfer von Verletzung zu sein, den Weg in diese Einsicht. Diese Identität gibt Frauen die vermeintliche Sicherheit, „der bessere Mensch" zu sein. „Gut sein" zu wollen, ist schon immer eine der größten Versuchungen und damit eine der wirksamsten Fallen des Egos gewesen.

Während eines Seminars äußerte sich eine Frau über diesen Hang, „gut" sein zu wollen, genau in dem Zusammenhang, in dem es um das weibliche Leiden ging:

„Ich entdecke in mir den Hang zum Leiden und das „Rettenwollen". Dahinter steckt oft der Wunsch, jemandem etwas abnehmen zu wollen, weil ich es so schwer aushalten kann, jemandem auch sein Leiden zu lassen – so wie ich Leiden verstehe. Mit diesem Wunsch zu helfen bin ich verführbar – verführbar, dazuzugehören, jemand Wichtiges zu sein und Gutes zu tun. Ich habe den Eindruck, dass gerade Frauen sich auch kollektiv darüber identifizieren. Damit schwimmen wir gemeinsam in einer gesellschaftlich anerkannten Suppe und sind auf einer eher niedrigen Ebene miteinander verbunden. Damit aufzuhören, ist wie ein kalter Wind oder wie ein scharfes Messer, und schlagartig stehe ich allein."

In diesem Zusammenhang ist ein Schuldgefühl nicht unbedingt hilfreich, damit eine Frau zu der tieferen Einsicht ihres eigenen Anteils findet. Vielmehr blocken Schuldgefühle die innere Wahrheit eher ab, verdecken und maskieren sie. Erst wenn Frauen bereit sind, sich mit ihren Schuldgefühlen auseinanderzusetzen, sie letztendlich gehen zu lassen, fließt ihnen die Möglichkeit zu, auf eine eher nüchterne Weise in jene Bereiche in sich selbst zu blicken, die zu ihrer eigenen Dunkelheit gehören. Der Abstieg in die eigene Dunkelheit ist mit einer Reinigung verbunden, die eine Frau ganz auf sich selbst zurückwirft und zuweilen „wie ein kalter Wind" empfunden werden kann.

Doch vergessen wir nicht, dass es um Heilung geht. Nur wenn die Frauen damit aufhören, den Zustand des Verletztseins aufrechtzuerhalten, wenn sie also Heilung zulassen, kann die Weisheit des Weiblichen wiedererweckt und dem ganzen Leben, unserer ganzen Welt wieder zur Verfügung gestellt werden. Der Abstieg in die Tiefe und das Loslassen sind, wie wir schon im Zusammenhang mit der Scham und der Wut gesehen haben, wichtige Elemente des Transformationsprozesses. Gleichzeitig kann eine Reinigung geschehen, die von all den Anhaftungen befreit, die sich als Hindernisse in den Weg stellen.

Reinigung ist eine Befreiung von allem, was überflüssig ist. Kehren Frauen zu ihrer wirklichen Essenz zurück, so werden sie gereinigt; denn was bleibt, ist das Wesentliche und Eigentliche. Eine Frau, die Vergessenes und Abgespaltenes ins Licht ihres Bewusstsein holt, die sich beispielsweise mit ihrer eigenen Beziehung zur Macht oder ihrer destruktiven Antwort auf die Entheiligung des Weiblichen beschäftigt, die sich dies anschaut und letztlich innerlich die Verantwortung dafür übernimmt, ist in die Tiefe hinabgestiegen. Je tiefer sie geht, desto mehr nähert sie sich der Essenz und der ursprünglichen Kraft, was in den Mythen durch Tod, Wiedergeburt und den Wiederaufstieg symbolisiert wird. Tiefer zu gehen bedeutet dabei nicht, sich innerlich zu vergraben, sondern mehr zu wagen, immer mehr und so weit, dass man mehr und mehr loslassen kann. Wir haben gesehen, dass wir im Loslassen bereit sein müssen, Sicherheiten aufzugeben, uns auf das ungewisse aber auch spannende Neue einzulassen. Erst dann, wenn wir loslassen, ist es möglich, dass Hinderliches herausgewaschen werden kann und eine tiefgreifende Reinigung geschieht. Das Loslassen und die Reinigung sind beides Prozesse, die nicht mit Anstrengung, Streben oder aktivem Tun verbunden sind, doch im Unterschied zum Loslassen, das ein gewisses Losspringen von uns erfordert, kann eine Reinigung in diesem Prozess einfach wirken und am Ende die Essenz herauswaschen. Doch auch dieser Weg zur Klarheit ist mit Schmerzen verbunden. Lassen wir los, so schmerzt es uns, wenn wir uns trennen müssen von lieb gewordenen Sicherheiten. Auch unangenehme Gefühle können eine gewisse Sicherheit geben, und die eigene Identität hängt sich gern an sogenannte negative Gefühle. In einem Reinigungsprozess kann es sehr schmerzhaft sein, sich die Dinge so anzusehen, wie sie wirklich sind – in ihrer Nacktheit und auch in ihrer Funktion, die sie für das Ego-Überleben haben. Der Schmerz selbst hat, wie wir schon früher gesehen haben, eine reinigende, also auch transformierende Kraft – sofern wir ihn nicht festhalten.

Zuweilen erfahren wir, wie im Schmerz geweinte Tränen uns befreien und reinigen von vielen Ablagerungen im Inneren. Sie waschen aus, was sich drückend aufs Herz gelegt hat. Doch wenn wir festhalten, können die Tränen nicht fließen, und so arbeiten das Loslassen und die Reinigung Hand in Hand. Dabei geht es aber nicht darum, in Emotionen zu versinken, denn die verschleiern eher das Wesentliche, als dass sie es freilegen. Das Gefühl der Reinigung ist eher mit einer gewissen Kälte oder Klarheit verbunden, so wie jener eisige Wind, von dem eine Frau hier berichtete.

Wesentlich eisiger noch kann dieser Wind werden, wenn wir Frauen uns nicht nur auf einer persönlichen Ebene auf die Suche nach den Abgründen machen, die sich hinter der gegenwärtig sichtbaren Tragödie des Weiblichen und seiner Verletztheit auftun. Wie bereits angedeutet, führt uns der Weg durch die Dunkelheit auch in Bereiche, die über unsere individuelle, persönliche Dunkelheit weit hinausgehen.

Der Bruch im Weiblichen selbst

Wir ahnen, spüren und wissen auch aus den Fragmenten uralter Überlieferungen, dass es eine Zeit gegeben hat, in der Frauen die Ganzheit des Weiblichen zum Wohl der gesamten Schöpfung und im Dienst am Göttlichen gelebt haben. Das Weibliche war präsent in der Welt als das, was es ist. „Sie" diente der Menschheit und tanzte zur Schöpfung. Als Sophia, die Weisheit, war sie beständig in göttlicher Nähe und voller Freude mit den Menschen.

In der Bibel lesen wir die Worte der göttlichen Sophia, der weiblichen Weisheit:

Als Er (Gott) den Himmel bereitete, war
Ich (Sophia – die Weisheit) gegenwärtig mit ihm; und
Als er seinen Thron bereitete über
Den Winden; und als er die Wolken droben
Mächtig machte und als er stark machte
die Quellen der Tiefe;
Als er dem Meer seine Grenze setzte und als
Er die Grundfesten der Erde legte.

Ich war als sein Liebling bei ihm.
Ich war sein Entzücken und täglich erfreute ich mich
in seiner Gegenwart und hatte
meine Lust an den Menschenkindern.[9]

Zu einer anderen Zeit lebten Frauen auf unserer Erde, um die Möglichkeiten und Fähigkeiten, die ihnen gegeben wurden, zu Ehren der Göttin zu leben. Sie lebten die Attribute der Göttin in sich selbst für das Göttliche und das Leben, und es wäre niemandem in den Sinn gekommen, dass es noch etwas anderes geben könnte, um dessentwillen Frauen dies leben könnten.

Wem anders sollten diese Kräfte zugutekommen als dem Leben selbst? Das Leben war eins. Und das Göttliche war in allem Leben enthalten. Es gab keine Spaltung, weder in den Frauen selbst, noch unter Frauen und Männern, noch zwischen Himmel und Erde.

Doch zu einem gewissen Zeitpunkt muss es zu einem Bruch gekommen sein. Es schälte sich jene Spaltung heraus – zwischen Himmel und Erde, Geist und Materie, Frauen und Männern, Matriarchat und Patriarchat.

Dieser Bruch ist zuerst innerhalb der Ganzheit des Weiblichen geschehen. Erst die Zerrissenheit dieser Ganzheit konnte einen Antagonismus hervorrufen, für den wir so voreilig das Männliche verantwortlich machen. Freilich haben männliche Kräfte in jener Spaltung der Ganzheit eine Angriffsfläche gefunden, auf deren Boden dann ein Machtkampf stattfinden konnte. Doch der ursprüngliche Riss im Gewebe des Lebens, in seiner Ganzheit, wurde durch eine Spaltung im Weiblichen selbst hervorgerufen.

Frauen waren machtvoll. Doch diese Macht ist ein göttliches Geschenk, und die Frauen schenkten die Früchte ihrer Kraft und Weisheit an das Göttliche zurück, lebten diese Macht zum Nutzen des Lebens und im Dienst am Göttlichen. Dies war ihre Identität. Sie alle, Priesterinnen und Initiantinnen, Mütter und Töchter, Geliebte und Künstlerinnen, waren Dienerinnen der Göttin und bestrebt, deren Qualitäten durch Fruchtbarkeit, Schönheit, Kreativität und Liebe dem Leben zu schenken.

9 Die Bibel, Buch der Sprichwörter, im 8. Kapitel „Die Weisheit als Gabe Gottes", Verse 27-31.

Heute wissen wir, dass überall dort, wo Menschen Macht haben, Macht auch missbraucht werden kann. Je mehr Macht dem Menschen zur Verfügung steht, umso mehr Möglichkeiten hat er, sie zu missbrauchen. In dem Augenblick, da nur eine einzige Frau auf den Gedanken kam, die Weisheit und Schöpfungskraft, die ihr zur Verfügung standen, nicht für das Leben als Ganzes, nicht im Dienste der Göttin zu nutzen, sondern für sich selbst oder für einen Teil der Ganzheit – nur für die Frauen –, war der Bruch geschehen.

Diese Spaltung vollzog sich dann nicht nur in der Einheit des Lebens, sondern innerhalb des Weiblichen, im Inneren der Frauen. Die schöpferischen Fähigkeiten, die Macht und Weisheit des Weiblichen, trennten sich von der weiblichen Hingabe. Es war nicht mehr eins, innerlich hingegeben an etwas Größeres zu sein und gleichzeitig die weiblichen Kräfte zu nutzen; denn das Bedürfnis, die Begabungen für sich selbst oder nur für einen Teil des Lebens zu verwenden, führt zu einem Verlust der Hingabe. Dem Göttlichen zu dienen, bedeutet der Ganzheit zu dienen und nicht einigen aus der Einheit herausgetrennten Bedürfnissen. Frauen mussten, um sich vom Dienst am Göttlichen abzuwenden, ihre Hingabe abspalten von jenen Kräften, die sie dazu befähigten, mit dem Leben zu arbeiten. Was im Weiblichen zuvor in Einheit gelebt hatte, erfuhr von innen heraus einen Bruch, und es bildete sich eine Dualität heraus zwischen Gebet, Dienen und Hingabe einerseits und der lebensspendenden nährenden und kreativen Kraft des Weiblichen. Die Verbeugung vor dem Leben stand auf einmal der Weisheit, mit dem Leben zu arbeiten, gegensätzlich gegenüber. So brach die Einheit von Spiritualität und Leben, von Hingabe und Kraft, in der Haltung der Frauen auseinander. Man begann, die weiblichen Kräfte dafür zu nutzen, das Leben zu kontrollieren, statt ihm zu dienen. Kraft wurde zu Macht, die Frauen auch für sich selbst benutzten, indem sie Männer nicht an allen Früchten ihrer Fähigkeiten teilhaben ließen oder die Weisheit der Priesterinnen nutzten, um sie nur einem Teil der Gemeinschaft zur Verfügung zu stellen. Weibliche Kraft, die nicht mehr in der Einheit mit weiblicher Hingabe gelebt wurde, führte zu weiblicher Herrschaft. Mutterrechtliche Gesellschaften brachten den Menschen durchaus friedvolle und blühende Zeiten, und es handelt sich sicher nicht um grausame Herrschaftsverhältnisse, doch was für die weitergehende Entwicklung beachtenswert zu sein scheint, ist, dass hier bereits eine Trennung stattgefunden hatte, die nicht erst durch ein männlich geprägtes Bewusstsein in die Welt kam. Es handelte sich um eine Trennung, die im Weiblichen selbst aufgebrochen war. Erst aufgrund dieser Spaltung konnte sich ein Machtkampf entwickeln. Eine Polarisierung war entstanden, die dem Männlichen überhaupt die Möglichkeit und den Anlass bot, aufzubegehren und um die Herrschaft zu kämpfen. Dieser Machtkampf mündete schließlich, wie wir wissen, in eine männlich dominierte Welt, die das Heilige ganz aus dem Leben an einen fernen Ort verbannte. Wahrscheinlich ahnte lange Zeit niemand, nicht die Frauen und nicht die Männer, welche grausame Auswirkung auf das Leben, welche Bedrohung für unser aller Leben dies am Ende bedeuten würde.

Frauen entdecken die Spuren dieser ursprünglichen Spaltung im Weiblichen mitunter in sich selbst und müssen dann einräumen, dass es hier keinerlei Beteiligung des Männlichen gibt, dass sie die Männer nicht verantwortlich machen können.

Einer Frau wurde diese Spaltung im Weiblichen, die sie auch in sich selbst wiedererkennen konnte, durch einen Traum und das Gespräch darüber bewusst.

In ihrem Traum wurde sie plötzlich gewahr, dass sie schwanger war, was sie sehr überraschte. Sie hatte keine Erklärung dafür und konnte sich nicht erinnern, mit einem Mann ein Kind gezeugt zu haben. Verzweifelt suchte sie in ihrer Erinnerung nach einer „Aufklärung" der Ursache ihrer Schwangerschaft, rechnete vor und zurück und biss sich, auch während sie den Traum erzählte, in gewisser Weise daran fest, dass sie die Entstehung dieser Schwangerschaft nicht eindeutig definieren konnte. Obwohl sie sich freute und tief berührt war von dem Baby, das sie in einer späteren Szene des Traums auch sehen durfte, empfand sie es als „äußerst peinigend", über die Umstände nicht genau Bescheid zu wissen.

Auf ein Nachfragen anderer hin, warum denn diese verzweifelte Suche nach den genauen Umständen die Freude über das Kind so überschatte, antwortete sie spontan: „Weil ich nicht gefragt worden bin."

Es gibt ein Ich, das gefragt werden möchte, ein Ich, das sich einmischen möchte und das letztlich die von Gott gegebene Kraft für sich selbst beanspruchen, die Kontrolle darüber haben möchte. Als ihr dies klar wurde, verspürte sie, wie sie sagte, einen intensiven körperlichen Schmerz in ihrem Leib.

Die Schwangerschaft im Traum ist natürlich nicht wörtlich zu nehmen. Sie kann als Symbol gesehen werden für die schöpferischen, die mitschöpferischen Fähigkeiten des Weiblichen. Es geht hier nicht um Geburtenkontrolle und um die verantwortliche Mitwirkung einer Frau im Hinblick auf Schwangerschaft und Geburt. Es geht vielmehr darum, dass Frauen vor langer Zeit ihre Fähigkeit der Hingabe und des Dienens von ihrer instinktiven weiblichen Kraft abgetrennt und auf dem Altar ihres Egos und ihrer persönlichen Wünsche geopfert haben. Die Hingabe schließt auch den physischen Körper mit ein, und an genau diesem Punkt entzündete sich der innere Konflikt der Träumerin und ihr Schmerz, als sie dies erkannte.

Die Machtdynamik im Weiblichen ist nicht aufgelöst. Ihre Existenz und Problematik aber ist kaum im Bewusstsein der Frauen vorhanden. Seit Jahrzehnten schon erwarten die Frauen im Westen von ihren Geliebten, Ehemännern und Kollegen, dass sie die männliche Machtdynamik in sich selbst hinterfragen, doch es kommt bis heute den wenigsten in den Sinn, sich auch mit der weiblichen Macht auseinanderzusetzen.

Wenn weibliche Kraft, wie wir auch schon in anderen Zusammenhängen gesehen haben, nicht aus der Ganzheit heraus gelebt wird, kann sie, wenn sie sich nicht in Ohnmacht zurückzieht, auch durch den Schatten leben und darin sehr machtvoll werden. In der Fähigkeit, andere Menschen zu manipulieren und abhängig zu machen, sind Frauen nicht leicht zu übertreffen. Sie mögen nicht über ein Machtpotenzial in den Vorständen der Konzerne verfügen, doch in der Beziehung zu ihren Kindern beispielsweise, die wiederum in der zukünftigen Welt leben werden, haben sie durchaus Einflussmöglichkeiten. Ihre Kinder, auch die Söhne, sind ihnen nahe und in Fällen, wo sich eine Machtdynamik auslebt, ihren manipulativen Kräften ausgeliefert. Auch die männlichen Partner sind nicht gefeit, in dieses Spinnennetz zu geraten, in dem Frauen ihre eigenen Vorstellungen auf oft sehr subtile Weise durchsetzen.

Wir wissen zwar darum, machen vielleicht Witze darüber oder schauen auch säuerlich weg, wenn wir einen derben Scherz über dominante Frauen hören, kennen auch den einen oder anderen Prototypen, wie die italienische Mama mit ihren völlig abhängigen erwachsenen Söhnen oder den männerverschlingenden Vamp, doch aufrichtig und tiefergehend hinterfragen Frauen diese Machtdynamik und ihre zugrunde liegende

Spaltung nicht. Solange auch Frauen vorwiegend mit dem Leiden an den Verletzungen, die das Weibliche erfahren hat, beschäftigt sind, solange wir die Polarisierung aufrechterhalten, dass es sich bei diesen Machtfragen allein um einen Konflikt zwischen Männlichem und Weiblichem handelt, so lange können wir die darunter liegende weibliche Machtdynamik nicht wirklich erkennen und zur Auflösung bringen.

Die Spaltung im Leben und innerhalb des Weiblichen kann heilen. Doch dafür ist es notwendig, dass wir uns diese dunkle Seite der Trennung und der Macht im Weiblichen anschauen und die eigene innere Spaltung ins Licht des Bewusstseins bringen. Zudem ist es notwendig, uns daran zu erinnern, dass es eine Realität jenseits dieses Bruches gibt, in der die Dinge eins sind. Wir können uns darauf ausrichten, diese Realität wieder wahrzunehmen, auch in uns selbst. Es ist auf sehr einfache Weise das Erinnern daran, dass alles einen göttlichen Ursprung hat. Es ist ein Licht, das alles Leben durchdringt und allem, was existiert, eine Bedeutung und einen Sinn gibt und die Einheit von allem erkennen lässt. Frauen erkennen dann beispielsweise, dass ihre innere Sehnsucht nach Hingabe und ihre Fähigkeit, für das Leben zu sorgen, kein Widerspruch, sondern in Wahrheit eins sind und in dieser Ganzheit gelebt werden möchten.

Dies dann ins Leben zu bringen, verlangt freilich noch einen Weg zu gehen, gepflastert mit einigen Herausforderungen und mit dem Abschied von Leiden, Stolz und alten Vorstellungen. Doch die innere Realität zu erkennen und anzuerkennen, ist der erste große Schritt. Wenn wir dieses Bewusstsein in unserem Herzen halten, beginnt es in der Welt zu wirken, und die Grundlage für eine wirkliche Veränderung wird geschaffen.

Wirkliche Heilung kommt immer von innen. Ganz sicher wird es nicht mit einem Mal aufhören, dass das Weibliche verwundet, dass Frauen zutiefst verletzt werden.

Die Verletzungen an Frauen sind verwickelt und verknüpft mit all den anderen Konflikten in der Welt. Noch ist es an der Tagesordnung, dass Frauen als Kriegsbeute vergewaltigt werden, und weiterhin müssen Frauen noch in vielen Ländern und Kulturen unserer Welt in einem erbärmlichen Zustand leben. Noch immer werden Frauen aus östlichen Ländern von europäischen Männern besichtigt und gekauft, genau so wie sie unter Abwägen der materiellen Vor- und Nachteile ein Auto erwerben. Die Verdinglichung des Lebens und der Frau, ihre Entheiligung, wirkt weiter fort, an jedem Tag, und manch eine Frau mag fragen, wie es möglich sein soll, das Leiden und den Schmerz loszulassen, wenn tagtäglich neue Schmerzen hinzugefügt werden?

Doch gleichzeitig mit den Verwundungen, die noch immer jeden Tag in der Welt geschehen, taucht am Horizont etwas ganz anderes auf: Die Möglichkeit, dass die Menschheit einen neuen Schritt machen kann, die Aussicht, dass eine neue Welt auf uns wartet, eine neue Art zu leben. Mehr und mehr Stimmen in der Welt sprechen davon, spiegeln das Erwachen für jenes Neue, das der Welt gegeben werden kann. An vielen Orten auf unserem Globus beginnen einzelne Menschen und kleine Gruppen, solche, die keine Öffentlichkeit haben, keine Fernsehkameras in ihren Räumen, ihren kleinen Beitrag zu leisten für ein Leben in Einheit statt Zerrissenheit. Dabei gewinnen auch Frauen wieder mehr an Präsenz in der Welt. Das weibliche Bewusstsein, eine weibliche Art, an das Leben heranzugehen, taucht zumindest als Möglichkeit wieder auf. Wir sind noch weit davon entfernt, das Heilige in der Schöpfung und in den Frauen wiederzuerkennen, doch die Welt scheint sich gegenwärtig immerhin daran zu erinnern, dass das Weibliche existiert und seinen notwendigen Platz in diesem großen Gefüge hat.

Lieben und Verzeihen

Der Beitrag der Frauen ist nicht der einzige, der notwendig ist, doch er ist unverzichtbar. Nur die Frauen selbst können die Tür dafür öffnen, dass das Weibliche in den Frauen wieder heilen kann und damit als Leben spendende Kraft in die Heilung der Welt mündet. Das ist keine anstrengende Arbeit, und letztendlich hängt es auch nicht von uns ab. Dass wir in einer Zeit leben, die uns die Möglichkeit der Heilung gibt, ist Gnade. Dies bedeutet, es ist ein Angebot, ohne Bedingung und ohne dass wir es uns erarbeitet oder verdient hätten.

Die Frauen haben die Wahl, diese Chance zur Heilung des Weiblichen in ihnen selbst zu ergreifen und damit ihren notwendigen Beitrag zu leisten oder es nicht zu tun. Der Beitrag besteht vor allem darin, die Transformation zuzulassen durch Annehmen, Loslassen und durch die Bereitschaft, uns in die Tiefe führen zu lassen und daraus wieder gereinigt emporzusteigen.

Doch da ist etwas, ohne das uns nichts, nicht die Bereitschaft und das Durchhaltevermögen auf diesem Weg, nicht einmal die kleinste Änderung in unserer Haltung möglich ist – die Liebe. Ebenso wie Gnade mit Liebe zu tun hat, mit göttlicher, unbegrenzter Liebe, so ist auch unser menschlicher Beitrag mit Liebe verknüpft. Ohne sie hätte er keine Kraft und keine Richtung.

Es heißt, die Liebe sei die größte Kraft im Universum, und so hat sie die Kraft, selbst dort etwas zu bewirken, wo es uns unmöglich erscheint. Ein noch so brillanter Verstand, die klügsten Theorien und noch so erfahrene Praxis-Anweisungen, jede technische Errungenschaft und jede Heilkunst können nicht wirklich tiefgreifend wirken, wenn sie die essenzielle Zutat der Liebe entbehren. Wenn eine wirkliche Heilung geschieht, ist immer Liebe mit im Spiel. Medizinische Behandlungen können beispielsweise durch einfaches Verordnen von Medikamenten Symptomfreiheit erreichen, doch nicht eine umfassende Heilung. Manchmal bedarf es nicht viel auf der sichtbaren Ebene, vielleicht nur einen Blick oder eine Zuwendung in Gedanken oder in einem Wort, die der Therapie hinzugefügt werden, und ein Mensch wird gesund. Die Liebe gibt die Wärme, in der sich etwas umwandeln kann, in der das, was zerrissen war, von innen wieder eins werden kann.

Wir können die Liebe vergleichen mit einer Substanz, welche die Welt zusammenhält. Wäre sie verschwunden, würde die Welt in zehntausend Stücke zerbrechen. Sie lässt uns die Beziehung fühlen, die wir zu allem haben, das existiert und das uns so oft als getrennt erscheint. Die Liebe ist die Erinnerung an die Einheit, denn sie gehört zur Einheit und kommt aus der Einheit. Wenn alles auseinanderzufallen droht und das Leben uns unendlich zerrissen erscheint, ist allein die Liebe das, was Sinn macht und uns den Sinn zurückgibt. Die Liebe ist es, die jedem Leiden und jeder Freude den Atem des Lebendigen einhaucht. Ohne sie bliebe das Leiden wie auch sein Loslassen sinnlos.

Es gibt eine sehr prägnante Stelle in der Bibel, im Korinther-Brief, die uns die tiefgreifende Bedeutung der Liebe wunderbar nahebringt:

„Wenn ich mit Menschen- und mit Engelszungen redete und hätte die Liebe nicht, so wäre ich ein tönendes Erz oder eine klingende Schelle.
Und wenn ich prophetisch reden könnte und wüsste alle Geheimnisse und alle Erkenntnis und hätte allen Glauben, so dass ich Berge versetzen könnte und hätte die Liebe nicht, so wäre ich nichts."

Die Liebe können wir nicht selbst kreieren, sie ist ein göttliches Geschenk. Sie hebt uns über die Grenzen unserer menschlichen Natur hinaus, befähigt uns, unsere eigennützigen, instinktiven und ichbezogenen Wünsche zu überschreiten und Trennungen zu überwinden. Aus ihr wird die Fähigkeit geboren, uns in ein anderes Lebewesen einzufühlen, das Leid und die Freude des anderen zu spüren sowie Mitgefühl zu entwickeln. Damit ermöglicht die Liebe uns auch erst, uns zu verändern, individuell und gemeinsam mit der ganzen Schöpfung. Denn ohne sie würden wir uns beständig im engen Kreislauf der eigenen Wünsche und Begierden drehen und im Zustand der Täuschung über eine getrennte Welt verharren.

Ohne das Geheimnis der Liebe, das gegeben wird und sich in unseren Herzen dann widerspiegelt, ist also keine Transformation und keine Heilung möglich.

Auch für den spirituellen Weg eines Menschen, so weiß man in allen Traditionen, ist es notwendig, dass Liebe gegeben wird. Ohne die Liebe, die ein Schüler auf seinem Pfad durch die lebendige Tradition über einen Lehrer oder Meister erhält, kann keine Transformation in ihm stattfinden. Er oder sie kann noch so sehr danach streben, noch so gewissenhaft seine Übungen verrichten, ohne die Liebe geschieht nichts, das wirklich ist.

Im Herzen des Schülers wird die Liebe, wenn sie erweckt ist, verstärkt und beständig genährt. Sie gehört zu Gott oder dem Absoluten, doch sie bekommt ein menschliches Antlitz und spiegelt in ihrer ganz menschlichen Dimension die Liebe des Göttlichen zu Seiner Schöpfung wider. Das Mitgefühl im Buddhismus, die Nächstenliebe im Christentum, das Dienen im Sufismus sind Qualitäten, die alle in mystischen und religiösen Traditionen der Liebe entspringen.

Das Herz ist der eigentliche Ort, an dem die Liebe zu Hause ist. Hier empfangen wir die Liebe, hier nehmen wir sie wahr, hier empfinden wir sie. Jede innere Reise zu einem neuen Ort, jede tiefgreifende Veränderung findet im Herzen statt.

So hat das Herz auch für die Heilung des Weiblichen eine besondere Bedeutung. Wir haben gesehen, dass wir nur im Herzen wirklich annehmen, nur im Herzen wirklich loslassen können. Wir benötigen die Kraft des Herzens, um Zorn und Wut zu überwinden, um unsere Scham- und Schuldgefühle gehen zu lassen. Wir benötigen die Kraft des Herzens auch – und hier kommen wir zu einem entscheidenden Punkt –, um verzeihen zu können. Allein in unseren Herzen finden wir die Fähigkeit zu vergeben.

Um verzeihen zu können, müssen wir den eigenen Standpunkt aufgeben, etwa den des Opfers oder der Selbstgerechtigkeit, und umfassender wahrnehmen und fühlen. Erst wenn wir uns für die Liebe öffnen, zulassen zu lieben und geliebt zu werden, wird uns das möglich. Denn die Liebe weitet uns, lässt Raum für den Atem der Seele, die kein Interesse hat an unseren selbstsüchtigen Instinkten und unserem Ansinnen auf Rache und Wiedergutmachung, an unserer Illusion der Trennung und unserer Gefangenschaft im Unfrieden. In einem Raum der Liebe können wir uns innerlich aussöhnen und verzeihen.

Vergebung ist der Dreh- und Angelpunkt in unserem Beitrag zur Heilung des Weiblichen. Für alle Prozesse, die auf diesem Weg geschehen, ist die Bereitschaft zu verzeihen und um Verzeihung zu bitten unverzichtbar. Sie lässt uns im Labyrinth der Emotionen den Eingang finden zu einem Weg, der wirklich weiterführt, und sie ist die Nahrung, derer wir bedürfen, um auf diesem Weg nicht zu verhungern. In der Bereitschaft zu verzeihen und um Verzeihung zu bitten, bündelt sich die Liebe, die aus dem Weiblichen kommen muss und vom Weiblichen gebraucht wird, damit die Umwandlung stattfinden kann.

Frauen können all das Leid nur wirklich gehenlassen, wenn sie aus tiefstem Herzen verzeihen. Es ist notwendig, dass wir uns selbst verzeihen, wo wir versagt haben und uns dafür verantwortlich fühlen. Es ist weiterhin wichtig, das Höchste – Gott oder die kosmischen Kräfte, was immer für uns das Erhabenste ist – zu bitten, dass Es uns verzeihe – dort, wo ein Verzeihen nur durch höchste Kraft möglich ist. Schließlich aber ist es unumgänglich, dass wir Frauen auch den Männern verzeihen, die uns selbst, das Weibliche und das Leben verletzt haben.

Dies ist leicht gesagt und schwer getan. Die Erfahrung zeigt, dass selbst Frauen, in deren Herzen die Liebe erweckt wurde, die eine große Bereitschaft in sich tragen zu verzeihen, immer wieder neu auf ihre Unfähigkeit stoßen, dem Männlichen zu verzeihen. Mitunter trügt auch das Selbstbild. Es stimmt dann zwar, dass eine Frau auf einer Ebene verziehen hat, doch gelangt sie mit ihrer Aufmerksamkeit auf eine tiefer gelegene Ebene, so trifft sie erneut auf ihre alte Unbeugsamkeit und ihr Bedürfnis, die Verwundung weiter übel zu nehmen.

Manche Frauen gestehen dann offen ein, dass sie nicht in der Lage sind zu verzeihen, auch wenn sie eine Sehnsucht danach haben. Das ehrliche Eingeständnis ist hier der erste Schritt, und dann ist es vielleicht eine Frage des Zeitpunkts. Es fehlt dann lediglich noch, dass die Sehnsucht stärker wird als der Teil ihrer Persönlichkeit, der sich quer stellt.

Während das wirkliche Verzeihen die Sache eines einzigen Augenblicks ist, gestaltet sich der Prozess, sich dem Verzeihen zu nähern, häufig als vergleichsweise langwierig. Immer wieder müssen Frauen noch einmal eine neue Runde nehmen, immer wieder treffen sie in sich selbst auf vorher unbekannte Wünsche nach Vergeltung oder Genugtuung, und immer wieder nehmen sie sich selbst zu ernst und zu wichtig.

Um wirklich verzeihen zu können, müssen wir selbst aus dem Weg gehen. Wir müssen für einen winzigen Augenblick als ein existierendes Ich völlig verschwunden sein, denn sonst kann die Liebe, die hinter allem Verzeihen steht, nicht wirken. Dabei weiten wir unseren Blick und unser Bewusstsein. Das Schicksal des eigenen Ichs oder der Gruppe, mit der wir uns identifizieren, verliert an Absolutheit, wird relativer.

Es ist sehr wichtig, dass wir nicht nur von der Ebene des Schmerzes, des Leids, des Unglücks und der unbestreitbar sehr ernsthaften Lage auf die Frage der Heilung des Weiblichen schauen. Es gibt daneben oder darüber eine andere Ebene, von der aus unsere Versuche, als Menschheit erwachsen zu werden, äußerst amüsant aussehen. Wir nehmen uns in all jenen Auseinandersetzungen, von denen wir uns sicherlich einen Großteil einfach sparen könnten, ungeheuer wichtig. Schauten wir nur einmal bei Nacht in den klaren Sternenhimmel, so müsste uns beim Anblick dieser Weite der Schöpfung binnen Sekunden diese ungeheuerliche Wichtigkeit und Relevanz eines kleinen Menschleins, hier auf dieser kleinen Erde, das nicht verzeihen mag, sehr erheitern.

Wir werden kleiner, wesentlich kleiner, wenn wir bei Nacht in den Sternenhimmel schauen. Wir beginnen, uns anders zu beziehen und hören auf, der Mittelpunkt der Welt zu sein. Es gibt eine andere Achse, um die sich die Welt dreht, als die angenommene unseres eigenen kleinen Selbst. Es ist eine gewisse Demut, die wir empfinden, wenn wir beginnen, uns in eine andere Beziehung zum Ganzen setzen zu lassen.

Es bedarf, um in Liebe wirklich verzeihen zu können, nicht nur der Ernsthaftigkeit und Aufrichtigkeit unserer inneren Verpflichtung, sondern auch der Demut des Herzens und eines Lachens, in dem sich die Relativität unserer eigenen Existenz offenbart.

Das wirkliche Verzeihen geschieht in einem einzigen Moment. Der Strom der Liebe nimmt alles mit sich, woran wir uns je festgehalten haben. Es bleibt nichts mehr übrig. Wir lassen die Vergangenheit ganz und gar gehen. Es funktioniert nicht, wenn wir dies halb oder zu einem Viertel tun. Es ist nicht möglich, „ein bisschen" zu verzeihen oder halbherzig zu verzeihen. Nicht vollständiges Gehenlassen ist gar kein Gehenlassen. Wir erlauben im Moment des Verzeihens alles, restlos alles Geschehene, wirklich Vergangenheit sein zu lassen. Nur dann sind wir frei.

In die Kraft kommen

Stellen wir uns vor, eine Frau ist diesen Weg gegangen, hat die Verletzung angenommen, den Schmerz losgelassen, die Scham überwunden und ist in die innere Dunkelheit abgestiegen. Sie hat verziehen. Die Liebe, der sie nun Raum gibt, hat sie sterben lassen und wieder neu geboren. Sie ist dem Kreislauf des Leidens entronnen, und ein Hauch von Freude weht jetzt in ihr Leben, noch unbestimmt und ohne das Wissen, wie diese neue Realität aussehen könnte. Doch sie trägt das Versprechen eines wahrhaftigeren Lebens. Geboren in diese neue Realität erhält eine Frau den Zugang zu den essenziellen Kräften ihrer Weiblichkeit zurück. Sie ist nicht mehr getrennt von ihren weiblichen Fähigkeiten, das instinktive Bewusstsein ist erwacht. Sie spürt, was es bedeutet, dem Leben nah zu sein und zu wissen, wie sie dafür sorgen kann. Es existiert nicht nur in ihren Gedanken, sie kann es vielmehr in ihrem Körper spüren und in ihrem Herzen. Der Weg ist freigelegt.

So umwälzend eine solche Erfahrung sein mag, so notwendig ist es aber auch zu erkennen, dass dies nur der erste Schritt ist; denn den ungehinderten Zugang zu einem solchen Geschenk zu haben und es tatsächlich zu ergreifen, sind zweierlei Dinge. Es ist sehr wichtig, dass Frauen über die Bewusstwerdung hinaus, die sie auf dem Weg der Heilung des Weiblichen erfahren, auch wieder zu sich nehmen und ergreifen, was zu ihnen gehört. Wenn das Licht des Weiblichen zur Verfügung steht, wenn es präsent ist, so muss es doch von den Frauen selbst auch wieder erfasst werden.

Wir erleben hin und wieder, dass es Frauen gibt, die diesen Zugang haben. Diese Frauen spüren genau, worum es geht, wenn vom weiblichen Wissen über Schöpfung und Leben die Rede ist, von der Weisheit der Verbindung von Geist und Materie. Doch sie wagen nicht, dies zu leben. Der Zugang liegt brach; und was nicht genutzt wird, verkümmert. Wie jeder Muskel sich zurückbildet, wenn wir ihn nicht gebrauchen, oder wie ein Pfad, der nicht betreten wird, zuwächst, so wird auch der innere Zugang zu einer Kraftquelle verschüttet, wenn wir ihn nicht nutzen. Das Licht des Weiblichen wird gegeben, damit es gelebt wird, das Leben mitgestaltet und in eine Form fließt. Das kann nur geschehen, wenn es über den Menschen, und in erster Linie über die Frauen, auf jeweils einzigartige Weise in das Gewebe des Lebens eingefädelt wird.

Viele Frauen haben auch dann, wenn sie den Zugang wieder gefunden haben, eine gewisse Scheu davor, sich mit diesem Licht erneut zu verbinden. Das ist nur allzu verständlich, denn jede Frau, die auf der Ebene des Herzens für das Licht des Weiblichen erwacht ist, möchte auf keinen Fall riskieren, dass dieses so neue und reine Licht belastet oder verschmutzt wird. Jede Frau, die eine gewisse Ahnung von den uralten Machtfeldern des Weiblichen gefühlt hat und gleichzeitig mit einer gewissen Bewusstheit lebt, trägt eine tief sitzende Furcht vor Machtmissbrauch in sich. Häufig habe ich erlebt, dass Frauen auf die Frage, warum sie ihre weiblichen Qualitäten nicht leben, die sie doch spüren können, antworteten, sie fürchteten sich, Fehler zu machen und die zugrunde liegende Macht, wenn sie sie denn lebten, zu missbrauchen. Interessanterweise war ihnen dies meist vorher nicht bewusst gewesen, sie hätten im Traum nicht daran gedacht, dass in ihnen solch eine Befürchtung existierte. Allein die Frage und ihr Bemühen, in sich hineinzuschauen und wahrhaftig zu antworten, brachte die spontane Erkenntnis hervor. Vielfach wissen Frauen offenbar gar nicht, dass auch diese tief sitzende Angst die Ursache für ihre Zurückhaltung ist, ihre Kraft zu leben, zu der sie eigentlich einen Zugang haben.

Es liegt nahe, dass es einen Grund für diese Befürchtungen geben muss. Wir hatten uns bei der Betrachtung weiblicher Schuldgefühle bereits diese dunkle Seite des Weiblichen angeschaut, wo sich die Neigung finden lässt, die weibliche Nähe zur Schöpfung auszunutzen und im Sinne von Kontrolle und Manipulation zu missbrauchen. Jede Frau, die aufrichtig bemüht ist, sich selbst kennenzulernen, weiß, dass diese Neigung zumindest als Möglichkeit in ihr vorhanden ist. Selbstverständlich gibt es Frauen, die von ihrem Charakter und Naturell her mehr zu dieser weiblich manipulativen Art neigen, und andere, die dies weniger verkörpern. Doch wo weibliche Qualitäten im Licht existieren, da gibt es immer auch so lange einen Schatten, wie wir uns in der menschlichen Sphäre und in der Welt der Dualität befinden. Diese dunkle Seite existiert, sie ist alltäglich. Weibliche Macht oder Kraft ist sehr gefährlich, wenn sie nicht frei ist, wenn sie von einem Ort aus gelebt wird, der unbearbeitete Konflikte oder selbstsüchtige Motive beherbergt.

Wir haben auch gesehen, dass es in manchen Frauen eine vage Ahnung davon gibt, dass eine Spaltung im Weiblichen eingetreten ist, bevor diese Trennung in dieser Welt gänzlich Fuß gefasst hatte. Frauen haben Hingabe und Dienen von ihren machtvollen weiblichen Fähigkeiten getrennt und so letztlich die Grundlage von Herrschaft geschaffen. Kraft wurde zu Macht über andere – über Männer und über die Ressourcen des Lebens. In kleinen Dingen des Lebens spiegelt sich dieser Missbrauch bis auf den heutigen Tag, selbst wenn Frauen von einer sehr patriarchalisch dominierten Welt umgeben sind. Manipulation, Kontrolle und Übergriffe bei den eigenen Kindern, das Abhängigmachen der Geliebten oder Ehemänner oder Intrigen im Arbeitsleben sind alltägliche Beispiele. Der Missbrauch weiblicher Macht ist also, auch wenn er nicht wirklich von Frauen angeschaut wird, allgegenwärtig, und die Befürchtungen der Frauen vor erneutem Machtmissbrauch sind verständlich.

Dazu kommt, dass die für lange Zeit missachteten und somit ungelebten weiblichen Qualitäten eine gewisse Schüchternheit in Frauen hervorrufen, wenn es darum geht, sie ins Fließen zu bringen. Frauen werden dann sichtbar. Sie offenbaren, wer sie wirklich sind, und sie müssen dahinterstehen, wenn die Kraft, die sie dann leben, auch wirken soll.

Darüber hinaus sind viele Frauen, die sich bereits auf einem spirituellen Weg befinden, einmal mehr sehr zögerlich damit, dieses alte Wissen zu ergreifen und wirklich zu leben. Die Furcht, es könne zu Konflikten mit dem eingeschlagenen geistigen Weg oder den männlich geprägten Lehren der jeweiligen Tradition kommen, hält sie zurück. Die meisten der gegenwärtig spirituellen Pfade, ob aus dem Umfeld der christlichen, jüdischen, islamischen oder buddhistischen Religion, beziehen sich auf einen männlichen Weg, der eine gewisse Trennung von Körper und Leben mit einschließt. So ist ihnen beispielsweise die Haltung, das Heilige auch im Körper zu finden, eher fremd. Legt eine spirituelle Lehre oder Religion also besonderen Wert auf eine asketische und körperverneinende Praxis, so kann es tatsächlich zu inneren oder gar äußeren Konflikten kommen, wenn eine Frau ihre weiblichen Qualitäten zu leben beginnt; denn sie weiß, dass dies ihren physischen Körper und die ihm innewohnende heilige Substanz mit einbezieht. Ohne Frage findet auch innerhalb der spirituellen Traditionen eine Veränderung statt, und wir hören mehr und mehr, vor allem von weisen Menschen und Lehrern aus mystischen Traditionen, wie bedeutsam das Weibliche für die Zukunft der Menschheit ist. Doch die männlich betonte Geschichte währt schon sehr lange, und man bedenke nur, dass allein für viele Traditionen die Repräsentanz oder Meisterschaft einer Frau für lange Zeit schlicht undenkbar war. Die Auffassung, dass Frauen die Wahrheit nicht in dem gleichen Maße erreichen können wie Männer oder allenfalls nur dann, wenn sie sich einem harten asketischen und vergeistigten Weg widmen, ist seit langem in vielen spirituellen Lehren verbreitet.

Dabei dürfen wir nicht vergessen, dass diese Wege auch gleichzeitig von Weisheit und Licht erfüllt sind, dass große Seelen sie gegangen sind und sie dort, wo sie rein blieben, reichen Segen gebracht haben. Wenn eine Seele vom Licht eines solchen Weges angezogen ist und sich auf diesen Pfad eingelassen hat, so ist es äußerst schwierig zu unterscheiden, wo es um Hingabe an die spirituelle Essenz, das innere Feuer der Tradition, und wo es um die Klarheit des eigenen Weges geht.

Es ist also verständlich, warum Frauen ihre weibliche Kraft zurückhalten, auch wenn sie ihnen bewusst ist und der Zugang dazu frei liegt. Alle genannten Zögerlichkeiten sind durchaus nachvollziehbar und bedenkenswert. Doch bleibt die Frage bestehen, ob diese Furcht auch als Entschuldigung dienen sollte, keine Verantwortung zu übernehmen.

Machen wir uns wirklich klar, dass uns ein Geschenk angeboten wird, dass wir womöglich ablehnen? Ein Geschenk nicht in erster Linie für uns selbst, sondern für die gesamte Menschheit; denn wenn wir die reinen weiblichen Kräfte der Sorge für das Leben und das Wissen um die Ganzheit des Lebens wieder aktivieren, so heilt nicht nur das Weibliche in Frauen, sondern auch in Männern. Die Erde kann dann heilen und unser Leben auf diesem Planeten.

In gewisser Weise stellen wir uns – aus unserer Sicht – gegen die Freundschaft Gottes, wenn wir die Annahme Seines Geschenks verweigern. Mit dem Blick auf die Welt mögen wir erkennen, dass wir der ganzen Menschheit ihre Zukunft vorenthalten, wenn wir die weiblichen Qualitäten und Kräfte nicht wieder ergreifen und ins Leben bringen.

Doch wie können wir, auch wenn wir bereit sind, unsere Furcht zu überwinden, angesichts der Schwierigkeiten diesen Faden aufnehmen und wieder in die Kraft kommen?

Es gibt einen Weg, auf dem wir uns auf eine recht geschützte Weise mit diesen Kräften wieder verbinden, sie wieder ergreifen können. Es braucht dennoch Mut, und ohne Risikobereitschaft gibt es kein Wachstum.

Niemand weiß wirklich, ob wir gefeit sind vor der Möglichkeit, weibliche Kraft erneut zu missbrauchen, doch wir können es uns nicht leisten, aus diesem Grund das Geschenk der Zeit liegen und verderben zu lassen. Ganz sicher kann es nicht um eine Herrschaft des Matriarchats gehen oder um die Verabsolutierung weiblicher Werte. Vielmehr wissen wir, dass wir am jetzigen Punkt der Zeit nach einer neuen Einheit suchen, die jene alte Polarisierung überwindet. Es geht darum, dass das Weibliche erst einmal wieder in einer unverzerrten Form ins Leben fließt, in Frauen und in Männern, und so dem Leben wieder Nahrung und Freude zurückgibt. Darin haben die Frauen eine besondere Aufgabe, nämlich diese Kräfte wieder zugänglich und lebendig zu machen.

Kein Weg bietet absolute Sicherheit, doch es gibt Wege, die geschützt sind durch ein göttliches Licht, das sie begleitet. Ein Weg, die Kraft des Weiblichen wieder zu ergreifen, beginnt damit, dass wir uns einem Raum überlassen, der zum Weiblichen selbst gehört: Die Qualität der Leere und Empfänglichkeit.

Das äußerste Leersein erreiche,
die unerschütterliche Stille bewahre.
Die abertausend Wesen entfalten sich,
aber ich schaue, wie sie sich wieder zurückwenden.[10]

Um den leeren Raum innerlich zu betreten, lassen wir zu, dass es still wird. Wir geben die Erlaubnis, dass alles, was den Raum füllt, weggenommen wird, dass er leerer und leerer wird. Erst wenn der Lärm verebbt, erlangen wir die Fähigkeit zu hören.

Es ist wie eine Meditation. Wir überlassen uns völlig einem inneren Raum der Leere.

Unser Bedürfnis, Räume zu füllen, Vorstellungen zu entwickeln, Gedanken zu denken, Dinge zu tun und Handlungen zu vollbringen, stellen wir gänzlich zurück. Wir stimmen uns ein auf die Empfänglichkeit unserer Seele und unseres Körpers. Wir sind wie eine leere Schale, die darauf wartet, gefüllt zu werden.

Sich in diesen Zustand hineinzubegeben, ist gleichbedeutend mit einer inneren Haltung. Mit dieser Haltung werden wir nicht nur feinfühlig, sondern auch fein-hörig. Die Stille und Leere schult unser inneres Gehör, formt die Ohren, mit denen das Herz lauscht.

Wenn es uns gelingt, den Raum leer zu halten, dann werden wir auch die feinsten und leisesten Töne hören. Wir erlauschen, wie jene Kräfte mit uns in Kontakt treten wollen, wo und wie sie gebraucht werden; und wir werden der Weisheit des Weiblichen zuhören können.

Von hier aus, von dem Ort einer tief in uns empfangenen Saat, können wir dann auch die Dynamik des Wachsens und Werdens zulassen. Die Kräfte können sprießen und in den Himmel wachsen und so dem ganzen Leben dienen. Dieser Weg ist Frauen vertraut, denn es ist der Weg, wie Frauen Leben in die Welt bringen. Frauen stellen nicht das Leben her, sie empfangen es in der Leere ihres Schoßes.

10 Lao Tse, Tao Te King, Nr. 16, a. a. O., Interlaken 1994.

Auch die Weisheit des Weiblichen empfangen wir in der Leere und Tiefe unseres Seins.

Orte der Kraft

In der leeren Tiefe des Seins herrscht Friede. Wir alle haben die Möglichkeit, diesen Zustand aufzusuchen, denn alles Geschaffene kommt letztlich aus dieser Leere. Wenn wir für Momente zulassen, dass es einfach still wird in uns, wenn wir auf unsere unablässigen Gedanken verzichten und den Augenblick geschehen lassen, so erleben wir diese Stille des einfachen Seins. Hier gibt es keinen Konflikt. Es gibt kein Wollen und Wünschen. Es ist, was ist. Hier schaffen wir nicht und hier erzeugen wir nicht. Wir nehmen vielmehr wahr, was da ist, was gegeben wird. In dieser Stille, in diesem Lauschen können wir empfangen.

Indem wir das Gegebene aufnehmen und in unser Leben fließen lassen, ihm einen Ausdruck geben in der jeweiligen Lebenssituation und mit seiner Hilfe auf die Bedürfnisse des Augenblicks reagieren, inkarnieren wir die Fähigkeiten und Kräfte, die uns geschenkt werden. Dabei suchen wir unwillkürlich die Orte auf, an denen sie zur Verfügung stehen. Wir können sie innere Kraftorte nennen, da sie ohne unser eigenes Zutun mit einer besonderen Energie aufgeladen sind, vergleichbar mit geographischen Kraftplätzen, die für gewisse Zeitalter einfach zur Verfügung stehen und der Menschheit Orientierung in ihrer Beziehung zum Göttlichen und dem sie umgebenden Kosmos geben.

Die weiblichen Orte der Kraft sind mehr oder minder in Vergessenheit geraten, und wir werden hier eine kleine Landkarte zeichnen, die uns wieder zu ihnen hinführen kann.

Ein bedeutsamer Ort der Kraft des Weiblichen ist seine Verbindung zur Erde. Frauen haben eine ihnen einzigartige und nahe Verbindung zur Erde, und zwar nicht nur als Körper, der uns nährt und unser physisches Überleben sichert, sondern auch als ein lebendiges Wesen, das wie wir alle aus Licht gemacht ist.

Die Erde besteht aus Sternenstaub, und wer – abgesehen von den einschlägigen Fachwissenschaftlern – denkt bei Sternenstaub an die Verbindung chemischer Elemente?

Gleichzeitig ist die Erde, ist ihr Sternenstaub, in all ihren Formen der Stoff, aus dem wir Menschen gemacht sind. Ob wir es wollen oder nicht, ob wir es uns bewusst machen oder nicht, wir sind in einem beständigen Austausch mit dieser Erde, solange wir hier leben. Wir sind gleichzeitig in einem beständigen Austausch untereinander, denn es ist *ein* Stoff – jener Sternenstaub, der durch uns alle hindurchwandert, sich verändert in Werden und Vergehen, seine Metamorphosen durchläuft und immer wieder neu für Leben sorgt, ein Leben für die Erde und ein Leben für uns.

Manche Kulturen betrachten die Erde als unsere Mutter. Diese Haltung achtet und erkennt ihre nährende Fürsorglichkeit an. Doch es gibt noch eine andere Dimension, in der sie mehr ist als das, in der sie nicht ein Gegenüber in einer Art definierten Beziehung ist, sondern ein untrennbarer Teil von uns, so wie wir ein untrennbarer Teil von ihr sind, solange wir in einem physischen Körper hier verweilen. Wir teilen in gewisser Weise alles mit ihr: Die großen kosmischen Veränderungen und deren Dynamik ebenso wie die Trägheit der Materie, ihre Langsamkeit der Umwandlungen und Veränderungen. Wir teilen das Licht der Sonne und den Glanz des Mondes und der Sterne, die Nahrung, die von ihr kommt und wieder zu ihr zurückfließt, die inneren und äußeren Erschütterungen, das Heulen des Windes und den Duft der Frühlingsblumen. Wir teilen mit ihr das Verlangen nach der beständigen Anwesenheit Gottes, das tiefe Bedürfnis aller Wesen in der Schöpfung Ihn anzubeten. Wir teilen das einzige und alleinige Licht.

Wir alle zusammen sind abhängig von göttlicher Liebe, und ohne sie würde die Erde, würden wir, würde die ganze Welt einfach verschwinden. Wir alle zusammen sind Sein Traum, den Er träumte, als Er nicht mehr allein bleiben, als Er sich spiegeln wollte.

Es ist Sein alleiniger Traum, und es ist nicht eine gewaltige Anzahl von Einzelträumen. Doch wir Menschen setzen diesem einen Traum, in dem wir wie in einem großen Garten alle mit allem in Beziehung sein und interagieren dürfen, jene Vielzahl von aggressiven, gierigen Einzelträumen entgegen, die sich dann in ein hoffnungsloses Kriegsgewirr zwischen unvereinbaren Gegensätzen untereinander verheddern. Die

Weisheit der Erde und das Wissen um unsere Gemeinsamkeiten haben wir dabei vergessen.

Da die Frauen diesen Ort der Kraft nicht mehr aufgesucht haben, da sie ihn haben verwahrlosen lassen und allmählich völlig vergaßen, verlor er mehr und mehr an Bedeutung für die Menschheit.

Was nun bedeutet es konkret, wenn Frauen zu diesem Ort der Kraft, zu ihrer Verbindung mit der Erde, zurückkehren? Frauen werden, wenn sie ihr inneres Ohr an die Erde legen, wieder erlauschen können, was sie uns zu sagen hat. Sie können wieder beginnen, ihr Leben mit dem in Einklang zu bringen, was unsere Gemeinsamkeit mit der Erde ist, was wir voneinander und füreinander brauchen. Sie können der Erde ihre Würde wieder zurückgeben.

Wenn Frauen sich an diesem Ort aufhalten, dann *wissen* sie um die Würde und die Heiligkeit der Erde. Sie müssen nicht studieren oder etwas lernen, um sich diesem Wissen anzunähern. Sie haben direkten Zugang dazu. Dieses Wissen und eine entsprechende Haltung dazu können direkt in das jeweilige Leben einfließen und sich dort auswirken.

Dann gehen wir auf eine selbstverständliche Weise anders mit der Nahrung um, die wir zu uns nehmen und die wir für andere bereiten. Dann auch nehmen wir unwillkürlich nur so viel zu uns, wie wir benötigen. Wir nehmen das Licht in ihr wahr und in der Erde, die sie uns zur Verfügung stellt. Wir beginnen, in einem anderen Bewusstsein mit unseren Füßen über die Erde zu laufen. Wir teilen unsere innere Aufmerksamkeit mit ihr. Wir können sie befragen bei unserer Arbeit im Garten: Ist es stimmig, diesen Busch zu beschneiden oder jenen Baum zu fällen? Wo sind die Plätze, die wir in Ruhe lassen sollten, und wo dürfen wir eingreifen. Diese Wahrnehmung, die in einem ganz kleinen Lebensraum beginnt, kann sich ausbreiten und auf immer größere Räume übergreifen.

Die gelebte Verbindung zur Erde schließt einen vertrauten Umgang mit der Natur ein – mit der Natur in ihrer physischen Ausprägung ebenso wie die Natur als essenzielle Eigenschaft, die allen Lebewesen innewohnt. Wir erfühlen, was die Natur einer bestimmten Pflanze, was die Natur eines bestimmten Tieres ist. Wir wissen tief in unserem Inneren, dass das Leben fließt, wenn alles seiner Natur nach *sein* kann. Wenn wir also die essenzielle Natur eines lebendigen Wesens erahnen und achten, so werden wir uns selbst so weit zurücknehmen, dass wir ihm nicht etwas aufdrücken, das ihm nicht entspricht.

Niemals würde man, wollte man sich an dem munteren Leben eines Fisches erfreuen, den Fisch aus dem Wasser nehmen und auf die Erde legen. Wir wissen, dass die Natur des Fisches untrennbar mit der Natur des Wassers verbunden ist. Es ist seine Natur, im Wasser zu schwimmen, und zu keiner Zeit würden wir ihm beibringen wollen, über einen Waldboden zu kriechen. Was in diesem Beispiel so einleuchtend und nahezu banal klingt, ist keineswegs mehr eine Selbstverständlichkeit in unserem Umgang mit der Erde und ihren Geschöpfen.

Wenn wir von jenem Kraftort aus eine Beziehung zur Erde leben, haben wir Kontakt zu allen Geschöpfen dieser Welt, zu den Pflanzen und Tieren, zu den Menschen, zum Wasser und zum Wind. Nicht dass wir mit allen im Einzelnen kommunizieren müssten, doch wenn es notwendig wird, beispielsweise bei einem kranken Tier oder einer kümmerlichen Pflanze, so können wir diesen Kontakt direkt nutzen.

Wie Frauen für ihre Kinder sorgen können und wissen, wie sie sie zu nähren haben, so können sie dem Leben in jeder Form, in der es ihnen begegnet, eine gewisse Nahrung geben. Das bedeutet nicht, dass dies an ihrer eigenen Substanz zehrt, dass Frauen sich selbst, ihre Lebenskraft aufopfern sollten. Dies wäre eine fehlgeleitete weibliche Fürsorge, die so oft dann zur Wirkung kommt, wenn Frauen nicht den Zugang zu jenen Kraftquellen haben; denn deren Substanz können sie durch sich selbst fließen lassen, ohne selbst auszubluten. Nicht nur das, was die Geschöpfe brauchen, was wir ihnen geben können, sondern auch, was wir *von ihnen* brauchen, können wir dann erspüren und anerkennen.

Auf diese Weise beginnen wir auch, das Geflecht der gegenseitigen Beziehungen in der Schöpfung wahrzunehmen. Das Wissen um die Bezogenheit und Verwobenheit allen Lebens ist ein weiterer Ort weiblicher Kraft. Wie wir bereits im ersten Kapitel gesehen haben, hängen diese grundlegenden Fähigkeiten des Weiblichen zusammen, sie durchdringen sich gegenseitig und können letztendlich gar nicht isoliert betrachtet werden.

Es gibt ein verzweigtes Netz von weiblichen Möglichkeiten, Qualitäten und Fähigkeiten, von Wissen und Kenntnissen, das wie ein Adergeflecht den Kreislauf des Lebens durchzieht.

Verlassen wir die versprengten und einsamen Inseln der Isolation und schwingen uns wieder ein auf dieses Netz von Beziehungen, so kann das Weibliche wieder heilen, da es sich in der Ganzheit des Lebens wiederfindet.

Das Wissen um das Licht in der Erde hängt eng zusammen mit dem Wissen um das Licht in unserem Körper. So wie wir die Heiligkeit der Erde ahnen und wiederentdecken können, so ist es uns auch möglich, wieder der Heiligkeit unseres Körpers gewahr zu werden. Wenn Himmel und Erde in unserem Bewusstsein zusammenkommen, so werden wir auch das Körperliche und das Geistige in uns selbst wieder vereinen können.

Wenn Frauen kraft ihres weiblichen Bewusstseins ein Gewahrsein dafür entwickeln, dass die Erde nicht einfach tote Materie ist, beliebig manipulierbar und freigegeben zur Ausbeutung, so können sie auch wieder ein wertschätzendes Gefühl zu ihrem Körper entwickeln.

Ist sich eine Frau des Lichtes in ihrem physischen Leib bewusst, so reflektiert ihr Körper dieses Strahlen in die Welt. Sie gibt damit ihrem Körper die Würde zurück, die ihm gebührt, und die Welt wird nicht anders können, als dieses Strahlen wahrzunehmen. Das Licht in der Frau korrespondiert mit dem Licht in der Welt.

Dann erstrahlt eine Schönheit in der Frau, die völlig unabhängig ist von ihrem Alter, ihrem Make-up oder ihrer Herkunft. Schönheit ist ein Sinn der Schöpfung, und ohne sie wäre das Leben arm und fade.

Der physische Körper mit der in seinen Zellen wohnenden heiligen Substanz ist ein Ort der Kraft für Frauen. Über ihn finden sie Zugang zur Schöpfungskraft. So kann eine Frau nicht sich selbst, aber dafür die Göttinnen der Schönheit, der Liebe, der Fruchtbarkeit, der Anmut und Leidenschaft über die liebevolle Fürsorge für den eigenen Körper verehren. Diese physische Zuwendung ist etwas ganz Natürliches für Frauen und hat nichts zu tun mit dem übertriebenen Wellness- und Schönheitskult, der zu einem erheblichen Marktfaktor in unserer heutigen Welt geworden ist. Dieser modische Kult bedient eher die ökonomischen Interessen derer, die daran verdienen, als dass er Frauen zu einem natürlichen Kontakt mit ihrer eigenen Schönheit verhilft. Im Gegenteil, für viele Frauen füllen Schönheitsoperationen und andere Qualen, die zum Wohlfühlen beitragen sollen, letztendlich nur eine innere Leere und Ödnis, die aus der Entfremdung von der eigenen Natur erwächst.

Wenn Frauen sich dann dem Schönheitsdiktat unterwerfen, das ihnen die Industrie und die vermeintlichen Wünsche der Männer suggerieren, so negieren sie durch allerlei Manipulationen die vitalen Bedürfnisse ihres Körpers, der sich in seiner Schönheit und in seinem Licht immer weniger erfahren kann. Das Gefühl von der eigenen Hässlichkeit wird dann mehr und mehr zum Ausdruck ihres Getrennt-Seins von ihrer eigenen Natur und Kraft.

Eine Frau hat ihre Erfahrungen mit weiblicher Schönheit und Hässlichkeit, die eng zusammenhingen mit ihrem inneren Erwachen, so aufgeschrieben:

„Ich bin eine schöne Frau.
Und doch fühlte ich mich lange Zeit in meinem Leben hässlich. Fühlte mich hässlich und fand auch oft alle anderen Frauen nicht wirklich schön. Sie erschienen mir nur zu oft hässlich in ihrer übersteigerten Emotionalität und subjektiven Machtausübung.
Es gab Zeiten, wo sich dieses Gefühl verdrängen ließ, um dann in Zeiten, in denen es mir schlechter ging, wieder als höhnisch lachendes Monster unbarmherzig aufzutauchen.
Dieses Gefühl von Hässlichkeit packte ich dann – bei mir – ganz schnell auf meinen Makel; den, den wir alle irgendwo an unserem physischen Körper finden können.
Durch den Kontakt mit A. (spirituelle Arbeit) ließ sich dieses Gefühl zu einem bestimmten Zeitpunkt überhaupt nicht mehr verdrängen oder unterdrücken. Was gesehen werden wollte, kam an die nackte Oberfläche. Dann hatte ich diesen Traum, in dem mir knallhart gesagt wurdet: „Bah, bist du hässlich!“
Und ich stand nur dort und musste sagen: Ja, stimmt!!
Den Traum erzählte ich im Beisein von A. und anderen Frauen. Ich musste meine Hässlichkeit offen bezeugen. Nachdem ich ihn erzählt hatte, war dieses Gefühl von Hässlichkeit verschwunden. Es offenbarte sich, dass dieses verwundete Gefühl von Hässlichkeit sich hatte nähren lassen, aus einer Wut darüber, dass wir Frauen irgendwann einmal unsere Kraft und innere Schönheit abgegeben haben oder abgeben mussten.

Meine gefühlte Hässlichkeit war die tatsächliche innere, dunkle Hässlichkeit des Weiblichen, dem das Licht und die Schönheit des Weiblichen fehlte und das darüber unendlich wütend war.
Mir fehlte meine tiefste Verbindung zu mir selbst: Das einfache, wunderschöne Licht des Weiblichen, welches einfach nur ist, was es ist, ohne damit etwas für sich zu wollen.
„Einfach" nur durch den physischen Kontakt mit A., durch das gelebte Beispiel einer Frau, die diese innere Schönheit nach außen strahlen lässt, ohne etwas damit zu „machen", geschah dieser Prozess und die Heilung von negativer Hässlichkeit.
Seitdem darf ich mich an der Schönheit des Weiblichen in unserer Welt wieder erfreuen, kann sie überhaupt wieder sehen, staunen und bezeugen."

Diese Aufzeichnung einer Frau gibt uns auch ein Beispiel dafür, dass der „weibliche Spiegel" von enormer Wichtigkeit ist. Frauen können sich gegenseitig ihre Verbindung zum göttlichen Weiblichen reflektieren, und diese Spiegelung ist notwendig, um die Heiligkeit des Lebens wieder aus der Isolation zu befreien. So wie die Saite eines Instruments angeschlagen wird und ein Ton von woanders her eine Resonanz findet und mitschwingt, so können Frauen durch die gegenseitige Spiegelung ihrer Verbindung zum Weiblichen dabei mithelfen, jene Schnitte und Brüche in der Verbindung wieder zu heilen.

In nahezu allen Kulturen haben zu allen Zeiten Frauen ein Netz gebraucht, innerhalb dessen sie sich untereinander verbinden, austauschen und spiegeln konnten. Immer hat es sowohl religiöse als auch Alltags-Rituale gegeben, die den Frauen einen Raum für diesen Austausch gaben und in dem sie einen wichtigen Teil ihres Lebens verbrachten. In unserer westlichen Kultur gibt es diese natürlichen Räume nicht mehr, weder in einem spirituellen oder religiösen Zusammenhang noch in einem unmittelbaren Alltagszusammenhang, und schon gar nicht in der Verbindung von beidem.

Doch im Austausch, im physischen Miteinander, in der gegenseitigen Spiegelung beleben Frauen das organische Netz des Weiblichen, durch das seine Weisheit fließt und sich verfügbar macht. Wie Impulse in einem verzweigten Nervensystem kommuniziert das Licht des Weiblichen in diesem Netz. Frauen kommunizieren das Leben auf direkte Weise, ganz gleich ob sie sich über Kochrezepte, ihre Männer, Kinder oder philosophische Fragen des Lebens, über Künste, Musik und Literatur austauschen oder ob sie zusammen stricken oder schweigen.

Eigens eingerichtete rein weibliche Selbsterfahrungsgruppen oder feministische Zirkel bedienen dieses elementare weibliche Bedürfnis jedoch nicht, da sie nicht dem natürlichen Lebensfluss entspringen und noch dazu häufig angepasst sind an eine männlich dominierte Denk- und Herangehensweise. Außerdem sind sie häufig eher problemorientiert und nicht Teil der Lösung, die da heißt: Leben.

Die weiblichen Kraftorte dienen dem Leben, und das zeitweilige auch physische Zusammensein von Frauen, der gegenseitige Austausch, ist auch ein Ort der Kraft für das Weibliche.

Unter den sogenannten Naturvölkern stehen diese Räume den Frauen selbstverständlich zur Verfügung, und ohne sie könnte das Leben sich nicht entfalten. Dort helfen Frauen sich gegenseitig beim Gebären ihrer Kinder und halten gleichzeitig die Verbindung zur heiligen Quelle, aus der alles Leben strömt.

Selbst in den aufs Äußerste männlich beherrschten arabischen Ländern haben Frauen ihre Räume, in denen sie sich gemeinsam treffen und austauschen und an die göttliche Quelle erinnern können. Es gibt ein Lachen in diesen Räumen, das nirgendwo sonst erschallt, da es der tiefsten Freiheit des Weiblichen entspringt – selbst wenn die äußere Freiheit erheblich eingeschränkt wird.

Frauen können die Verbindung zum göttlich Weiblichen jedoch nicht nur sich gegenseitig, sondern auch den Männern spiegeln. Das Weibliche ist nicht nur in Frauen zu Hause, und auch wenn unsere Welt das Wiedererwachen des Weiblichen benötigt, so ist es wichtig, dass wir *alle* wieder von diesen Kräften berührt werden, sie wieder wertschätzen und zum Leben erwecken, in uns selbst, als Frauen und als Männer, und im Leben.

Es geht dabei nicht um eine „Verweiblichung" der Männer, vielmehr wäre es ja wünschenswert, wenn Männer auch wirkliche Männer blieben. Nur so können wir zu einer ganz neuen Verbindung von beidem finden, und nur so bleibt das Leben dynamisch in seiner erforderlichen Spannung. Das Weibliche, als heiliges Lebensprinzip in der Schöpfung, ist jedoch eine Quelle, aus der wir alle schöpfen, Frauen und Männer. Dies in unser Bewusstsein, in unser Leben, in diese unheile Welt zurückzuholen und wieder anzuerkennen, ist ein Weg für uns alle, für Frauen und Männer.

Wenn Frauen sich jedoch selbst in den dunklen Schleier der Verleugnung hüllen, so dringt kaum noch ein Lichtstrahl des Weiblichen in die Welt, so kann diese Note auch bei Männern nicht angeschlagen werden. Erst wenn Frauen es auch wagen, diesen Schleier vor Männern zu heben, das Licht zu enthüllen, gibt es einen Spiegel, in dem auch das Männliche das göttlich Weibliche wiederentdecken kann.

Diese Enthüllung kann nur in Liebe geschehen. Es gibt eine Sehnsucht tief im Weiblichen, zu einer neuen Liebesbegegnung mit dem Männlichen zu finden. Zu oft wird diese Sehnsucht von Frauen auf das männliche Begehren projiziert, zu wenig erkennen Frauen diese Sehnsucht in sich selbst an, die letztlich die Sehnsucht des Lebens ist, seinen göttlichen Ursprung wieder zu feiern.

Wenn Frauen ihre ureigene Verbindung zur Erde wieder fühlen, werden sie sich mitunter dieser Sehnsucht nach der Begegnung mit dem Männlichen bewusst, wie auch die Erfahrung einer Frau zeigt, die sie so in Worte fasste:

„Als ich auf einer Wiese, an einem See liegend, im Buch eines indianischen Weisen las, in dem er von unserem Umgang mit der Erde schrieb, fühlte ich eine tiefe unmittelbare Berührtheit, die ich gar nicht verstand, aber die mich, ohne dass ich es beabsichtigte, auf dem Bauch liegend die Erde umarmen ließ und solch ein inneres Weinen auslöste, das Schmerz und Glück gleichzeitig war. Ich hatte mich in dem Moment sehr verbunden mit der Erde gefühlt. Nach dieser Erfahrung lief ich wie trunken durch den Tag, lebendig und von solch einer Sehnsucht erfüllt, wie ich sie noch nie erlebt hatte. Ich wusste gar nicht, wohin mit mir, sehnte mich plötzlich unendlich nach der Begegnung mit einem Mann, dachte, ich müsste ihn sofort treffen …"

Der Kontakt mit der Erde bedeutet eine tiefe Berührung mit den instinktiven Kräften des Weiblichen. Über die Berührung mit ihrer instinktiven Natur hat diese Frau ihre Sehnsucht nach der Begegnung mit dem Männlichen wiedergefunden.

Weisheit, Liebe und Schöpfungskraft existieren als ein instinktives Wissen in der Frau. Die Fähigkeit, mit dem eigenen Licht dem Licht einer Seele in die Welt zu helfen, ist ein instinktives Wissen und nicht ein bewusstes Verstandeswissen, das sich nach einem gewissen kognitiv erfassten Plan richtet. Eine Frau kann niemals mit der Logik eines männlichen Verstandes die Geheimnisse dieses instinktiven Wissens enthüllen und erklären. Auch kein Mann wird dies jemals können, denn es handelt sich um ein Mysterium. Genau genommen *hat* eine Frau nicht dieses Wissen, sie *ist* dieses Wissen. Eine Abwertung jenes instinktiven Wissens – wie in unserer Welt geschehen – ist eine Abwertung der Frau selbst. Mit dieser Abwertung, die Frauen auch sich selbst gegenüber empfinden, werden gleichzeitig auch die weiblichen Qualitäten, die Teil der instinktiven Natur des Weiblichen sind, entwertet und verachtet. Eine dieser Qualitäten ist die Leidenschaft, die gerade in einem spirituellen Kontext gar keine Daseinsberechtigung mehr hat.

Doch auch Leidenschaft ist ein Ort der Kraft für Frauen. Sie ist ein Feuer, das unsere Liebe zur Schöpfung und zu ihrem Schöpfer, unsere Liebe zum Leben und die Liebe des Lebens für uns wieder entfacht. Leidenschaft lässt das Eis der Entfremdung und Isolation schmelzen und gibt dem Leben seine Farben zurück.

Wir bringen Leidenschaft in Gedanken und Bildern gern zusammen mit romantischer Liebe oder sexuellen Beziehungen, vor allem dann, wenn ein Gefühl oder Bedürfnis Besitz von uns ergriffen hat und wir dann wiederum einen anderen Menschen in Besitz nehmen wollen. Wirkliche Leidenschaft aber ist nicht eine zu heiß gewordene Emotion, die in die Sphäre der Begehrlichkeiten des Egos gehört, sondern eine Intensität des Seins, die aus der Liebe des Herzens geboren wird. Sie entspringt nicht aus Besessenheit, sondern aus Freiheit und ist ein vitaler Ausdruck des Lebens. Echte Leidenschaft zeigt sich da, wo wir unser Herzblut geben für das Leben oder für etwas, das wir lieben – ohne dass wir Bedingungen stellen oder einen eigennützigen Wunsch verfolgen. So kann die leidenschaftliche Liebe für einen anderen Menschen beispielsweise auch bedeuten, dass wir ihn, wenn sein Weg ihn an einen anderen Ort führt, nicht bis ans Ende der Welt verfolgen und zum Zurückkommen drängen, sondern ihn gehen lassen und auf ihn warten. Obwohl Warten eine eher passive Haltung ist, kann es sehr leidenschaftlich sein. Wenn ein Mensch seine ganze Liebe, sein Vertrauen und seine Zuversicht in das Warten gibt, so ist dieses Warten etwas sehr Dynamisches. Es ist wach und äußerst lebendig, weil die Bereitschaft darin liegt, alles hineinzugeben.

Auch die Künste können ein Ausdruck von wirklicher Leidenschaft sein. Eine Tänzerin, die ihre ganze Liebe, ihre Sehnsucht und ihr Gebet in einen Tanz gibt und sich selbst, einschließlich ihres Körpers, diesem Geschehen ganz überlässt, lebt nicht nur ihre Hingabe, sondern auch ihre Leidenschaft. Sie lässt alle Farben aufleuchten in der Intensität des Augenblicks und reißt uns als Zuschauer mit in dieses Wunder.

Zu den Farben des Lebens gehört das gesamte Spektrum von Leben, Tod und Wiedergeburt. Teil des instinktiven weiblichen Wissens ist auch die Akzeptanz der Dunkelheit, die Fähigkeit, mit ihr umzugehen und das Wissen darum, wie sie wieder ins Licht mündet. Frauen haben ein inneres Wissen um Tod und Geburt, das brachliegen mag und möglicherweise verdrängt wird, jedoch tief in ihnen verborgen liegt. Jede Frau, die voll bewusst ein Kind geboren hat, wird diese geheimnisvollen, zuweilen an äußerste Grenzen treibenden Dynamiken des Lebens erfahren haben. Obwohl es bei einer Geburt darum geht, neues Leben zur Welt zu bringen, berichten viele Frauen davon, wie nah sie sich unter der Geburt dem Tod fühlten. Beides gehört zusammen. Jede intensiv erlebte Geburt ist gleichzeitig die Erfahrung eines Todes. Etwas Altes geht, oft unter dramatischen Schmerzen, damit das Neue leben kann. Manchmal sind die Übergänge fließend, manchmal ist die Schwelle des Einen gleichzeitig der Beginn des Anderen.

Das weibliche Wissen hat ein Gespür für die Übergänge zwischen diesen Bereichen, ebenso wie es die Tore und Verbindungen zwischen den verschiedenen Welten kennt. Frauen können ein Gefühl dafür entwickeln, in welche Richtung das Leben zieht, so wie sie intuitiv spüren können, dass sie schwanger sind, Tage bevor ein Testergebnis oder das physiologische Zeichen des Ausbleibens der Menstruation ihnen dies anzeigen. Frauen haben, wie wir gesehen haben, auch eine direkte Verbindung zum Leben und zu dem, was es in seiner Ganzheit ausmacht. Sie haben diese außergewöhnliche Beziehung zur Erde, aus der sie beispielsweise erfahren können, was die Natur zur Heilung von Krankheit bereithält. Es gab Zeiten, in denen die Frauen wussten, welche Kräuter das Leben und welche den Tod bringen. In abgelegenen Gemeinschaften, die aus einer Zeit überlebt haben, in der man im Einklang mit der Natur lebte, ist dieses Wissen allen, Frauen *und* Männern, noch zugänglich, weil dort alle Menschen Zugang zu dieser weiblichen Kraft haben, die auf dem Wissen der Ganzheitlichkeit beruht.

Das Leben ist verletzlich, doch besitzt es in seinem Kern auch die Fähigkeit zu heilen. „Gegen alles ist ein Kraut gewachsen", auch wenn wir es nicht kennen mögen, das gilt für die äußere, sichtbare Ebene in der Natur genauso wie für die innere Ebene der Gefühle, der Gebete und der Zuwendung. Erstaunt stellen heute wissenschaftliche Forscher fest, dass Pflanzen in den Regenwäldern wachsen, die wesentlich besser und nebenwirkungsfreier Krankheiten heilen können als die von der Medizin künstlich erzeugten chemischen Verbindungen. In dieser unglaublichen Großzügigkeit der Natur werden immer neue Pflanzen entdeckt, obwohl der Mensch dabei ist, die Regenwälder gänzlich auszurotten und dabei täglich viele Arten aussterben. Die Natur überrascht uns, trotz unserer Ignoranz und unseres Vergessens, und erinnert uns selbst in diesen Zeiten der unbarmherzigen Gier und Selbstüberschätzung an die Heilungskräfte, die dem Leben innewohnen und eigentlich ganz selbstverständlich Teil seiner selbst sind. Sie warten darauf, dass wir mit ihnen zusammenarbeiten.

Aus diesem Wissen schöpft das Weibliche eine Kraft, die heilen kann. Doch dieser Ort der Kraft liegt in vielen Frauen brach, dämmert verwaist einem drohenden Vergessen entgegen. Frauen finden ihn wieder, wenn sie lauschen und innerlich still werden. In diesem Lauschen geht es nicht darum, eine großartige Leistung zu erwarten, etwas Außergewöhnliches oder Spektakuläres; denn dann ist der Raum nicht mehr leer, sondern von eigenen Erwartungen oder gar Leistungsdruck erfüllt. Frauen können lernen, in diese Fähigkeiten wieder hineinzuhören und damit diesen vergessenen Ort wieder zu bewohnen, indem sie im ganz normalen Alltagsgeschehen das Leben wahrnehmen, spüren und ihrer Intuition lauschen. Möglicherweise entdecken sie dabei, dass sie, ohne es zu wissen, in manchen Momenten diese Fähigkeit sogar nutzen. Wie eine Mutter beispielsweise mit einem kranken Kind spricht, wie sie lauschen muss, um zu fühlen, was ihm fehlt, wie sie es berühren und halten soll, dies alles weiß sie, ohne es zu wissen. Vielleicht nimmt sie nicht einmal wahr, dass sie auf diese Weise heilt. Sie holt das Wissen unmittelbar aus jener Schatzkammer ihrer Heilkräfte, die ihr in die instinktiven Kräfte gelegt werden und zur Verfügung stehen, sobald die mütterliche Beziehung geboren ist.

Entdecken wir in uns selbst die Existenz dieser Heilungskräfte, nicht als außergewöhnliche Fähigkeit, sondern als einen natürlichen Teil des Lebens selbst, so können wir beginnen, sie anzuerkennen und zu würdigen. Wir lernen diesen Ort in uns dann kennen und erfahren mehr über unsere einzigartige individuelle Weise, damit umzugehen. Ein uns möglicherweise längst bekannter leichter Zugang zu Kindern, zu alten Menschen oder zu Kranken oder eine Leichtigkeit im Umgang mit Tieren oder Pflanzen kann darauf hinweisen, dass wir ein besonderes Gespür für die Heilungskräfte in diesen Lebewesen haben und damit ein Wissen, wie wir mit diesen Kräften zusammenarbeiten können. Heilung ist nicht nur jenes großartige Ereignis, das aufgrund außergewöhnlicher Fähigkeiten oder als ein Wunder eintritt. Heilung geschieht im Leben selbst, beständig und fortwährend in den kleinen Dingen des Alltags. So wie für gewöhnlich unser Körper die kleinen Wunden selbst heilt, solange wir ihn nicht daran hindern, so liegen die Selbstheilungskräfte überall im Kern des Lebens und warten auf unsere Zusammenarbeit. Manchmal bedarf es dafür mehr als nur des Verzichtes darauf, sie zu behindern. Bei den großen Verletzungen des Lebens ist unsere Einfühlung gefordert, unser Wissen um die Ganzheit und das Licht, das allem Leben innewohnt. Die Experten und Fachleute, die Mediziner, Heiler und Therapeuten, die Wissenschaftler und Techniker werden dadurch nicht überflüssig. Sie werden weiter benötigt, doch ihre Arbeit könnte von einem anderen Bewusstsein durchdrungen sein, wenn wir die Elemente wieder miteinander verbinden

Heilungskraft ist die von Gott gegebene Fähigkeit, das Leben zu heilen, und in jedem lebendigen Organismus wohnt diese Heilungskraft als ein Licht, das sich entfalten kann für die Selbstheilung dieses Organismus.

Wenn wir wieder lernen, mit diesem Licht der Heilung und Selbstheilung zusammenzuarbeiten statt uns gegen den Strom zu stellen, so können wir entscheidend zur Heilung des Weiblichen wie auch des Lebens selbst beitragen. Auch unsere Erde verfügt über Selbstheilungskräfte, die wir im menschlichen Wahn, alles hinge von uns ab und die Welt sei nur ein „Ding", bisher nicht zu erinnern imstande waren.

In der Weisheit des göttlichen Weiblichen, die uns allen zur Verfügung steht, wenn wir wieder lernen, zuzuhören und zu lauschen, liegt das Wissen verborgen, wie wir helfen können, dass unsere Erde, dass das gesamte Leben wieder heilt.

Unter den inneren Stätten der Kraft, welche die Frauen wieder aufsuchen können, wenn sie zulassen, dass die Verletzungen des Weiblichen heilen, sind es die Heilungskräfte, die das innerste Zentrum aller Orte bilden, zu denen uns die göttliche Gnade in dieser Zeit wieder die Tore öffnet.

Wie die Frauen auf dem Weg der Heilung des Weiblichen auch ihren Beitrag zur Heilung der Erde leisten können und wie wir alle, Frauen und Männer, das Weibliche in der Welt wieder atmen lassen können, werden wir uns im folgenden *Kreis* ansehen.

Doch zunächst gibt es die Möglichkeit, durch eine innere Betrachtung eine eigene Erfahrung mit der Heilung des Weiblichen zu machen.

Übung

Annehmen und Loslassen

Auch diese Übung arbeitet im Wesentlichen mit der Fokussierung unserer inneren Aufmerksamkeit. Sie kann uns durch die eigene Erfahrung Wege zeigen, wie wir uns den weiblichen Verletzungen nähern, sie im Herzen annehmen und sie dem Licht der Transformation überlassen können.

Setzen oder legen Sie sich an einen ruhigen Ort, an dem Sie für zwanzig bis dreißig Minuten ungestört bleiben können, und wo Sie es warm und bequem haben.

Entspannen Sie Ihren Körper und Ihre Gedanken und seien Sie für eine kleine Weile mit Ihrer Aufmerksamkeit ganz bei Ihrem Atem. Schauen Sie einfach zu, wie der Atem in Sie einströmt und wieder ausströmt. Erlauben Sie ihm, ganz ruhig und natürlich zu werden.

Dann spüren Sie in Ihr Herz, in jenen inneren Ort, der den Kern Ihres Seins beheimatet. Erinnern Sie sich, dass dies der Ort in uns ist, von wo aus wir auf tiefe Weise zu lieben fähig sind, wo wir bedingungslos geliebt werden und von göttlicher Liebe umfangen sind.

Lassen Sie zu, dass der Atem Ihr Herz erreicht und das Herz in Ihrem Inneren sich mehr und mehr weitet. Bleiben Sie für einen Moment in dieser Wahrnehmung.

Nun gehen Sie dazu über, in Ihr Leben zu schauen. Blicken Sie nach innen und fragen Sie sich, wo Sie stärkere Gefühle der Verletztheit gespeichert haben.

Schauen Sie, ob es Schmerzen in Ihrem Inneren gibt, die mit der Verletzung des Weiblichen – in Ihnen selbst, in anderen oder in der Erde – zu tun haben. Vielleicht ist ein Schmerz nur undeutlich fühlbar, und stattdessen sind da Emotionen wie Ärger, Wut oder Scham. Was immer sich in diesem Moment zeigt, schauen Sie darauf vom Ort Ihres Herzens aus. Bewerten Sie es nicht, beobachten Sie es einfach, wie jemand der wahrnimmt und mitfühlt. Wenn sich ein – vielleicht bekanntes – Muster des Leidens zeigt, das Sie in seinen Sog nehmen will, lassen Sie es einfach vorbeiziehen, ohne ihm Aufmerksamkeit zu geben, und bleiben im Herzen.

Schenken Sie stattdessen dem Gefühl oder dem Schmerz selbst Ihre Aufmerksamkeit. Er möchte gesehen, möchte anerkannt werden. Von einem Ort aus, wo Liebe ist und nicht Groll, wo Licht ist und nicht die Dunkelheit des Vergessens und der Trennung. An einem Ort, wo alles eins ist, muss dieses Gefühl nicht mehr abgespalten werden.

Schauen Sie, ob das Gefühl sich wandelt. Vielleicht kommt ein gewisses Licht herein, wird es heller. Vielleicht wird etwas weicher und fließender.

Nehmen Sie die ganze Erfahrung in Ihr Herz, nehmen Sie sie ganz zu sich und lassen Sie zu, dass sie sich in der Tiefe Ihres Herzens auflöst.

Während die Erfahrung in Ihrem Herzen versinkt, lassen Sie die Empfindungen, Wahrnehmungen und Gedanken der letzten Minuten ganz gehen. Sie haben sich vielleicht etwas angeschaut, wovon Sie vorher nichts ahnten oder das schon lange darauf gewartet hat, gesehen zu werden. Jetzt können Sie es freigeben und gehen lassen. Indem Sie diese Erfahrung in Ihr Herz schließen, nehmen Sie sie an und übergeben sie an etwas Größeres.

Folgen Sie für ein paar Atemzüge noch einmal ganz aufmerksam Ihrem Atem. Spüren Sie einfach nur, wie der Atem Ihren Körper, Ihr ganzes Sein durchströmt.

Jetzt schauen Sie noch einmal in sich hinein. Was ist jetzt noch da? Was können Sie spüren? Vielleicht können Sie eine Sehnsucht in Ihrem Herzen wahrnehmen, eine echte Sehnsucht, die Sie fühlen lässt, was wesentlich, was wirklich wichtig für Sie ist.

Erinnern Sie sich an die Kraft des Lebens. Schauen Sie, ob Sie eine Kraft in Ihrem Inneren spüren, die sich leben und mit der Welt verbinden will. Mit der Aufmerksamkeit bei dieser Kraft kommen Sie zurück in Ihr Alltagsbewusstsein.

Geben Sie sich einen Moment Zeit, um die Erfahrung dieser Übung, wie auch immer sie sich gestaltet hat, zu achten und bewusst in Ihr Leben einzufügen.

Der 3. Kreis

Die Heilung der Welt und der Beitrag des Weiblichen

Die Welt ist ein heiliges Gefäß
Und nicht etwas, woran man handelt.
Wer handelt, scheitert dabei.
Wer festhält, verliert´s.

Tao Te King

Von der Heilung der Welt zu sprechen, mag uns ungewohnt erscheinen. Manch einer will zwar die Welt verbessern oder ändern, doch die Sichtweise, in deren Perspektive sie heilen könnte, ist uns eher fremd. Diese Idee würde voraussetzen, dass wir unserer Welt eine potenzielle Ganzheit zutrauen, zu der sie in einem Heilungsprozess zurückfinden kann, ohne von uns aus daran zu basteln und zu schustern und ihr unsere eigenen Vorstellungen aufzupfropfen. Mehr noch, bei sogenannter „realistischer" Betrachtung der Welt klingt Heilung zu großartig, zu vermessen oder einfach zu naiv in unseren Ohren. Wir assoziieren bei Heilung Hoffnung und Harmonie und vielleicht auch etwas Überirdisches, doch die meisten von uns haben lange aufgehört, zu hoffen oder an Harmonie zu glauben. Solche Regungen vertragen sich nicht mit einer materialistischen und rein am Verstand orientierten Weltanschauung. Eine heile Welt – das ist lächerlich für den aufgeklärten westlichen Menschen. Es ist vielmehr etwas für Kinder, Träumer oder Idioten. In der Tat ist es naiv zu glauben, dass unsere Welt ohne Schatten und ohne Reibung sein könnte. Dann wäre auch keine Entwicklung mehr möglich. Wir würden im Stillstand einfrieren, und überdies wäre das ziemlich langweilig. Doch es stellt sich die Frage, ob es bei all den Verletzungen in der Welt ein Potenzial der Heilung gibt, das die Ganzheit wiederherstellen kann – eine Ganzheit, in der das Leben pulsiert und das ursprüngliche Licht der Schöpfung aufstrahlt. Bisher haben wir keinen Blick dafür, obwohl uns der Ernst der Lage mehr und mehr bewusst wird. Die Wahrnehmung der gegenwärtigen Welt als Ort voller Gegebenheiten und Ereignisse, die nicht in Ordnung, die krank, problematisch und schwierig sind, ist uns inzwischen geläufig. Die Idee hingegen, dass diese Welt auch ein Potenzial der Heilung in sich trägt, scheint Lichtjahre entfernt von unserer Sicht auf diese zerrissene Wirklichkeit.

Wir sehen unsere Welt nicht heil, also ganz; wir sehen sie aufgeteilt und zerbrochen in ihre abertausend Probleme und Bedrohungen. Doch wir vergessen dabei, dass der Zustand, in dem wir sie sehen, identisch ist mit der Art und Weise, *wie* wir sie betrachten. Wir sehen das, was unsere eigene Wahrnehmungsweise vorgibt: Wir sehen Bruchstücke.

Wir sehen nicht das Licht, das die Welt als ein Ganzes durchdringt und hinter all der sichtbaren Zersplitterung die Möglichkeiten in sich birgt, sie wieder in eine neue Harmonie zu führen. Wir schauen auch nicht mit Hilfe dieses Lichtes und nicht von dem Ort aus, an dem dieses Licht in uns selbst existiert. Wir nehmen vielmehr *Dinge* wahr, und dies auf eine Weise, die trennt, seziert und analysiert. Ein umfassender Sinn kann sich so nicht erschließen, und entsprechend düster erscheinen uns die Möglichkeiten für diese Welt.

Unabhängig davon, wie diese Wahrnehmung auf uns wirkt und wie wir darauf reagieren, ob mit Gleichgültigkeit, Unzufriedenheit oder Resignation, mit Empörung oder Tatendrang, wir schauen entweder weg oder wir schauen ins vergleichsweise Dunkle. Wir nehmen das Licht nicht wahr.

Freilich gibt es viel Dunkelheit, und sehr offensichtlich ist unsere Welt in einer brüchigen und desolaten Lage. Unsere Erde, dieser kostbare Planet, ist durch die Gier und das Machtstreben des Menschen in einen erbärmlichen, leidvollen und verletzten Zustand versetzt worden. Trotz aller Schnelligkeit des technischen Fortschritts und trotz seiner vielfältigen Errungenschaften hetzt der Mensch nun atemlos hinter all den ständig neu auftauchenden Problemen her, die er zu lösen versucht und die ihn letztlich doch hilflos zurücklassen. Die Folgen von Materialismus und egoistischer Ausbeutung kommen nun unübersehbar zum Tragen und scheinen sich stetig zu vervielfältigen und endlose Kettenreaktionen auszulösen. Wir erleben eine Häufung an Naturkatastrophen, die über ein gewohntes Maß hinauszugehen scheinen und gewaltige zestörerische Auswirkungen zeitigen. Die Ressourcen für sauberes Wasser und Nahrung schwinden auf bedrohliche Weise, und selbst der satte, wohlhabende Mensch aus der westlichen Welt kann sich nicht mehr ruhig zurücklehnen, weil er womöglich darauf vertrauen kann, dass diese Knappheit erst einmal nur die Ärmeren dieser Welt bedroht. Nein, sie bedroht auch ihn schon jetzt, denn sie läuft Gefahr, zu Verteilungskämpfen und Kriegen zu führen. Wir leben inzwischen alltäglich mit den Schlagwörtern der globalen Klimakrise sowie neuerdings mit dem der globalen Ernährungskrise. Die Essenz des Lebens, das Gut, das tatsächlich unersetzbar und unverzichtbar ist, um Leben zu erhalten, ist in einer ungeahnten Weise bedroht: Das Wasser, Symbol des Lebens schlechthin, ist überall auf der Erde verschmutzt. Relativ reines Wasser wird vielerorts knapp.

Tatsächlich gibt es genug Wasser, auch genug Trinkwasser auf der Erde, doch der Mensch verschmutzt sein Trinkwasser inzwischen in einem solchen Maß, dass es den natürlichen Kreislauf nicht mehr durchlaufen kann, ohne am Ende verunreinigt, wenn nicht vergiftet und mit allerlei Chemikalien angereichert wieder zur Verfügung zu stehen. Das natürliche Gleichgewicht ist empfindlich gestört. Die globalen Probleme des Klimas, der Ernährung, der Wasser-Ressourcen sind nur wenige einzelne Elemente eines viel größeren Zusammenhangs, und es sind „nur" die ökologischen Aspekte, von denen wir hier sprechen. Diese aber hängen unmittelbar mit den Verschmutzungen auf der humanitären, der psychischen, der mentalen und der spirituellen Ebene unserer Welt zusammen.

Wir sind mit übersteigertem Materialismus und Fundamentalismus, mit Kriegen, Terrorismus und mit Flüchtlingselend konfrontiert, mit Menschenhandel und moderner Sklaverei in einem unglaublichen Ausmaß. Schaut man ein wenig hinter die Kulissen, so scheinen Profit und Geschäft die einzigen sinnstiftenden Faktoren für diese erkrankte Welt zu sein – sofern wir überhaupt noch über einen Sinn nachdenken. Wir haben vergessen, dass die Schöpfung, das Leben selbst, einen Sinn hat, der mit seinem Licht alles beseelt, was existiert.

Der Mensch zerstört aber nicht nur, er versucht auch zu reparieren, an all den einzelnen Bruchstücken, so wie er sie wahrnimmt. Doch es wird die Arbeit eines Sisyphos bleiben, wenn wir das *Ganze* nicht erkennen und achten, wenn wir das Licht nicht wahrnehmen, das alles eint, das Licht, das alles miteinander verknüpft und uns selbst mit dem Leben und der Natur verbindet. Genau dieses Licht aber hat die Macht zu heilen. Es birgt die Medizin für unsere Welt in sich. Nur wenn wir uns an dieses Licht erinnern, wenn wir den Sinn der Schöpfung wieder zurück ins Leben holen, haben wir eine Chance, dass die Welt heilen kann.

Genau dann können wir auch erkennen, dass nicht wir die Heiler sind, dass nicht wir diejenigen sind, die etwas bewirken.

Und doch – so paradox dies auch erscheinen mag – kann ohne uns keine Heilung geschehen. Es wird keine Heilung geben ohne unsere Mitwirkung, ohne dass wir bewusst wieder Verantwortung übernehmen für eine Welt, die Gott gehört und zu deren Hüter wir Menschen erwählt worden sind.

Wenden wir uns nun erneut einem Paradox zu: Auf eine gewisse Weise ist die Welt heil. Sie ist ganz. Alles ist gut so, wie es ist. Alle großen Meister, die sich von den illusionären Anhaftungen an diese Welt gelöst haben und die Wirklichkeit schauen, sagen dies: Alles ist so, wie es sein soll. Nicht nur die großen Meister, nicht einmal nur Leute, die meditieren, sondern zahlreiche Menschen machen in ihrem Leben einmal diese innere Erfahrung, in der sie die Ganzheit und Einheit des Lebens wahrnehmen. Häufig existiert diese Erfahrung nur für einen winzigen Moment und hält nicht lange an, in jenem Augenblick jedoch ist sie ganz und gar: Alles ist richtig und vollkommen und genau so, wie es sein soll. Dieser Blick öffnet sich uns, wenn wir nicht mehr mit dem Ego eine Welt der Dualität schauen, sondern von einer Bewusstseinsebene aus, die sich jenseits dieses verengten Blickfelds befindet. Für viele Menschen ist es das, was wir Glück nennen, ein Glück, das nur im Augenblick existieren kann. In solchen Augenblicken sind wir unserer gewöhnlichen Verstandes- und Ego-Wahrnehmung enthoben und befinden uns in dem schon früher erwähnten Zustand des Es-ist, wie-es-ist. Hier ist alles ganz und heil und gut so, wie es ist, und es braucht keine Verbesserung.

Wenn wir in dieser Weise auf die Welt schauen, dann sehen wir sie so, wie sie *wirklich* ist. Wir sehen ihre wahre Natur, ihre göttliche Natur. Wir sehen ihr ganzes Potenzial, wir sehen Gott selbst in ihr. Das Göttliche ist vollkommen. Es bedarf keiner Reparaturarbeiten seitens des Menschen.

Nichts, nicht die geringste Kleinigkeit muss geändert werden, denn es ist göttliche Einheit. Nichts fehlt.

Wie können wir mit diesem Widerspruch umgehen? Zum einen: Die Welt ist in einem erbärmlichen Zustand und ruft nach Heilung. Zum anderen: Die Welt ist heil und ganz und alles ist gut, wie es ist.

Dieses Paradox ist mit dem rationalen Verstand nicht zu begreifen, denn wir schauen gewissermaßen von zwei verschiedenen Bewusstseinsebenen aus, die beide auf ihre Weise wahr sind, jedoch nicht miteinander vermischt werden können. Wir können allerdings lernen, beide Ebenen in unserem Gewahrsein gleichzeitig zu halten.

Wenn wir die Welt als Ganzes sehen, in ihrer wahren Natur, so sehen wir sie unabhängig von Zeit und Raum, in einem ewigen Augenblick. Betrachten wir sie in der Brechung von Zeit und Raum, so sehen wir Ursache und Wirkung, Vergangenheit und Gegenwart, Schatten und Licht, Problem und Lösung. Wir schauen aus der Perspektive der Dualität und erblicken Dualität. Das eine ist der ewige Augenblick, das andere das Werden und Vergehen in stetigem Wandel.

Stellen wir uns vor, wir halten einen Apfelkern in der geöffneten Hand. Vermutlich ist er in unseren Augen nur ein kleiner brauner Apfelkern, der übrigblieb von jenem Apfel, den wir gerade gegessen haben, weiter nichts. Jetzt, in diesem Moment, ist es ein Kern, den wir in den Komposteimer werfen. Er stammt von dem Apfel, der bereits verspeist ist. Er ist nichts als ein Kern und bleibt ein Kern, wenn wir ihn entsorgen, und dann haben wir ihn bald vergessen.

Der Kern jedoch trägt das ganze Potenzial eines großen Apfelbaums in sich, voller duftender Apfelblüten oder reich an schmackhaften Früchten. Wenn wir uns in die Möglichkeiten vertiefen, die in diesem winzigen Samenkern stecken, so könnten wir Stunden damit verbringen, uns dies auszumalen. Wir könnten die grünen Blätter sehen und eine ausladende Krone, die sich gegen das Blau des Himmels abzeichnet. Wir würden vielleicht Kinder sehen, die in ihren Zweigen klettern und die Vögel, die ihre Nester darin bauen. Wir spürten den Wind, der durch ihre Blätter rauscht, und hörten die Bienen summen, die vom Duft der Blüten unwiderstehlich angezogen würden. Vielleicht sähen wir auch die Würmer, die sich durch das Fleisch der Äpfel fressen, und all die Insekten, die an des Baumes Rinde und in seinen Ästen Unterschlupf gefunden haben. Alles, was wir sähen, stellte immer nur einen einzigen Augenblick dar. Dieser jeweilige Moment existiert als Möglichkeit in jenem kleinen Kern, den wir soeben weggeworfen haben.

Wir sehen, schon diese beiden unterschiedlichen Wahrnehmungsebenen, die des Alltagsverstandes, der einen wenige Millimeter großen einfachen Kern, dessen Herkunft und seine unmittelbare Zukunft erfasst, wie auch unsere schöpferische Vorstellungskraft, die um das Potenzial weiß, das auch als Wirklichkeit in diesem Kern steckt, sind völlig verschieden und können doch gleichzeitig nebeneinander existieren.

Wir könnten sogar noch weitergehen und unzählige andere Wahrnehmungs- und letztlich Bewusstseinsebenen diesen Möglichkeiten der Realität eines Apfelkerns hinzufügen.

Wir können uns beispielsweise vergegenwärtigen, dass in diesem kleinen Apfelkern, der nur in Relation zu mir, dem Menschen, klein ist, und das auch nur, was seine Ausdehnung im Raum betrifft, auf eine gewisse Weise das ganze Universum enthalten ist. Und wer weiß, vielleicht ist unser Universum, das wir kennen, nur ein Apfelkern im Obstgarten Gottes …

Je weiter wir mit diesen Möglichkeiten spielen, desto mehr können wir erkennen, dass unsere gewohnte Wahrnehmungsweise der Welt, des Lebens und der Dinge nur eine einzige Spielart unter den verschiedenen Möglichkeiten ist, von denen aus wir sie betrachten können. Noch dazu ist es eine sehr begrenzte und isolierte Sichtweise.

Kehren wir zurück zu jenem Paradox, welches das Heilsein unserer Welt betrifft, so können wir sagen, dass aus der Sicht der Ewigkeit, aus der Perspektive des ewigen Augenblicks, die Welt heil und ganz ist; denn sie ist göttlich. Aus der Sicht von Zeit und Raum, aus der Perspektive unserer Existenz hier in der physischen Welt ist sie das nicht. Es geht ihr schlecht, sie ist in einem elenden Zustand, sie leidet unter der Abwesenheit des Göttlichen.

Unsere physische Welt von Zeit und Raum ist jedoch ein Ort, an dem das Göttliche sich spiegeln, an dem die ewige göttliche Wahrheit einen manifesten Ausdruck finden kann. Sie ist der Ort, an dem das Eine in seiner Vielfalt und seinem Schöpfungsreichtum erfahren werden kann. Dem Menschen ist in diesem Erfahrungsraum dank der Gabe seines Bewusstseins ein großer Spielraum und eine gewisse Freiheit gegeben worden. Innerhalb dieses Spielraums hat sich die Menschheit zusammen mit ihrer Erde, die sie sich „untertan gemacht“ hat, gefährlich weit in die Nähe des Abgrunds bewegt. Sie hat den Weg des allmählichen Gottvergessens gewählt, um die Gaben und Möglichkeiten, die ihr verliehen worden sind, für sich selbst und im Sinne eines egoistischen Machtstrebens zu benutzen. Damit hat sie sich dem natürlichen Fluss des Lebens entfremdet und die Weisheit des Weiblichen verdrängt. Sie hat das tiefe menschliche Bedürfnis nach Verehrung des Göttlichen durch den Materialismus einer entheiligten Welt ersetzt.

Doch es gibt eine Chance. Statt den Blick in den Abgrund zu richten und zu resignieren, können wir aufhorchen und die Signale wahrnehmen, die uns eine Umkehr ermöglichen, einen grundlegenden Neubeginn.

Heilung ist möglich. Es ist weder naiv noch utopistisch, zu erkennen, dass die Heilung unserer Welt kein Problem, sondern eine reale Aussicht ist. Sie ist eine Gabe, die bereitsteht, jedoch von uns ergriffen werden muss. Wir können die Welt als Therapeut nicht heilen, doch wir können den Raum dafür bereiten, dass Heilung geschehen kann, und auf diese Weise daran mitwirken. Den Raum bereiten wir, indem wir aus unserer gewohnten Haltung heraustreten und uns wieder an das Licht der Heilung erinnern. Wie geschieht das?

Nun kommt unser Paradox zum Zuge: Wenn wir beide Wahrnehmungsebenen zusammen in unserem menschlichen Bewusstsein halten, nämlich einerseits die der göttlichen Ganzheit und andererseits die der Versehrtheit, die unsere Verantwortung auf den Plan ruft, so können wir uns überzeugen, dass alles, was gebrochen ist, im Licht einer anderen Bewusstseinsdimension heil ist und göttlich. Das Licht dieses Heilseins ist Teil der Welt auf *jeder* Ebene, auf der sie in Erscheinung tritt. Auch in unserer verletzten und ausgebeuteten Welt ist also das Licht der Heilung präsent; denn die Welt verliert ihren göttlichen Ursprung nicht, auch dann nicht, wenn der Mensch sie missbraucht hat. Sie kann niemals ihren göttlichen Ursprung verlieren, denn es gibt nichts, was nicht Gott ist.

Halten wir nun beide Ebenen in uns zusammen, so können wir die Wegweiser entdecken, die uns zeigen, wie wir der Heilung Raum geben können. Der Schlüssel zum Tor der Heilung wird uns in die Hand gelegt.

Was bedeutet dies nun konkret? Ergeben sich daraus Handlungsanweisungen? Sicherlich wird es ab einem gewissen Punkt auch heißen, dass wir erkennen können, was wir praktisch zu tun haben, auf welche Weise beispielsweise das Wasser auf unserer Erde wieder rein und die Luft wieder sauber werden kann. Doch wir dürfen nicht vergessen, dass die eigentliche Arbeit nicht im Tun, nicht in einem äußeren Aktivismus besteht. Wir können das Problem nicht auf derselben Ebene lösen, auf der es entstanden ist.

Wir müssen eine andere Dimension mit hineinnehmen. Ein zeitgenössischer Mystiker und spiritueller Lehrer hat gesagt: „Eine Welt, die nicht mit ihrer Seele verbunden ist, kann nicht heilen."[11]

In Abwandlung dessen können wir sagen: Eine Welt, die wieder mit ihrer Seele verbunden wird, kann heilen. Die Welt wird sich dann wieder mit ihrer Seele verbinden, wenn wir diese Erinnerung zurückrufen, wenn wir das Gottvergessen hinter uns lassen und uns lösen von unserer gewohnten Haltung, die geprägt ist von diesem Vergessen. Wenn wir also dem Leben wieder eine Chance geben, so zu fließen, wie es natürlicherweise fließt, und wenn wir den Selbstheilungskräften wieder Raum lassen, dann kann die Welt sich wieder mit ihrer Seele verbinden.

Wie könnte dies konkreter aussehen für unsere Erde als dem Ort, an dem sich unser Leben abspielt.

11 Llewellyn Vaughan-Lee, The Return of the Feminine and the World Soul, The Golden Sufi Center 2009, S. 5.

Die Heilung der Erde

Ein Psychologe und Forscher, der viele Jahre mit Menschen aus ursprünglichen Kulturen in Südostasien und im pazifischen Raum gearbeitet und dabei selbst einen tiefen inneren Wandlungsprozess durchlaufen hat, berichtete in seinen berührenden Erlebnissen von folgender Episode:[12]

„Ich erwähnte meine Verzweiflung über das, was wir verloren hatten (das alte Wissen über den Reichtum der Erde und die Möglichkeiten, damit zu heilen) einer Frau gegenüber, die man mir als eine begabte eingeborene Heilerin gezeigt hatte. So viel Wissen und Weisheit, sagte ich, ist durch unsere rohen und unaufhörlichen Anstrengungen, die eingeborenen Kulturen auszurotten, verlorengegangen.
Sie dachte für eine lange Weile darüber nach. Schließlich sagte sie: „Ja, ich weiß, was du meinst. Ja, auch wir pflegten Heiler zu haben und viel Wissen über Heilung und Kräuter. Das meiste davon ist weg.“
Sie machte wieder eine Pause, für wenigstens eine Minute, dann setzte sie sich aufrecht hin und schaute mir in die Augen, während ihre Stimme kraftvoller und zustimmender wurde: „Aber“, und sie streckte wie zur Betonung ihren Finger aus, „das ist nicht das Ganze. Siehst du, es hat immer Menschen gegeben, die wissen. Wenn wir es am meisten brauchen, wird sich jemand an jenes uralte Wissen erinnern.“
Sie setzte sich zurück und lächelte. „So, siehst du, Traditionen mögen verloren sein, aber die Informationen sind hier drinnen und hier drinnen“, sie zeigte auf ihren Kopf, dann auf ihr Herz, „und wenn wir es am allermeisten benötigen, dann wird es in unserem Inneren sein, damit wir es finden können.“

12 Robert Wolff, Original Wisdom, Rochester, Vermont 2001, S.6.

Sie bezog sich auf sich selbst, das wusste ich. Ihre Begabung zu heilen rührte nicht aus einer westlichen Ausbildung, noch kam sie aus einer Schulung in traditioneller Heilung. Sie kam von innen."

Das Wissen, das gebraucht wird, ist da. Es ist in der Welt. Es muss nicht erst entwickelt werden, noch sollten wir der Neigung nachgeben, zu glauben, dass es unmöglich sei, eine Welt, deren Lebensgewebe so weitgehend zerstört ist, wieder zu heilen. Dies ist der allerwichtigste, der unabdingbare und der allererste Schritt: Wie jene eingeborene Heilerin müssen wir uns wieder daran erinnern, dass die Welt göttlich ist, und damit ist auch das Wissen darüber, wie sie geheilt werden kann, in jenem göttlichen Licht präsent. Auch wenn dieses ganzheitliche Wissen aus der Welt verdrängt worden ist und mit ihm die Kulturen, die es lange bewahrt hatten, so gibt es doch scheinbar verborgene Orte, wo es wieder aufzufinden ist.

Man findet es nicht in Lehrbüchern, in Schulen und Universitäten und auch nicht in den Forschungslabors. Es ist aufbewahrt im Inneren, im Herzen des Menschen, und es kann dann gefunden werden, wenn es am meisten gebraucht wird.

Unsere Erde, als großer Organismus, besitzt wie jeder kleine lebendige Organismus auch enorme Selbstheilungskräfte, sicher in einem weit größeren Maß, als wir es erahnen. Doch es ist der Mensch, der sie darin unterstützen kann, zu heilen – ebenso wie er sie zu zerstören vermag. Es ist der Mensch, durch den der Welt eine gewisse Kraft gegeben wird, an diesem Prozess mitzuwirken.

Doch erst wenn der Mensch – also du und ich –, wenn wir uns wieder nach innen wenden und uns dieses inneren Lichtes bewusst werden, das uns mit dem Licht der Welt und dem göttlichen Ursprung verbindet, gelangen wir zu jenem Raum, der uns die Weisheit der Heilung für das Ganze wieder eröffnet.

Es geht nicht darum, dass wir auf die modernen Errungenschaften der Wissenschaften, ihrer Forschung und Anwendung, verzichten und uns wieder in einfachere Kulturen zurückziehen sollen. Vielmehr können wir den zündenden Funken aus jener inneren Weisheit in unsere Wissenschaft und Technik hineintragen und auf dieser Basis diese Werkzeuge benutzen, um unserer Welt in ihrem Heilungsprozess zu helfen. Technische Einfälle und wissenschaftliche Erkenntnisse sind Teil der Gaben, die wir erhalten, um sie der Welt zum Wohle des Ganzen zukommen zu lassen. Doch nutzen wir diese Werkzeuge ohne jenen zündenden Funken aus unserem Inneren, so werden ihre Wirkungen auf der Oberfläche bleiben oder gar weiter jenem Materialismus und jener Gier dienen, die unser Leben so sehr entheiligt haben.

Es sind nicht die wissenschaftlichen Erkenntnisse selbst, welche die unheilvollen Plagen in unserer Welt schaffen, vielmehr hängt alles davon ab, mit welcher Haltung wir die Wissenschaft nutzen. Ein buddhistischer Mönch und ehemaliger Naturwissenschaftler formuliert das so: „Und doch ist die Wissenschaft neutral. Sie hat keine eigenen Absichten. Was wir daraus machen, hängt ausschließlich von unserer Motivation ab, von der Richtung, die wir unserem Leben geben."[13] In ihrer Suche nach ständig neuen wissenschaftlichen Erkenntnissen und technischen Fortschritten, die nicht nur unser Leben erleichtern sollen, sondern aus den Verflechtungen von Wissenschaft, Macht und Wirtschaft resultieren, vergisst die Menschheit ihre Verantwortung[14], die sie im Umgang mit ihrer eigenen Entwicklung und deren Resultaten hat. Was dem Menschen gegeben wird, alles, was in seine Hände gelegt wird, ist mit Verantwortung für das Ganze verbunden.

Gnade

Der Mensch der gegenwärtigen westlichen Kultur glaubt eher an den Fortschritt und die Macht des Menschen in der Medizin und Technik als an den natürlichen Fluss des Lebens und an göttliche Gnade. Wir alle sind geprägt von der Anschauung, dass es notwendig ist, etwas erreichen zu müssen und die entsprechenden Erfolge abhängig sind von unserem eigenen Tun, unseren Anstrengungen und unserer Leistung.

Doch Heilung beruht immer und vor allem auf Gnade. Ihr innerstes Mysterium ist für uns nicht einsehbar und schon gar nicht kontrollierbar. Was wir jedoch wieder lernen können, ist, mit dem Licht der Gnade zusammenzuarbeiten.

---

13 Matthieu Ricard, früherer Molekularbiologe und heutiger buddhistischer Mönch, in: Quantum und Lotus, Goldmann, München 2008, S.408.

14 Vgl. derselbe, in Quantum und Lotus, S.21/22.

Dies setzt natürlich voraus, dass wir unser Bewusstsein für die Existenz der Gnade öffnen. Erst wenn wir uns in unserem eigenen Inneren wieder dafür empfänglich machen, dass das Geschenk der Gnade immer für uns bereitsteht, sind wir in der Lage, Gnade als eine eigene Wirklichkeit zu respektieren und dann auch mit ihr zusammenzuarbeiten.

Solange wir glauben, alles hänge von unserem eigenen Einsatz, unserem Tun, unseren Erfolgen oder Misserfolgen ab, sind wir einzig mit uns selbst beschäftigt, mit unserem Ego, das sich großartig oder winzig fühlt, nach Anerkennung oder Selbstbestätigung sucht und irgendwo immer in Sorge ist, zu versagen. Der Gegenstand unserer Aufmerksamkeit ist dann das Ich und nicht die Heilung, nicht das Wohlergehen und das Gleichgewicht des Ganzen. Mit einer solchen Herangehensweise an das „Heilen" lässt sich zwar persönliche Anerkennung erreichen für diejenigen, die den richtigen Dreh finden, und es lassen sich auch mitunter kurzfristige Einzelerfolge erzielen. Doch es handelt sich dann immer nur um scheinbare Heilung, die letztlich auf menschliche Manipulation zurückgeht. Ohne dass sie ein Licht enthält und ohne die organische Struktur eines Ganzen zu berücksichtigen, geschieht keine wirkliche Heilung, vielmehr werden in diesen Fällen die Ungleichgewichte nur verschoben.

Gnade ist das göttliche Geschenk, das unaufhörlich in die Welt fließt. Göttliche Gnade ergießt sich immerzu, auch wenn wir uns dessen nicht bewusst sind. Sichtbar wird sie, wenn wir selbst mit unserem Ich zurücktreten. Wenn wir uns an die Quelle erinnern, aus der sie strömt, so können wir ein Gewahrsein für die göttliche Gegenwart entwickeln, die der Gnade alle Türen öffnet.

Die Weisheit des Weiblichen kann dazu beitragen, dass wir unser Bewusstsein für Gnade wieder öffnen, denn das Weibliche kennt das Geheimnis des Empfangens und des Seins im Unterschied zum Tun und zum Streben.

In einer Kultur des „Sich-Beschaffens", die scheinbar ausschließlich von individueller Leistung, Macht, Geld oder Ellbogenkapazität abhängt, sind wir inzwischen weit entfernt von der Vorstellung, dass einfach etwas gegeben werden kann. Unsere Kinder im Westen wachsen größtenteils mit der Anschauung auf, dass nichts, was sie sich selbst nicht aneignen, ob immateriell oder materiell, ob durch individuelle Leistung und Erfolg oder durch das Ausnutzen gewisser Machtgesetze, ihnen jemals zugänglich sein wird. Es heißt, man bekommt nichts geschenkt, man muss es sich nehmen, notfalls erstreiten und sich anstrengen, sofern man zu den Privilegierten gehört, die den Zugang haben. Dabei haben wir den Sinn fürs Schenken und Beschenktwerden verloren. Geschenke rufen Argwohn hervor, denn wir kennen sie fast nur noch als Teil eines Handels, der Bedingungen mit einschließt.

Es gibt kaum noch einen Platz in unserem Inneren, von dem aus wir mit Unschuld und Arglosigkeit, mit Offenheit und Herzenswärme ein Geschenk empfangen und annehmen können. Dazu müssten wir selbst zur Seite treten, umso mehr, wenn es um das namenlose Geschenk der Gnade geht.

Wandlung im Inneren – Wandlung im Äußeren

Wie ist es möglich, dass wir selbst zur Seite treten? Dazu ist es notwendig, uns mit unserem Inneren zu beschäftigen, an uns selbst so zu arbeiten, damit unser Ich einen Weg findet, überhaupt zurücktreten zu können.

Damit Wandlung im Äußeren und im Ganzen geschehen kann, ist es wichtig, dass wir unsere eigene Wandlung zulassen. Wir *können* immer bei uns selbst beginnen; und wir *sollten* dort immer beginnen. Wollen wir etwas in unserer Umgebung verändern, ohne dass wir an unserer eigenen inneren Wandlung arbeiten, ohne zuzulassen, dass mit unserem persönlichen Ungleichgewicht gearbeitet wird, ohne uns in unserem Herzen an das Göttliche zu erinnern, das so unendlich viel größer ist als wir selbst, so werden wir nur die Ungleichgewichtigkeiten unseres eigenen Ichs mit entsprechenden Wünschen auf unsere Umgebung projizieren. Eine Wandlung könnte nicht geschehen, denn es gäbe schlicht keinen Raum für das Heilungslicht, für die Gnade, die letztendlich heilt.

Es gibt eine wunderbare Geschichte, die von Richard Wilhelm, dem Sinologen und Übersetzer taoistischer Texte, aus China überliefert wurde. Er war einmal zu Gast in einem abgelegenen chinesischen Dorf, das unter einer lang anhaltenden Dürre litt. Alle nur erdenklichen Gebete oder Opfer hatten nicht gefruchtet, so dass die Dorfbewohner in tiefster Verzweiflung einen weit entfernt wohnenden Regenmacher zu Hilfe baten. Der Regenmacher wollte, sobald er im Dorf eingetroffen war, außerhalb des Dorfes in einer Hütte wohnen und völlig in Ruhe gelassen werden. Man sah und hörte ihn nicht, bis nach drei Tagen der ersehnte Regen kam und sich ein Wolkenbruch über dem Dorf ergoss, in den sich sogar Schnee mischte, was für die Gegend und die Jahreszeit sehr ungewöhnlich war.

Von Wilhelm darauf angesprochen, dass er ja wirklich Regen machen könne, entgegnete der aus seinem Rückzug wieder aufgetauchte Regenmacher nur: „Natürlich nicht!" und erklärte auf weiteres Nachfragen hin: „Sehen Sie, ich komme aus einer Gegend, in der alles in Ordnung ist. Es regnet, wenn es regnen soll, und wenn es schön sein soll, dann ist es schön. Auch die Menschen sind und leben so, wie es sein soll. Hier war das anders. Alle waren vollkommen aus ihrem Tao, aus dem Gleichgewicht. Als ich ankam, wurde ich sofort davon angesteckt. Also musste ich mich völlig zurückziehen, um wieder ins Tao zu kommen. Als das geschehen war, regnete es natürlich auch."[15]

Die wirkliche Magie besteht also im Zulassen der natürlichen Harmonie. Durch dieses Zulassen erreichen wir, dass wir verwandelt werden und selbst wieder zurück in ein natürliches Gleichgewicht finden – und mit diesem Gleichgewicht können wir unsere gesamte Umgebung verändern!

„Leicht gesagt …", ist der häufig gehörte Einwand an einer solchen Stelle. Woher die Harmonie nehmen, wenn in mir alles auf den Kopf gestellt ist, wenn ich wütend bin darüber, dass ich schlecht behandelt wurde, wenn ich mich ängstige, wenn ich von Emotionen überwältigt bin oder mich den Belastungen des alltäglichen Leben nicht mehr gewachsen fühle?" Richtig, wir können diesen Zustand niemals gänzlich aus uns selbst heraus, allein aus eigener Kraft verändern. Erinnern wir uns an jenes Licht! Erinnern wir uns an die Gnade.

Das Erinnern ist das Wichtigste in diesem Moment; und die Bereitschaft, eine Wandlung zuzulassen, den eigenen Beitrag dazu zu leisten.

In kleinen alltäglichen Situationen haben viele Menschen schon erlebt, wie ein einziger Moment der Wandlung im Inneren die gesamte

15 Zit. nach S.Ingerman, Heilung für Mutter Erde, 2002, S.140, ursprüngl. Aus: Wilhelm, Richard, Secret of the Golden Flower.

Umgebung, die Stimmung in der Familie oder die Atmosphäre im Büro oder wo immer man sich mit anderen Menschen und Lebewesen aufhält, völlig verändern kann.

Ein Moment des Innehaltens und In-Sich-Gehens in aufrichtiger Absicht kann in Schwierigkeiten, wenn die Atmosphäre zwischen Menschen gespannt, aus dem Gleichgewicht geraten oder gar krankmachend ist, auf direktem Wege reinigend wirken, weil sie eine Energie zulässt, die im Inneren eines Menschen eine natürliche Harmonie erzeugt. Diese Energie ist es, die dabei hilft, einen Organismus wieder so ins Fließen zu bringen, dass ein natürliches Gleichgewicht wiederhergestellt wird. Wenn dies nun im Inneren eines einzelnen Menschen geschieht, so hat es unumstößlich auch Auswirkungen auf die Umgebung.

Im Laufe der letzten Jahrzehnte sind mir viele Frauen begegnet, deren innere Reise und Wandlung aus einer Krise heraus begonnen hatte. Sehr häufig kam es vor, dass sie zuerst über ihre schwierigen Beziehungen in ihrer Partnerschaft klagten. Schon während wir darüber sprachen, war zu bemerken, dass sich etwas in ihrem Inneren zu wandeln begann. Was aber viele von ihnen so sehr verblüffte, war die Tatsache, dass, wenn sie sich wirklich aufrichtig dem eigenen inneren Ungleichgewicht gestellt hatten, der Partner zu Hause ihnen bereits mit einer seinerseits veränderten Haltung entgegenkam. Weil sie eine Wandlung in sich selbst zugelassen hatten, konnte sich auch in ihrer Umgebung etwas wandeln, und dies, ohne dass die jeweiligen Menschen von den Bemühungen der Partnerin etwas wussten oder daran beteiligt waren.

Manchmal liegen die Dinge natürlich nicht ganz so einfach, und menschliche Beziehungen sind sehr komplexe Systeme. Hinzu kommt, dass Gemeinschaften wie Ehe und Partnerschaft oder auch die Familie in unserer gegenwärtigen westlichen Welt große Unsicherheiten erleben, sowohl hinsichtlich ihrer inneren Orientierung als auch ihrer Möglichkeiten, Bestand zu haben und harmonisch zu funktionieren.

Doch ist das zugrunde liegende Prinzip auch in komplexen Systemen einfach: Wie innen, so außen. Wirkliche Heilung des Systems in seiner Ganzheit funktioniert nach diesem Prinzip. Dies gilt für ganz kleine Systeme wie auch für größere. Es gilt für die ganze Gemeinschaft der Menschen auf diesem Planeten wie für einen einzelnen Staat, für ein

Dorf in China wie für einen Industriebetrieb irgendwo in Europa. Auch ganz nah an unserem Alltag, in Familienzusammenhängen, können wir die Wirksamkeit dieses Grundsatzes erfahren.

Die meisten unter uns können sicher ein Lied davon singen, wie sich in Familien nicht selten eine gewisse Dynamik entwickelt, die bei aller Liebe mitunter eher zum Davonlaufen ist, als dass sie zum Verweilen einladen würde. Solange es sich um ein vorübergehendes Auf und Ab der Stimmungen im Zusammenleben handelt, ist dies sicher kein großes Problem. Doch wenn man nicht achtsam ist, so können sich aus vorübergehenden Störungen der Atmosphäre Ungleichgewichte entwickeln, die ungesund sind und die gesamte Umgebung als krankmachend empfinden lassen. Sorgen allerdings einer oder gar mehrere Menschen in der Familie dafür, rechtzeitig an der jeweils eigenen inneren Wandlung zu arbeiten, so wird sich dies unweigerlich auch im ganzen Umfeld auswirken, und aufkommende Disharmonien haben es nicht so leicht, sich zu verfestigen.

Viele Male habe ich es selbst erlebt, wie Spannungen in der Familie sich leicht auflösen ließen, wenn ich statt mit meiner Aufmerksamkeit zu den Einzelkonflikten aller Beteiligten einfach in mein eigenes – nicht immer harmonisches und friedliches – Inneres ging, über meinen Schatten sprang und zuließ, dass sich in mir wieder ein Gleichgewicht formte. Ich erinnere mich beispielsweise an ein Erlebnis mit der Familie während einer langen gemeinsamen Autofahrt. Aus scheinbar unerfindlichem Grund war die Atmosphäre gereizt und angespannt, und, was derartige Situationen noch verdichtet, niemand konnte wirklich ausweichen. Die Kinder lagen im Streit miteinander, die Erwachsenen waren uneins, die Luft war dick und eine zähe Unzufriedenheit machte sich breit. Alle litten unter der Situation, aber niemand schien imstande, sie aufzulösen. Jeder noch so gut gemeinte Versuch, die Stimmung zu verbessern – jeder Vorschlag und jedes Wort – endete unvermeidlich im Gegenteil. Uns allen tat es leid, doch der Karren schien verfahren, und jede kleinste Aktivität, war sie auch von einer noch so guten Absicht getragen, die Situation zu verbessern, verschlimmerte sie nur. Wir waren wie gefangen in dieser dunklen Wolke, die sich im Inneren unseres Fahrzeugs gebildet hatte.

Als die Situation schier unerträglich wurde, gab ich einfach auf und verzichtete darauf, weiter den Versuch zu unternehmen, im Äußeren die Lage zu verändern. Glücklicherweise kam ich auf die Idee, mich stattdessen für eine Weile nach innen zurückzuziehen. Wir entfernten uns ein Stück von der Autobahn und hielten an, um eine Pause zu machen. Unter einen Baum fand ich ein ruhiges Plätzchen, ließ es still werden in mir und spürte zu meinem Atem hin. Ich schaute den Gräsern zu, wie sie sich im Wind wiegten, und spürte gleichzeitig, wie wenig gelassen und friedlich es in meinem Inneren zuging. Mir wurde bewusst, dass ich sehr erschöpft war von den Anstrengungen der vorangegangenen Tage und völlig vergessen hatte, mir etwas Ruhe zu gönnen. Ich war unbewusst schon davon ausgegangen, dass mir ein solcher Raum auch in den folgenden Tagen nicht zur Verfügung stehen würde. In der Vorwegnahme dieses Mangels war ich bereits unzufrieden und enttäuscht und im Grunde, während ich eifrigst bemüht war, es allen anderen recht zu machen, doch nur mit dem beschäftigt gewesen, was mir selbst fehlte oder fehlen könnte. Schlagartig wurde mir klar, dass sich meine unbewusste Unzufriedenheit längst auf die anderen ausgewirkt hatte und ich zu einem nicht unerheblichen Teil zu der unerfreulichen Situation beigetragen hatte. Ich saß einfach da und schaute mir das an und spürte gleichzeitig, wie sich der Schatten über meinem Herzen bereits aufzulösen begann. Mein Blick fiel wieder auf die wogenden Gräser in der Nachmittagssonne, und ich staunte über die Leichtigkeit, in der sie sich dem Wind hingaben und sich in jede Richtung beugen ließen. Ich sehnte mich danach, so frei und leicht zu sein wie diese Gräser im Wind und bat innerlich darum, wieder offen zu werden. Hinter den Mustern von Erwartung und Enttäuschung, von Angst und Unzufriedenheit war wieder zum Vorschein gekommen, was essenziell zu mir gehörte und was natürlich war.

Nach zehn Minuten in der Stille unter diesem Baum war ich bestens erholt, und ein inneres Gleichgewicht war wiederhergestellt. Zum einen, weil mir die Ruhe, die ich so dringend benötigt hatte, gegeben worden war, zum anderen weil ich in meinem Inneren ein wenig aufgeräumt und wieder Kontakt zu einem natürlichen Gleichgewicht gefunden hatte. Als wir wieder ins Auto stiegen, war die dunkle Wolke spurlos verschwunden. Es schien, als sei die ganze Familie ausgetauscht worden, und die Konflikte um die vermeintlich besten Plätze oder die richtige Fahrtroute hatten sich in Luft aufgelöst. Nicht allmählich und nicht durch Diskussionen oder Ermahnungen oder aktives Eingreifen, sondern von einem Moment zum anderen hatte sich die ganze Situation von innen her für alle Beteiligten regelrecht umgekrempelt. Der verbleibende Teil der Reise war lustig, und wir kamen ausgeruht, wohlbehalten und entspannt am Ziel an.

Allmählich lernte ich, diese Möglichkeit häufiger im Alltag zu nutzen. Wann immer es mir in schwierigen Situationen in den Sinn kam und wo es möglich war, zog ich mich räumlich zurück und meditierte, oder, wenn das nicht möglich war, spürte ich nach innen, beobachtete meinen Atem und schaute danach, wie es in meinem Inneren aussah – jenseits meiner ichbezogenen Bedürfnisse. Nicht immer funktionierte das so gut wie bei jener Autofahrt, doch regelmäßig stellte sich heraus, dass der Weg nach Innen die beste Voraussetzung bot, aus einer ruhigen, harmonischeren Ausgangssituation dem Chaos und der Disharmonie in der Außenwelt zu begegnen, ohne von seiner Dramatik mitgerissen zu werden.

Für Menschen, die bewusst mit der Beziehung zwischen innerem und äußerem Gleichgewicht arbeiten, ist die Wirkung immer wieder neu frappierend. Die Situation hellt sich auf, einzelne Konflikte nehmen an Hartnäckigkeit ab oder lösen sich gar auf, und es fließt wieder ein Licht durch den gesamten Organismus, das heilende Wirkung besitzt. Die Wandlung im Inneren bewirkt eine Wandlung im Äußeren.

Alle spirituellen Traditionen kennen und leben mit diesem universalen Grundsatz: Wie innen so außen, wie oben so unten, wie im Kleinen so im Großen. Auch die Naturwissenschaften haben diese Gesetzmäßigkeit in unserer physischen Welt erkannt. Doch bisher haben weder die tief wurzelnden geistigen noch die neueren naturwissenschaftlichen Schulen mit ihren Erkenntnissen die Menschheit dazu gebracht, nachhaltig und bewusst mit und nach diesem universalen Gesetz zu leben und zu wirken.

Für Heilung und Wandlung besitzt es jedoch eine große Bedeutung. Eine der Voraussetzungen, um an der Heilung der Welt mitwirken zu können, ist die Bereitschaft, in das eigene Innere zu schauen und auf diese Weise an einer Wandlung in unserem Inneren zu arbeiten. Auf ganz natürliche Weise kann dann die Wandlung im Äußeren in Gang kommen.

Das mag zunächst banal erscheinen oder wenig wirkungsvoll, doch vergegenwärtige man sich einmal die Möglichkeit, ein Politiker würde, bevor er in Verhandlungen mit den Regierenden anderer Nationen tritt, mit dieser Haltung an seine Arbeit herangehen!

Der Welt ist die Beziehung zum Göttlichen weitgehend verlorengegangen, und das ist ihre eigentliche Krankheit. Wenn wir uns die Beziehung zum Göttlichen in uns selbst, im eigenen Leben wieder wachrufen, wenn wir sie in unserem Inneren vertiefen, so besteht die Möglichkeit, dass sie auf natürliche Weise in der Welt wieder erwacht. Denn die innere Beziehung zum Göttlichen erweckt uns zu unserer wahren Natur, die immer mit sich selbst im Einklang steht.

Es funktioniert nicht, wenn wir uns von außen die Welt vornehmen und auf sie einwirken, indem wir versuchen, uns das, was in seinem Gleichgewicht gestört ist, zu unterwerfen. Wie jener „Regenmacher" in China, der als Schamane Zugang zu den inneren, geistigen Welten besaß und im Rückzug aus allen Aktivitäten und in innerer Einkehr dort für eine Wiederherstellung der Harmonie arbeitete, haben auch wir die Möglichkeit, zunächst von innen her für einer Wandlung zu beten und an ihr zu arbeiten. Das geschieht, wenn wir in uns selbst hineinsehen und auf unser inneres Gleichgewicht achten, statt den Versuch zu unternehmen, durch Manipulation an einem Gleichgewicht im Äußeren eine Veränderung zu bewirken.

Wie können wir auf dieses innere Gleichgewicht achten, wie wird es geschaffen? Unsere innere Welt ist kein Ort, wo wir agieren, sondern wo wir *sind*. Hier finden wir zu unserer wahren Natur, dem Licht des Göttlichen, das im Kern allen Lebens strahlt. Nur wenn wir bereit sind, die Grenzen unseres kleinen Ichs zu überwinden, das sich als isoliert betrachtet und endlos etwas haben will, können wir in Kontakt mit diesem Bewusst-*Sein* kommen. Dann erkennen wir, wonach wir uns wirklich sehnen und bekommen die Kraft, uns innerlich zu wandeln und unsere Blockaden und Ungleichgewichte hinter uns zu lassen. Erst wenn wir wirklich eine spirituelle Dimension in unser Leben lassen, die wir uns zudem auch nicht abgehoben oder rosarot ausmalen, sondern sie mit beiden Füßen auf der Erde stehend ergreifen, wenn wir bereit sind, einen Preis zu zahlen, ist diese Wandlung möglich. Ohne diese innere Wandlung bleiben unsere äußeren Bemühungen bestenfalls wirkungslos, wenn nicht obendrein Chaos stiftend. Der Preis, den wir zahlen, ist die Aufgabe einer alten Identität und Sicherheit, das Loslassen unserer Illusionen, die mit dem Ich und seinen Wünschen und Begehrlichkeiten zusammenhängen.

In der illusionistischen Sicht unseres Egos haben wir immer ein Gefühl des Mangels. Wir glauben, wir haben zu wenig Geld, zu wenig materielle Bequemlichkeit, zu wenig Liebe.

Irgendjemand anders hat immer mehr: Ein größeres Haus oder gar mehrere Häuser. Er bekommt mehr Anerkennung und Aufmerksamkeit, wird mehr geliebt, hat die besseren Freunde oder ist erfolgreicher in seinem Beruf. Aus diesem Gefühl des Mangels wachsen Neid, Gier, Unzufriedenheit und Skrupellosigkeit oder Angst, Depression und Krankheit. Sie alle sind Symptome eines tiefgreifenden Ungleichgewichts, das uns und unsere Welt krank macht.

Erst wenn wir innerlich aus diesem Kreislauf heraustreten und auf einer tieferen Ebene sehen können, dass wir eins sind mit allem und nirgendwo getrennt, dass unser natürlicher Zustand diese göttliche Einheit ist und das Leben weit über diese materielle Dimension hinausgeht, erst dann kann unser Inneres wieder in ein natürliches Gleichgewicht finden.

Für verschiedene Menschen freilich hat das Leben im Gewahrsein dieser göttlichen Einheit eine unterschiedliche Form, und nicht jeder fühlt sich angezogen zu einem bestimmten spirituellen Pfad oder einer religiösen Praxis. Für manche Menschen ist eine im gewissen Rahmen gelebte Spiritualität das Richtige und erleichtert ihren Weg oder gehört einfach zu ihnen; doch um eine spirituelle Dimension in unser Leben zu lassen und damit an der inneren und äußeren Wandlung zu arbeiten, ist keine festgelegte Form oder gar ein bestimmtes Glaubensbekenntnis notwendig. Im Wesentlichen geht es darum, wieder Kontakt zu finden zu unserer wahren Natur und zur Natur der Schöpfung und die tieferen Bedürfnisse unserer Seele wieder zu spüren. Wir sind so sehr gefangen in unserer materialistischen Weltanschauung, dass wir oft gar nicht mehr spüren, wenn unsere Seele Nahrung benötigt und zu verhungern droht. Es ist also wichtig, wieder zu unserer Seele hinzuspüren, die ein Strahl des Göttlichen ist, in jedem von uns, und das Licht in unserem Inneren wieder wahrzunehmen, das wir alle in uns tragen, ganz gleich wo und wie wir leben.

Für einige Menschen ist die Meditation ein guter Weg dahin, für andere einfach der Rückzug in die Natur, und für wiederum andere ein gemeinschaftliches Ritual, in dem man die Freude des Lebens teilt. Immer aber geht es darum, einen inneren Ort aufzusuchen, an dem wir ein reines Sein erfahren können, jenseits der Täuschungen des Egos, das uns in seiner engen Welt gefangenhält.

Von hier aus können wir dann unsere Haltung ändern, und nur mit der Änderung in unserer inneren Haltung kann sich die äußere Welt verwandeln. Solange wir nur eifrigst unseren Müll trennen und unsere

Dosen recyceln, mögen wir vielleicht ein gutes und ordentliches Gewissen haben, doch die Welt kann so nicht heilen, auch nicht allein auf ökologischer Basis. Wir müssen kein esoterisches Wissen oder eine außergewöhnliche Intuition bemühen, sondern lediglich unseren logischen Verstand, um einen Gedanken einmal konsequent zu Ende zu denken und diesen Zusammenhang zu verstehen: Wenn ich nicht aufhöre, gierig zu sein und weiter meinen Wohlstand ins Grenzenlose vermehren will, folglich auch nicht davon ablasse, alle Ressourcen dieser Erde rücksichtslos auszubeuten, so ist es völlig lächerlich und nicht mehr als eine Farce, wenn ich meinen Müll trenne.

Es ist nichts falsch daran, satt werden zu wollen, ein gewisses Wohlergehen zu wünschen und seine Kinder versorgt haben zu wollen. Auch die Menschen, die in den Tälern des Himalaya oder anderen entlegenen Regionen dieser Welt ein sehr einfaches Leben führen, wünschen sich dies. Doch sie beten zu ihren Göttern, wenn sie ihre Arbeit verrichten, und sie stehen in engem Kontakt mit der Erde, wenn sie säen und ernten. Weil sie verstehen, dass das Leben gibt und nimmt, in einem ständigen Werden und Vergehen, können sie ein solches Leben führen, das ihnen bei oft harter Arbeit wenig äußere Vergnügungen, jedoch einen inneren Frieden und Lebensfreude schenkt. Wir Menschen sind genetisch darauf programmiert, überleben zu wollen und unsere Kinder gut zu versorgen, damit unsere Art überleben kann. Es gehört zu unserer menschlichen und biologischen Natur, Sicherheit zu suchen und am Leben bleiben zu wollen.

Doch das Bestreben der Menschen, die im westlichen Wohlstand leben, und jener, die uns in anderen Regionen der Welt nachzueifern suchen, weil unsere Gedankenformen der materiellen Gier sie längst in ihren Sog gezogen haben, geht weit darüber hinaus. Wir besitzen schon lange viel mehr, als wir selbst zum guten Überleben verwenden können, und wir sind geradezu besessen von der weiteren Vermehrung – von noch mehr Geld, das wir nicht ausgeben können, noch mehr äußerem Vergnügen, das uns trostlos und leer zurücklässt, von einem noch längeren individuellen Leben, und manche sogar von Designer-Babies, die wir unseren Wünschen entsprechend genetisch gestalten.

Anlässlich der jüngsten Banken- und Finanzkrise fiel eine große Anzahl von Menschen aus allen Wolken, weil sie niemals für möglich gehalten hätten, was da geschehen ist. Doch die zugrunde liegende Haltung der Gier, des inflationären Konsums und des Materialismus war schon lange Zeit vorher alltäglich gewesen, es hatte nur niemand hingeschaut. Es handelt sich dabei nicht nur um die Haltung der Wirtschaftsbosse, der Börsenspekulanten und anderer, die an den Schaltstellen der Macht sitzen. Es ist eine Haltung, die generell vom menschlichen Bewusstsein Besitz ergriffen hat und die wir alle, ob im größeren Stil oder in kleinen Nuancen, irgendwo in unserem Inneren entdecken können. Jeder von uns besitzt eine Schwachstelle, wo trotz allen ethischen oder moralischen Bemühens diese Gier Fuß fassen und das Licht, das wir in der Schöpfung wahrnehmen, verdunkeln kann.

Ohne eine bewusste und fundamentale Änderung in unserer inneren Haltung zum Leben ist keine Wandlung in der äußeren Welt und keine Heilung unserer Erde möglich. Vielmehr fließt unsere innere Wandlung, innerhalb derer wir zu unserer eigentlichen Natur erwachen, mit der Wandlung in der ganzen Welt zusammen. Geschieht das eine, so kann auch das andere geschehen, beides ist untrennbar miteinander verbunden.

Wir müssen uns allerdings davor hüten, diese Gesetzmäßigkeiten in ein einfaches und isoliertes Ursache-Wirkung-Schema zu pressen. Gewiss lassen sich diese Zusammenhänge nicht auf eine einfache Handlungsanweisung reduzieren. Wenn etwa das Wasser eines Flusses radioaktiv verseucht ist, reicht es höchstwahrscheinlich nicht aus, dass wir uns an sein Ufer setzen, in unser Inneres schauen und meditieren. Jedenfalls wird mit großer Wahrscheinlichkeit nicht zwangsläufig das Wasser umgehend rein und dekontaminiert sein. Doch wo immer wir uns um das innere Licht kümmern und dies verbinden mit dem Licht in der Welt, mit unserem Erinnern daran, dass es Gnade und Heilung gibt, es verknüpfen mit unserer Fürsorge für die Schöpfung und unserer Verantwortung in dieser Welt, wird die innere Wandlung auch eine Wandlung in der Welt fördern. In den allermeisten Fällen werden wir niemals erfahren, wie und wo das geschieht. Das ist gut so, denn je weniger wir wissen, umso weniger können wir uns einmischen und dem Ganzen unsere isolierten und egozentrischen Vorstellungen aufdrücken.

Hinzu kommt, dass die Welt ein vielschichtiges organisches Gebilde ist. Nur wenn wir auch in unserer Vorstellung das ganze Gebilde, den Organismus in seiner Ganzheit, mit einbeziehen, kann sich Heilung potenziell so entfalten, wie sie ihrem natürlichen Verlauf nach fließen möchte – und das immer in einem vernetzten Organismus aus gegenseitigen Beziehungen. Niemals lässt sich ein einzelnes Teil heraustrennen und wandeln, ohne dass dies eine Auswirkung auf das Ganze hätte.

Da wir uns in diesem Buch besonders mit der Verletzung des Weiblichen befassen, in der Welt und in den Frauen, so wird hier ein Aspekt besonders wichtig, dass nämlich Frauen die Wandlung in ihrer verletzten Weiblichkeit zulassen. Nur so, und das ist von großer Bedeutung, kann sich in einer verletzten Welt, einer in ihrer Weiblichkeit verletzten Welt, eine Wandlung vollziehen. Die Verletzung geht auf die Missachtung des Lebens zurück, und das Leben ist gleichzeitig das Licht im Weiblichen, das Göttliche im Weiblichen.

Wir haben Stationen auf dem Weg angeschaut, wie die Heilung des Weiblichen in Frauen geschehen kann und wie Frauen selbst dazu beitragen können. Wenn Frauen diese Heilung zulassen – das wird in diesem Zusammenhang noch einmal sehr deutlich –, hat die Welt wirklich Chancen zu heilen.

Mit dem Beitrag der Frauen werden wir uns später noch näher beschäftigen.

Zunächst greifen wir die einzelnen Aspekte bei der Heilung des Weiblichen noch einmal auf und schauen, wie sie auf einer anderen Ebene auch für die Heilung unserer Erde von Bedeutung sind.

Die alte Erde gehen lassen, die neue begrüßen

Wie für die Frauen das Annehmen der Verwundung ein wichtiger Schritt auf dem Weg zur Heilung ist, so ist dieses Annehmen auch für unsere Erde von großer Bedeutung.

Die Erde ist tief verwundet, und das Leben selbst ist verletzt. Die Kraft des Bewusstseins, um diese Tatsache in der Tiefe seines Herzens anzunehmen, hat allein der Mensch.

Doch geht es nicht allein darum, die Fakten über den Zustand unserer Erde und des Lebens zu akzeptieren, sondern darüber hinaus uns in vollem Ausmaß einzugestehen, dass unsere menschliche Haltung und unsere Handlungen zu diesen erschütternden Verwundungen geführt haben.

Es ist der Mensch, der seine Fähigkeiten und die Macht, die ihm gegeben wurde, missbraucht und auf Kosten der Gesundheit unserer Erde ausgenutzt hat.

Kein Lebewesen außer dem Menschen hat die Möglichkeit, über das Stillen seines elementaren Hungers hinaus zu rauben, zu plündern und auszubeuten, und der Mensch muss sich eingestehen, dass die Gier ein wesentliches Motiv seines Raubzuges durch die Natur ist.

Damit der Materialismus und die Gier nach Macht, Geld und Besitz eine solche Fahrt aufnehmen konnten, musste der Mensch in sich selbst das Gefühl für das Heilige in allem, dem er begegnet, in der Natur, in der Materie, in unserer Erde, abtöten. Wie sonst hätten wir angesichts des Heiligen in der Schöpfung eine solche Grausamkeit und Rohheit entwickeln können?

Wir haben uns im Vorangegangenen damit beschäftigt, wie ein weibliches Wissen um das Heilige in allem, was ist, in der Welt verdrängt worden ist. Wir haben gesehen, wie sich diese Trennung von Gott, die von einer Trennung von Geist und Materie begleitet wurde, auf das Weibliche, auf den Menschen, in besonderer Weise auf die Frauen, und letztlich auf das Leben selbst ausgewirkt hat.

Die Verwundung, die Frauen erfahren haben, ist als eine Art Erinnerung in Frauen gespeichert, und die Verwundungen, welche die Erde erfahren hat, sind im Gedächtnis der Erde gespeichert. Dank ihrer besonderen Verbindung zur Erde haben Frauen Zugang zu diesem Gedächtnis der Erde. Frauen können den Schmerz der Erde fühlen, und einige Frauen können den Schrei der Erde hören. Nicht selten geschieht es, dass das Gefühl des Schmerzes über selbst erfahrene Verletzungen sich mischt mit dem empathisch empfundenen Schmerz der Erde.

Leider neigt diese Vermischung dazu, sich in eine undurchdringliche und zähe Masse zu verwandeln. Das eher unklare Leidensgefühl hat mehr die Tendenz, vor sich hinzugären, als dass es uns auf eine neue Stufe heben könnte. Ebenso wenig wie das Selbstmitleid, wie wir zuvor gesehen hatten, geeignet ist, zu wirklicher Heilung zu führen, da es Stagnation unterstützt und jede Dynamik einer Wandlung verhindert, so wenig führt auch die diffuse Vermischung von menschlich erfahrenem Leid und dem Mitleid für die verletzte Erde zu einer klaren Bewusstseinshaltung. Die jedoch ist für jede Heilung notwendig.

Zweifelsohne ist es unumgänglich, dass wir den Schmerz der Erde fühlen – und diese Aufgabe können für die ganze Menschheit in erster Linie die Frauen übernehmen, da sie es sind, die dazu fähig sind. Es ist unabdingbar wichtig, dass es Frauen in der Welt gibt, die den Schrei der Erde hören, den verzweifelten Schrei des Lebens selbst.

Ebenso wichtig ist aber auch, dass wir dieses Gefühl nicht festhalten. Jeder festgehaltene Schmerz und jede Anhaftung an das Leid führen zu Stagnation.

Was stagniert, ist lebensfeindlich; denn die elementare Eigenschaft des Lebens ist es, zu fließen. Unsere Erfahrungen kommen und gehen, unsere Gefühle tauchen auf und verrinnen wieder – wie der natürliche Kreislauf des Wassers. Nichts verschwindet wirklich, doch die Dinge werden umgewandelt, in einem ständigen Prozess, werden geboren und sterben wieder, sterben in eine Leere hinein, aus der wiederum eine neue Form geboren wird. Wenn wir uns in den Weg stellen, weil wir die Gefühle oder Erfahrungen festhalten wollen, so arbeiten wir im Widerstand zum Kreislauf des Lebens. Dieser Widerstand verbraucht unsere Energie und Kraft, und er nimmt dem Leben selbst Energie. In der Folge verarmt das Leben, verdorrt und verliert seine Dynamik – und Erneuerung kommt wesentlich langsamer in Gang.

Doch warum ist es so schwer, einen Schmerz wirklich anzufühlen, ohne ihn festzuhalten?

Ganz sicher ist eine Ursache, dass der wirklich angefühlte Schmerz, der nur Gegenwart zulässt, ganz im Moment ist und nicht festhält, uns schier unerträglich erscheint.

Es braucht Mut und eine Bereitschaft, gegen die menschliche Neigung, den Schmerz zu vermeiden, vorzugehen, um unverschleiert zu spüren, was die Realität ist.

Um es auszuhalten, um einen tiefen Schmerz wirklich anzufühlen, ohne ihn festzuhalten, bedarf es auch großer Kraft. Diese Kraft kann nur aus unserer tiefen Einsicht kommen, dass wir im Stande sind, an der Schöpfung mitzuwirken, dass wir Möglichkeiten haben, zu einer grundlegenden Veränderung beizutragen. Sie kommt aus dem ahnungsvollen Wissen, dass etwas Neues entsteht.

Genau dieses Wissen haben Frauen, wenn sie gebären. Das unglaubliche Wunder der Schöpfung, das stattfindet, wenn eine Frau ein Kind zur Welt bringt, gibt ihr letztlich die Kraft, die alle Grenzen überschreitenden Geburtsschmerzen auszuhalten. Diese schier unerträglichen Schmerzen sind vergessen, sobald das Kind geboren ist! Sie sind umgewandelt in grenzenlose Freude, die sich wie eine Blüte aus der Knospe der intensiven Geburtsarbeit entfaltet.

Das Bewusstsein, dass Heilung möglich ist und eine neue Erde entstehen kann, gibt uns die Kraft, den Schmerz der Erde wirklich zu fühlen und das ganze Ausmaß der Verwundung auszuhalten, die nicht nur physisch ist, sondern die Entheiligung und innere Schändung unseres Planeten und des Lebens mit einschließt. Dazu gehört auch anzunehmen, dass wir als Menschheit einem Irrweg gefolgt sind, der zu dieser lebensbedrohlichen wie unendlich traurigen Situation geführt hat.

Es ist wichtig, den Schmerz zu fühlen, doch führt es nirgendwohin, wenn wir an ihm festhalten oder uns im Gefühl des Leids verstricken, wenn wir in einem Sumpf von Jammern und Klagen, versetzt mit einer Portion Selbstmitleid, abtauchen.

Nur wenn wir aus einer Haltung der Liebe heraus, die mit dem Leben fließt, aufrichtig hinschauen, fühlen und gänzlich annehmen, wie es wirklich ist, können wir loslassen. Nur dann können wir uns dem neuen Leben zuwenden und das alte hinter uns lassen.

Manche Frauen haben mir davon berichtet, wie sie, konfrontiert mit Auswirkungen der Verletzung der Erde, in ihrem Inneren die Erde haben weinen hören. Solche erschütternden Berichte erzeugen, wenn sie in einem Kreis von Frauen vorgetragen werden, ein tiefes Mitgefühl für die Erde und verstärken die Einsicht, dass wir alle ein Teil von ihr sind. Die uralte Vertrautheit, das Gefühl unserer Verwandtschaft mit der Erde, blitzt in diesen Momenten in den Herzen auf und lässt Frauen eine Verbundenheit fühlen, die sie sonst selten wahrnehmen. Gleichzeitig jedoch ist in solchen Situationen häufig zu beobachten, dass der Schmerz, die Wunden und deren sichtbare Auswirkungen eine ungeheure Anziehungskraft auf die Aufmerksamkeit ausüben. Man starrt ins Dunkle. Man kann nicht aufhören zu beklagen, wie schrecklich es war – der Anblick einer nackten Ödnis nach der Rodung eines Waldes, einer Ansammlung von Plastikmüll in idyllischster Natur oder einer Betonwüste, wo ehemals Landschaften blühten und die Erde atmen konnte.

Eine solche Erfahrung machten wir einmal bei einem Seminar, als eine Frau sichtlich erschüttert von einem Erlebnis aus ihren Ferien berichtete. Später bat ich sie, das, was sie uns erzählt hatte, so wie es in jenem Moment in ihr präsent war, noch einmal aufzuschreiben:

„Wir wandern mit Freunden. Es ist eine alte Schlucht, ein ausgetrocknetes Flussbett, alte Steine, majestätische, große alte Bäume. Uraltes heiliges Gelände, ein großes Gebiet – es ist sehr heiß, und wir laufen nicht sehr weit.
Wir kommen an einen schönen Platz, es gibt Tische und Bänke aus Holz. Die Freunde, die dort leben, erzählen uns, dass die Einheimischen an den Sonn- und Feiertagen hierher kommen, meist mit dem Auto. Sie treffen sich im großen Familienverband, grillen, feiern, nur leider nehmen sie selten den Müll mit.
Ich verlasse den Tisch und gehe in der Landschaft spazieren. Ganz in der Nähe unseres Rastplatzes liegt eine verwesende Ziege. Diesmal nicht eine, die von allein eines normalen Todes gestorben ist, sondern eine, die abgeschlachtet und ausgenommen wurde, die nicht essbaren Überbleibsel einfach liegen gelassen. Bei vierzig Grad in der Sonne und ganz nahe an dem Platz, wo andere Menschen auch Rast machen. Zweihundert Meter weiter die nächste Ziege, diesmal als Skelett in den Baum gehängt. Der sechsjährige Sohn bekommt einen Schreck, als er das sieht. Ich kehre zu unserem Baum zurück, uralt, mit einem großen dicken Stamm, der teilweise hohl ist und trotzdem voll wunderschönen grünen Laubs. Der Hohlraum ist vollgestopft mit Plastikflaschen, bis an den Rand!
Ich bin wirklich entsetzt, könnte weinen, weil ich den Schmerz in meinem Herzen fühle und gleichzeitig im Baum. Die Summe dieser Eindrücke haut mich um. Ich spüre die Heiligkeit dieses Baumes, seine Geschichte und auch die Liebe, die ihn geschaffen hat. Ich kann wirklich nicht verstehen, wie ein Mensch seinen Plastikmüll in solch einen Baum werfen kann!
Meine Freunde sagten, wir könnten froh sein, dass die Leute den Müll nicht angezündet hätten, das würde auch ganz oft passieren. Wir waren alle sehr betroffen.
Zur gleichen Zeit gab es in der Gegend Waldbrände. Die Freunde sagten, dass die Brände meistens ausbrechen, wenn sich der Müll entzündete, und darüber hinaus legten die Bodenspekulanten gezielt Feuer, um die freie Fläche im nächsten Jahr kaufen zu können.

An diesem Tag trage ich den Schmerz noch lange in meinem Körper. Er ist tiefer als die Freude über den Urlaub, und es ist so, als betrifft er nicht nur die Natur, sondern mich selbst, auch, weil ich eine Frau bin und einfach fühle, was da geschieht.“

Die Dynamik in der Gruppe war deutlich spürbar in jenem Moment, als sie erzählte: Alle waren ergriffen, und die Frauen begannen, in einen Raum abzutauchen, in dem es sehr dunkel ist. Da war dieses Mitgefühl mit der Erde und auch das Gefühl der tiefen Verbundenheit unter den Frauen und mit der Erde und der Natur. Doch gleichzeitig schien die Flamme, die zuvor noch den Raum eines jeden Herzens erhellt hatte, wie in stickiger Luft langsam zu erlöschen.

In einem scheinbar unentrinnbaren Magnetismus zog das weibliche Leiden die Aufmerksamkeit aller an. Wenn man nicht wach ist in solchen Momenten, verliert man leicht die Wahrnehmung für das Licht. In jener Situation haben wir das Belastende verarbeitet, aber es kann geschehen, dass die Dynamik ihren Lauf nimmt: Man starrt weiter ins Dunkle, und die Gedanken wandern zu den Verursachern. Man beginnt in Gedanken, anzuklagen, zu verurteilen, zu polarisieren. Gibt man dem weiter nach, kommen Gefühle von Wut und Ohnmacht hoch – das ganze Programm. Es ist im Grunde nichts anderes als die gesamte Bandbreite der Reaktionsmuster, die wir uns bei der Verletzung des Weiblichen und den Reaktionsweisen von Frauen angesehen haben. Vielleicht sucht man in Gedanken nach Möglichkeiten, wie man etwas ändern könnte, wie man „dagegen“ arbeiten könnte. Doch diese Möglichkeiten sind immer auf das Alte, das Vergangene gerichtet. Sie schauen in die Dunkelheit und nicht ins Licht. Sie versuchen mit Mitteln, die letztlich demselben Geist der Vergangenheit entspringen, etwas zu retten oder zu reparieren. Und der Kreislauf geht weiter: Weil man irgendwo tief drinnen weiß, dass es so nicht funktionieren kann, stellt sich wieder das Gefühl der Verzweiflung, der Ohnmacht ein. Das Dunkel wird noch dunkler.

Deshalb ist es so wichtig loszulassen. Annehmen bedeutet nicht, im Leid zu versinken. Annehmen gibt uns eine Grundlage, auf der das Herz beteiligt sein kann. Das Herz hält das Bewusstsein der Einheit und des göttlichen Ursprungs allen Seins. Wir nehmen das Licht wahr.

Wir sehen die Dinge, so wie sie sind, und erlauben dabei, dass sie sich verändern können. Wir lassen gleichzeitig los. Es entsteht Raum, Raum für Licht.

Bei der Heilung des Weiblichen haben wir gesehen, dass das Annehmen und das Loslassen zusammengehören und wir durch das Loslassen die Möglichkeit zulassen, damit etwas Altes weggenommen und etwas Neues gegeben werden kann.

Erinnern wir uns immer wieder daran, dass nicht wir diejenigen sind, die heilen, dass wir vielmehr allenfalls Hebammen sein können bei der Geburt einer neuen Lebensart in dieser Welt. Indem wir loslassen statt uns einzumischen, geben wir Raum dafür, dass das Alte weggenommen werden kann. Indem wir unser Bewusstsein auf die Gnade und auf das Licht der Heilung richten, bereiten wir den Boden, damit etwas Neues gegeben werden kann.

Wenn wir loslassen, treten wir in die Verantwortung; denn dann entsteht ein neuer Raum, der noch leer ist und alle Möglichkeiten birgt. Wir sind dann nicht mehr mit Fragen der Schuldzuweisung und Verantwortlichkeit anderer Menschen beschäftigt. Wir haben keine Veranlassung mehr, zu resignieren oder die Lösung anderen zuzuschieben und uns selbst abzuwenden. Wir sind, wenn wir das Alte in Frieden gehen lassen, nicht mit der aussichtslosen Reparatur eines alten, nicht mehr lebbaren Modells beschäftigt, sondern mit den Vorbereitungen zu einer neuen Geburt.

Eine neue Beziehung zum Leben – Das Bewusstsein der Einheit

Wie bei der Heilung des Weiblichen, geht es bei der Heilung der Welt darum, dass wir zum einen uns wieder unserer Verantwortung für das Leben erinnern, zum zweiten unser Beitrag vor allem ein Beitrag durch die Kraft des Bewusstseins ist und zum dritten, dass wir mit Hilfe dieser Energie zurückkehren können an jene Orte der Kraftplätze, die aus dem weiblichen göttlichen Prinzip entspringen und für das Leben geöffnet werden.

Dabei sind die Heilung des Weiblichen und die Heilung der Welt nicht Prozesse, die parallel verlaufen, sondern beides ist identisch, gehört zusammen. Es kann keine Heilung der Welt geben, keine Heilung unserer Erde, ohne dass das Weibliche heilt; denn das Weibliche hält die Verbindung zum Leben und trägt das Wissen um das Heilige in sich, das der ganzen Schöpfung innewohnt.

Das Weibliche wiederum kann nur heilen, wenn wir, Frauen und Männer, eine neue Beziehung zum Leben zulassen. Dies ist ein grundlegender Schritt und nicht eine geringfügige Abwandlung oder Korrektur unserer Haltung. Es ist ein revolutionärer Neubeginn in der Art und Weise, wie wir uns auf diesem Planeten verhalten und mit dem Leben umgehen.

Das Bewusstsein, das nötig ist für diesen Neubeginn, wird der Menschheit bereits gegeben. Es ist das Bewusstsein von Einheit, der Einheit allen Seins, der Einheit mit dem Göttlichen. Dass dieses Bewusstsein nicht nur den spirituell Eingeweihten zur Verfügung stehen wird, sondern allen Menschen, ist deutlich erkennbar an so vielen Anzeichen, die wir nicht einmal deuten müssten, da sie offensichtlich sind.

Nehmen wir das Beispiel der Naturwissenschaften, die als Quelle der Erkenntnis dem materiell rationalen Menschen unserer Zeit seriöser erscheinen als die Erkenntnisse der mystischen Weisen, wenn auch der Antagonismus zwischen beiden ein künstlicher ist. Spätestens seit dem Auftauchen der Quantenphysik wissen wir, physikalisch bewiesen und unwiderlegt, dass unser Kosmos ein Ganzes ist, innerhalb dessen alles mit allem zusammenhängt, interagiert und voneinander abhängig ist. Nach den Erkenntnissen der Quantentheorie gibt es keine unabhängige Existenz einzelner Phänomene oder sogenannter Teilchen, vielmehr muss man alle einzelnen Phänomene als ein zusammenhängendes System betrachten. In Experimenten wurde nachgewiesen, dass jedes Teilchen sozusagen zu jedem Zeitpunkt weiß, was das andere macht. Jedes Teilchen existiert als eine Art „Wahrscheinlichkeitswelle“, die erst zu objektiver Realität wird, wenn der Mensch sie beobachtet und ihm mit seinem Geist eine definierte materielle Realität gibt.

Der menschliche Geist ist also auf eigene Weise mit diesem System verbunden – und alles ist eins. Ebenso hat man physikalisch erforscht und bewiesen, dass dieses System von wechselseitigen Beziehungen und seiner Einheit sowohl für den Mikrokosmos gilt als auch für den Makrokosmos, ja für unser gesamtes Universum.[16]

Obwohl nun ein großer Teil der modernen technischen Errungenschaften letztendlich auf den Erkenntnissen der Quantentheorie aufbaut, obwohl wir tagtäglich Geräte und Gebrauchsgegenstände benutzen, deren technischer Standard nicht ohne die Quantenphysik möglich wäre, haben wir diesen Wissensstand, den wir dank der Naturwissenschaft also längst erreicht haben, nicht in unsere Haltung dem Leben gegenüber, in unser wirkliches Bewusstsein integriert. Es ist, als wüssten wir längst, dass die Erde eine Kugel ist und würden uns weiterhin so verhalten, als sei sie eine Scheibe. Und wir würden diejenigen, die davon sprechen, dass sie eine Kugel ist, als esoterische, weltabgewandte Spinner belächeln. Oder wir würden die Erkenntnis, dass die Erde eine Kugel ist, als eine religiöse Phantasie bezeichnen, während wir gleichzeitig „round-the world-tickets“ buchten und in Flugzeugen die Erde umkreisten.

Dass der Menschheit also gewisse Kenntnisse, die von der wissenschaftlichen Seite her zu einem Bewusstsein der Einheit gehören, zur Verfügung gestellt werden, könnte durchaus ein Indiz dafür sein, dass die Menschheit reif ist für ein neues Bewusstsein der Einheit, dafür, dass sie sich dieses Bewusstsein nach langen Jahrhunderten der Trennung wieder auf ganz neue Weise zugänglich macht. Dem Menschen werden Zusammenhänge offengelegt, die in früheren Jahrhunderten nur über mystische Erfahrungen übermittelt wurden und daher insbesondere denjenigen vorbehalten waren, die einem spirituellen oder mystischen Weg folgten. Ein solches Wissen fand nicht den Weg in das Leben des Ganzen und jedes Einzelnen, wie Irina Tweedie, eine Mystikerin und Sufi-Lehrerin, es beschreibt:

„Die Erkenntnis, dass jede unserer Handlungen, jedes unserer Worte und jeder unserer Gedanken nicht nur unsere Umgebung beeinflusst,

16 Siehe das berühmte Experiment mit dem sogenannten Foucaultschen Pendel, das uns zeigt: „Dass es im Universum eine Art von Interaktion gibt, die wir mit den Mitteln der klassischen Physik nicht beschreiben können. Eine Interaktion, bei der keine Kräfte wirksam sind und es zu keinem Energieaustausch kommt, die aber das ganze Universum miteinander verbindet. Jeder Teil trägt in sich das Ganze, daher hängt das Ganze auch von jedem seiner Teile ab.“ Aus: Matthieu Ricard, Trinh Xuan Thuan: Quantum und Lotus, 2001 (2008), S.12.

sondern aus irgendeinem geheimnisvollen Grund einen integralen und bedeutsamen Teil des Universums bildet, der in dem Moment, wo wir handeln oder sprechen oder auch nur denken, wie zwangsläufig auf das Ganze einwirkt – ist eine überwältigende und erschütternde Erfahrung. Die ungeheure Verantwortung, die daraus erwächst, muss einem Angst machen. Wenn wir alle nur wüssten, dass die kleinste unserer Handlungen oder der winzigste unserer Gedanken solch weitreichende Folgen hat, Kräfte in Gang zu setzen, die vielleicht eine ganze Galaxie erschüttern können... Wenn wir das voll und ganz wissen, wenn diese Erkenntnis sich für immer in unser Herz und unseren Geist eingeprägt hat, wie vorsichtig werden wir dann handeln, sprechen und denken... Wie kostbar würde das Leben in seinem alle Teile umfassenden Einssein werden."[17]

Doch warum wenden wir nicht dieses Wissen, über das wir grundlegend verfügen, auf das *ganze* Leben an, auf unsere Haltung dem Leben, der Schöpfung und unseren Mitgeschöpfen gegenüber?

Zunächst ist es wichtig, hier zu unterscheiden zwischen Wissen und Bewusstsein. Das Bewusstsein, wie es hier gemeint ist, geht weit über ein kognitives Wissen, über all das Wissen, das zur Sphäre des Verstandes gehört und auch jenes, das zur Welt der Psyche und ihrer Erfahrungen gehört, hinaus. Doch trägt Bewusstsein eine Einfachheit in sich, die alle Kompliziertheit, alle geistigen Verrenkungen überwindet; denn das Bewusstsein hat seine Quelle im Herzen. Es ist Wissen, das in Liebe getaucht ist.

Gleichzeitig ist es ein Wissen, das identisch ist mit Sein, das aus der Liebe selbst geboren ist, aus einer überpersönlichen Liebe, die aus dem Absoluten in die Existenz fließt und uns alle erfasst, ob wir es merken oder nicht. Bewusstsein ist klar und lebt aus sich selbst heraus. Es beobachtet sich nicht selbst, sondern *ist*. Dies gilt für das individuelle Bewusstsein ebenso wie für das Bewusstsein der Menschheit als Ganzes.

So wie dem einzelnen Menschen auf seinem inneren Weg ein neuer Zustand des Bewusstseins gegeben werden kann, so dass er in einem Prozess des Erwachens mit ganz anderen Augen die Wahrheit erkennt, so verhält es sich auch mit dem Bewusstsein der ganzen Menschheit. Wir können entlang der Bewusstseinsentwicklung der Menschheit die historische Geschichte lesen. Wir können sehen, dass es allmähliche Veränderungen und auch sogenannte Bewusstseinssprünge gibt. Für eine weitere

---

17 Irina Tweedie, Der Weg durchs Feuer, Interlaken 1988, S. 1009f.

Beobachtung der Sprünge reicht unsere anerkannte Geschichtsschreibung in der Zeit, die sie umspannt, zwar nicht wirklich aus, doch immerhin ist die Annahme, dass wir gegenwärtig, also genau in der jetzigen Zeit, im Begriff sind, einen solchen Sprung zu machen, durchaus verbreitet.

Ob wir uns nun mit den Prophezeiungen der Hopis beschäftigen, den Lehren zeitgenössischer westlicher und östlicher Mystiker oder den Erkenntnissen der Philosophen und der Wissenschaftler unserer gegenwärtigen Zeit, immer wieder stoßen wir auf die Ausblicke in eine neue Welt des Bewusstseins. Dabei scheint es eher darum zu gehen, dass dieses Bewusstsein in der Dämmerung eines neuen Morgens auf uns wartet, als dass es einfach über uns kommt und sich dann wie von selbst lebt. Vielmehr hängt es vom Menschen ab, ob eine Welt, die im Bewusstsein der Einheit erwacht, auch ganz Wirklichkeit wird. Das Bewusstsein wird gegeben, und die Menschheit hat in gewisser Weise die Freiheit, es anzunehmen und ins Leben fließen zu lassen, so dass es unsere Welt erwecken kann, oder es zu missbrauchen und damit wieder in eine Zeit der Dunkelheit zurückzufallen.

Das Wissen über die Einheit allen Seins also, über das die Menschheit bereits verfügt, kann zwar beitragen zu einer neuen Beziehung zum Leben, doch wenn es nicht in Liebe getaucht ist, kann es genauso gut gegen das Leben benutzt werden. Erst wenn es sich wieder verbindet mit einem Bewusstsein, das einen innewohnenden Sinn im Leben und in der Schöpfung erkennt, wenn es den göttlichen Ursprung wieder wahrnimmt, kann es sich als ein Bewusstsein der Einheit in der Welt leben. Das wäre dann eine neue Chance für die Menschheit und für unsere Erde!

Wir haben gesehen, dass das tiefere Wissen um Schöpfung und Leben im Weiblichen zu Hause ist. Nur wenn wir es wieder aus den verschütteten und weit abgelegenen Plätzen, jenseits aller Wunden und Verletzungen, hervorholen, wenn wir wieder zulassen, dass das Weibliche heilt, kann die Erde heilen. Dieses tiefe weibliche Wissen ist erforderlich, damit jenes neue Bewusstsein in der Welt Fuß fassen und unser Leben grundlegend erneuern kann.

Die Heilung der Welt und die Heilung des Weiblichen gehören also zusammen. Auch wenn dies als Wiederholung hier auftaucht, kann es nicht oft genug betont werden. Es ist notwendig, dass wir wagen, in diese neue Richtung zu schauen, die uns bisher völlig unbekannt war.

Wenn wir das Weibliche wieder hervorholen und es seiner Natur entsprechend leben lassen, so kann es sich mit dem Männlichen auf neue Art vereinen. Durch diese Vereinigung kann, wie der Sufi-Lehrer Llewellyn Vaughan-Lee schreibt, ein neues Bewusstsein geboren werden, „eine neue Art, sich auf das Leben zu beziehen, die uns ein umfassenderes Verständnis unserer wahren Natur und Aufgabe ermöglicht. Dann kann die tiefere Bedeutung des Weiblichen sichtbar, der verborgene Sinn des Männlichen umgesetzt werden..[18]

---

18 Llewellyn Vaughan-Lee, Die Zeichen Gottes, The Golden Sufi Center 2001, S. 131 (eigene Übers.).

Der Beitrag des Weiblichen

Die Welt sehen in einem Körnchen Sand,
den Himmel in einem Blütenrund,
die Unendlichkeit halten in der Hand,
die Ewigkeit in einer Stund.

William Blake[19]

Wertschätzung des Weiblichen

Wir können die Zukunft nicht voraussehen, und wir können sie – zum Glück – nicht nach eigenem Ermessen erschaffen, doch wir können dabei mithelfen, dass die Grundlagen gelegt werden für eine Welt, die wir für unsere Kinder und Kindeskinder wünschen.

Wenn wir das Weibliche wieder wertzuschätzen beginnen, ihm wieder Aufmerksamkeit und Raum geben, so leisten wir, jede und jeder Einzelne von uns, einen unschätzbaren Beitrag zur Heilung der Welt.

Es ist eine sehr einfache Arbeit, und eigentlich ist der Begriff der Arbeit auch nicht richtig. Es könnte einfach Teil unseres Seins sein. Doch nennen wir es getrost Arbeit, denn dann wird uns klar, dass es eine Wirkung hat.

Bei dieser Arbeit verdienen wir kein Geld, und wir werden auch nicht berühmt. Niemand klopft uns anerkennend auf die Schulter, und es gibt auch keine Beförderung. Wir bereichern uns nicht persönlich an etwas, das einem anderen dann fehlen würde. Denken wir dabei an einen eigenen Vorteil, an etwas für uns selbst ganz allein, so funktioniert es nicht; denn mit einer solchen Motivation hätten wir es bereits abgespalten von

19 W. Koppenfels/M. Pfister, Englische und amerikanische Dichtung, München 2000, S. 219.

der Ganzheit. Es wäre dann nicht mehr echt und könnte nicht mehr im Netz der Ganzheit natürlich fließen.

Doch auch ohne etwas für uns selbst zu wollen, dürfen und können wir uns eine neue Welt wünschen und uns danach sehnen, dass die Menschheit wieder in einer beseelten Welt lebt, auf einer Erde, die singt.

Zunächst geht es um eine innere Haltung. Wir können einen inneren Raum dafür öffnen und diesen Raum halten. Alles, was in diese Welt der Existenz kommt, beginnt im Inneren, beginnt auf einer spirituellen oder geistigen Ebene, bevor es sich manifestiert.

Wie öffnen wir diesen inneren Raum? Wir wissen, dass ein Zimmer, das mit Möbeln gefüllt ist, keinen Platz mehr bietet, etwas hineinzustellen. Es ist auch nicht leicht möglich, etwas zu verändern. Doch nicht nur das: Sollte in diesen Raum Lebendigkeit einziehen, – etwa weil wir uns darin bewegen, darin tanzen oder weil Kinder darin spielen wollen, so müssen wir Dinge aus dem Raum entfernen. Erst wenn wir das Zimmer gänzlich leer räumen oder zumindest Teile des Raums entrümpeln und kleine leere Räume im großen Raum schaffen, können wieder Lebendigkeit und Bewegung einziehen.

Ein leerer Raum lädt ein zur Kreativität, während ein gefüllter oder gar überfüllter Platz jede Spontaneität und Lebendigkeit abtötet. Menschen, die beispielsweise kreativ am Schreibtisch arbeiten, kennen dieses Problem sehr gut. In gleicher Weise verhält es sich mit den inneren Räumen. Wenn wir innerlich einen Raum öffnen möchten, damit sich etwas Neues, Lebendiges entfalten kann, so ist es notwendig, dass wir dafür Platz schaffen. Häufig schleppen wir eine Menge nutzloser alter Möbel in Gestalt von überkommenen Konzepten und Vorstellungen, Überzeugungen und Erfahrungen in unserem Inneren mit uns herum. Das schränkt nicht nur unsere eigene Beweglichkeit ein, sondern es kann auch keine Inspiration neu hineingegeben werden, denn es ist kein Platz dafür da. Was aus der Empfängnis dieser Inspiration wachsen möchte, findet keinen Raum, um sich zu entfalten. Es bedarf immer eines leeren Raumes, aus dem heraus etwas Neues geschaffen werden und sich entfalten kann.

Bleiben wir also im Bild, so geht es darum, erst einmal ein wenig in unserem Inneren zu entrümpeln. Wir haben im vorangegangenen Teil gesehen, wie wir loslassen und uns von alten Mustern, Reaktionsweisen und Einstellungen verabschieden können. Es ist notwendig, dass wir bereit sind, uns zu trennen von dem alten Plunder, der in den verwinkelten

Ecken unserer Gedanken, in den tiefen Schluchten unserer Gefühle und sogar in den weiten Räumen unseres Herzens vor sich hin staubt.

Machen wir uns klar, dass die herkömmliche Haltung dem Weiblichen gegenüber dem Tod geweiht ist, so fällt es uns leicht, sie gehen zu lassen. Wann immer wir spüren, wie uns die Brust schwer wird von all dem inneren Gepäck, wenn unsere alten Überzeugungen zum hundertsten Male versuchen, sich ins Leben zurückzurufen, können wir mit jenem Geist der Freiheit dorthin atmen und sie einfach gehen lassen. Weil wir bereits die Ahnung eines neuen Morgenlichtes in uns tragen und der Dämmerung entgegensehen, weil unsere Aufmerksamkeit auf das gerichtet ist, was noch leer, aber voller Versprechen ist, können wir das Alte gehen und einen Raum in uns leer werden lassen. Wer einmal sehr früh aufsteht, zur Zeit der tiefsten Nacht, unmittelbar bevor die Dämmerung sich ankündigt, und aus dem Fenster schaut und lauscht, kann diese unglaublich leere Stille erfahren, die gleichzeitig grenzenlos kreativ ist. Es ist nichts da, kein Ton, kein Gedanke, keine Farbe und kein Licht. Es ist leer – und gleichzeitig ist da ein unendlicher Raum.

Diesen Raum können wir auch in unserem Inneren öffnen und fühlen. Wenn wir der alten Haltung dem Weiblichen gegenüber, die es missachtet, verleugnet und seiner Würde beraubt hat, und ebenso unseren gewohnten Reaktionen von Angst, Wut, Ohnmacht oder Scham keine Energie mehr geben, so leeren wir den Raum. Wir machen Platz für eine neue Haltung. Indem wir unsere innere Aufmerksamkeit bei allem, was wir alltäglich tun, auf diese neue Haltung gerichtet lassen, halten wir diesen Raum.

Aus diesem inneren Raum heraus kann sich dann die Art und Weise entfalten, wie sich die Wertschätzung des Weiblichen in unserem Leben konkret auswirkt.

Das Weibliche wieder wertzuschätzen, kann im Herzen eines jeden einzelnen Menschen beginnen. Wir haben bereits gesehen, wie wichtig es ist, dass Frauen ihre natürliche Weiblichkeit wiederfinden und ihr erneut die Achtung entgegenbringen, die sie als göttliches Prinzip in der Welt sowie als menschliche Eigenschaft benötigt. Genauso wichtig wie die Wertschätzung des Weiblichen in sich selbst ist auch die Achtung dem Weiblichen gegenüber im anderen Menschen. Ein großer Teil der Missachtung geschieht auf unbewusste Weise. Dabei sind es nicht nur

Männer, die Frauen als weibliche Geschöpfe missachten, sondern auch Frauen, die das Weibliche in Männern verachten und, in noch viel größerem Ausmaß, auch andere Frauen deshalb nicht respektieren oder gar entwerten, weil sie eben Frauen sind. So mag es mitunter für Frauen sehr aufschlussreich sein, sich selbst zu beobachten und dabei bewusst zu machen, mit welchem Blick sie als Frau auf andere Frauen schauen. Nicht selten schaut das Auge mit, das mit Verachtung und Ablehnung auf das echte Weibliche blickt. Frauen haben ja die Entwertung und Missachtung des Weiblichen verinnerlicht. Das Weibliche in der anderen Frau erinnert sie zudem an die ungelebten Qualitäten in sich selbst, an den Preis, den sie gezahlt haben mögen, um im männlichen Wertesystem geachtet zu sein. Gefühle wie Verbitterung, Angst und Neid können ebenso die Folge sein wie heimliche oder offene Bewunderung. Vor allem erstere verlangen nach einer Strategie, um damit leben zu können. Frauen, die mit männlichen Werten und Stärken sehr identifiziert sind, finden dann in der Missachtung anderer Frauen eine Möglichkeit, mit diesem ungelebten Schmerz und ihrer unerkannten Trauer umzugehen.

Es ist eine hilfreiche Übung, im Miteinander mit anderen Menschen, im Beruf, in der Familie und überall, wo wir mit anderen in Kontakt kommen, unser Verhältnis zu weiblichen Qualitäten zu beobachten, wenn sie in anderen Frauen oder in uns selbst sich Wege nach außen suchen. Wie fühlen und reagieren wir, wenn eine andere Frau ihre weibliche Schönheit einfach strahlen lässt? Wie gehen wir in uns selbst damit um? Oder stellen wir uns vor, eine Kollegin bringt eine spontane Idee vor, die zunächst ganz intuitiv und nicht auf nachvollziehbarem Weg aus dem logischen Verstand aufgetaucht ist. Würde die verinnerlichte Abneigung gegenüber der weiblichen Art zu denken die Oberhand gewinnen oder würden wir zulassen, dass jene Freude sich ausbreiten kann, die jeden schöpferischen Akt begleitet? Unabhängig vom Ergebnis – ob nun die vielleicht zündende Idee aufgrund des Misstrauens gegenüber dem weiblichen Verstand schnell vom Tisch gefegt wurde oder Raum bekam, sich weiter zu entfalten – es ist von erheblicher Bedeutung, welche Art von Aufmerksamkeit wir dieser Energie geben. Doch auch die manifesten Auswirkungen machen wir uns viel zu wenig klar.

Wie viele Entscheidungen in der Welt, beispielsweise in Politik, Wirtschaft und Gesellschaft, würden ganz anders getroffen werden, wenn die Frauen das Weibliche in sich selbst und in anderen, vor allem in anderen Frauen, wieder wertschätzten? Umso verschiedener von dem, was wir kennen, sähe das Bild natürlich aus, wenn auch Männer das Weibliche wieder wertschätzten. Doch die Frauen sind zuerst dran. Kein Mann kann dem Weiblichen wirklich voll und ganz die Achtung wieder zurückgeben, wenn die Frauen selbst es nicht tun.

Empfänglichkeit und Zuhören

Eine weibliche Qualität, die im Hinblick auf die Heilung unserer Welt wieder unserer besonderen Aufmerksamkeit bedarf, ist die Empfänglichkeit und die Fähigkeit, zu lauschen und zuzuhören. In einer Kultur, die nur das Sichtbare und Materielle hoch bewertet und Qualitäten und Prozesse, die eher im Verborgenen zu Hause sind, nicht wahrnimmt oder geringschätzt, gerät dieses Potenzial in Vergessenheit. Wir haben verlernt, zuzuhören und zu lauschen. In der Hetze unserer Aktivitäten, innerhalb der eingefahrenen Muster eines unablässigen Tuns, wissen wir nicht mehr, was *Sein* bedeutet. Unter dem Druck der Leistungen, die wir vorzeigen müssen, glauben wir, keine Zeit zu haben, um zuzuhören. Wenn wir sie hätten, reichte wiederum unsere Geduld nicht aus, und viele von uns wüssten nicht einmal mehr, wie sie überhaupt Stille aushalten könnten. Wie soll man dann auch noch in die Stille hineinhorchen können?

Wollen wir jedoch die Möglichkeit wahrnehmen, dass unsere Welt wieder heilen kann, so ist es unabdingbar notwendig, dass wir wieder lernen zu lauschen und der weiblichen Qualität des Empfangens ins Leben verhelfen. Es ist wichtig, dass wir den Raum der Stille, in den wir eintauchen, wenn wir zuhören, wieder als weibliche Qualität wertschätzen lernen.

Die meisten Menschen wollen reden, wollen die Dinge vorbringen, die sie beschäftigen, und nur die wenigsten wollen zuhören. Dennoch brauchen all diejenigen, die reden wollen, jemanden, der zuhört. Wie würden sich unsere Gespräche, unsere ganze Kommunikation verändern, wenn wir denjenigen, der zuhört, entsprechend schätzen würden. Aber dann müssten wir für einen Augenblick innehalten und lauschen, um überhaupt zu bemerken, dass jemand zuhört! Um wie viel mehr würde sich unsere Kommunikation verändern, wenn wir, bevor wir selbst zu reden beginnen, in uns hineinlauschen, nach innen hören und dann erst anfangen zu sprechen. Wir kämen deutlich näher zum Wesentlichen, und viel Überflüssiges bliebe ungesagt. Wir würden unsere Umwelt nicht mehr mit all dem Schutt und Unrat verschmutzen, den wir einfach loswerden wollen.

Gäben wir der Empfänglichkeit wieder mehr Raum, so würden wir einen gesünderen Rhythmus zwischen Einatmen und Ausatmen finden. Mit dem Ausatmen gehen wir hinaus in die Welt, äußern unsere Gedanken und vollbringen unsere Taten, mit dem Einatmen gehen wir zurück zur Quelle, schöpfen neu aus dem Ursprung, besinnen uns auf die inneren Welten, aus denen alle Weisheit und alles Leben hervorgeht. Mit dem Ausatmen arbeiten und leisten wir etwas, mit dem Einatmen machen wir Pause, besinnen uns, lassen Raum zu, Leere und Stille.

Aus diesem Raum heraus erfahren wir, was benötigt wird. Aus diesem Raum heraus nehmen wir Geschenke in Empfang und empfangen Gnade. Wir schöpfen, wenn wir beginnen zuzuhören, aus der Tiefe, statt uns in ständigem Kreisen auf der Oberfläche zu bewegen. Erst wenn wir beginnen, das Nicht-Tun und Nicht-Handeln nicht mehr mit Versagen gleichzusetzen, sondern als das weibliche Pendant zum zielgerichteten Handeln ebenso wertzuschätzen, können wir aus der Polarisierung herausfinden, die ablehnt und links liegen lässt, was nicht einer männlich geprägten Wertvorstellung entspricht. Beides ist wertvoll, das empfänglich Weibliche ebenso wie das aktiv Männliche, das Lauschen wie das Handeln, und nur in ihrer wechselseitigen Verbindung sind sie wirklich kreativ und heilsam.

Eine Frau, die schwanger ist, muss eine ganze Weile lang in der Unsichtbarkeit und Dunkelheit das Leben in sich halten und wachsen lassen. Sie gibt ihm Raum dafür, sie lauscht nach innen, sie muss sich in Geduld üben. Sie kann das Wachstum nicht beschleunigen, nicht aktiv daran mitwirken oder es durch besondere Extra-Leistung oder Überstunden antreiben und verbessern. Sie tritt in gewisser Weise zurück und stellt sich doch ganz zur Verfügung. Das tut sie wie von selbst und ohne Anstrengung.

Auf die gleiche Weise können wir alle, nicht nur die Frauen, der Erneuerung unserer Welt diese Qualität der Empfänglichkeit zur Verfügung stellen. Wir können lernen zu erlauschen, wofür Bedarf besteht.

Als ich einmal in der Abflughalle eines Flughafens wartete, zogen mit einem Mal die Mütter mit Kindern um mich herum meine Aufmerksamkeit an. In der tristen Umgebung und der bleiernen Müdigkeit, die wie eine Wolke über all den Wartenden zu hängen schien, waren sie wie Lichtfunken, welche die Szenerie lebendig machten. Sie kamen augenscheinlich aus den verschiedensten Ländern und Kontinenten dieser Erde, es war eine kulturell buntgemischte Gesellschaft, die an diesem internationalen Flughafen wartete. Was mich aber bei aller unterschiedlichen Herkunft erstaunte, war die Tatsache, dass alle Mütter auf eine sehr ähnliche Weise auf ihre Kinder reagierten und mit ihnen umgingen. Die Art, wie sie sie anschauten, wie sie mit ihnen sprachen, wie sie sie liebkosten, aber auch wie sie innehielten und lauschten, wenn das Kind unzufrieden oder weinerlich wurde, ähnelte sich auf verblüffende Deutlichkeit, egal ob die Mutter einen indischen Sari, ein westeuropäisches Kostüm, amerikanische Jeans oder eine afrikanische Tracht mit geknotetem Kopftuch trug.

Die Hand, die auf der Stirn des Kindes ruht, die ihm über den Kopf streicht, die tastet und lauscht, scheint zu fragen, und mit ihr das ganze Wesen der Mutter: Was fehlt dir? Was brauchst du? Mir wurde so klar und deutlich, dass es eine angeborene Qualität in jeder Frau zu sein scheint, völlig unabhängig von ihrer Kultur. Es handelt sich nicht um eine individuelle Fähigkeit, sondern um eine grundsätzlich weibliche Qualität.

Wir können auf die gleiche Weise mit unserer Welt umgehen, wenn wir diese weibliche Qualität wieder wertschätzen und beleben. Wir könnten die Tränen der Welt wahrnehmen, wenn sie weint und nach uns ruft, und wir könnten, wie Mütter es tun, reagieren, statt in der Annahme, wir hätten keine Zeit dafür, wegzusehen. Wir könnten unsere Hand auf ihre Stirn legen und innerlich fragen, was ihr fehlt, könnten lauschen und zuhören.

Wir können das in jeder Lebenssituation tun, in jedem Zusammenhang, in dem wir uns gerade befinden. Unser eigenes Verhalten, unsere Reaktionen, unser ganzes Sein ändern sich dann wie von selbst, wenn wir zuhören. Wir geben dem Leben wie von selbst, wonach es verlangt, wenn wir lauschen und empfänglich werden. Wir müssen nicht Richtlinien entwerfen und Pläne erstellen, wie wir am besten auf das Erlauschte antworten, denn wir sind dann bereits in einer Qualität des Seins. Das Zuhören und unsere Antwort darauf werden eins. Das können wir überall leben, denn überall sind wir mit der Welt in Kontakt: Im Büro, im Betrieb oder Geschäft, mit den Mitarbeitern, auf der Autobahn, zu Hause mit den Familienangehörigen, im Konferenzraum, bei einer spirituellen Veranstaltung, in Gesellschaft und allein oder draußen in der Natur.

Aber das sollte nicht missverstanden werden. Es geht nicht darum, uns alles anzuhören, was Menschen zu reden haben, sämtliche Zeitungen zu lesen oder uns selbst anzufüllen und unseren Geist vollzustopfen mit allerlei Dingen. Vielmehr geht es um einen inneren Raum, in den hinein wir lauschen können. Dieser Raum ist leer von allen Gedankenformen, von der Dichte der materiellen Wünsche. Wir lauschen zur Quelle. Es ist nichts anderes als das erneute Wahrnehmen des göttlichen Ursprungs.

Menschen, die sich auf einem spirituellen oder mystischen Pfad befinden, sind darin geschult, in die Leere zu lauschen und die Ablenkungen für den Geist auszublenden. Wenn es auch nicht allen leicht fällt, im alltäglichen Leben zuzuhören und in die Stille zu gehen, so kennen sie doch den Weg, wenn sie Kontemplation üben oder meditieren. Doch auch Menschen, die nicht in einer Form der Meditation geschult sind, können ihr Bewusstsein öffnen für einen inneren Raum, in den hinein sie hören können. Jede Frau kennt diesen Raum, wenn auch nicht bewusst. Diese Gabe ist ein Aspekt des Weiblichen.

Das Geheimnis darum, wie man in diesen Raum gelangt, liegt einzig und allein darin, dass man aus der begrenzten Wahrnehmung und Denkweise der eigenen kleinen Ich-Welt hinaustritt und über diese vermeintliche Grenze tritt. Im Herzen spürt man das als eine unendliche Ausdehnung, während das Ich, die begrenzte Person in uns, sich eher zurückzieht und zurücktritt. Auf dieser Ebene ist es einfach eine Entspannung. Wir verzichten einen Moment darauf, mit unserem Verstand zu kontrollieren, was sein darf und was nicht, was wir selbst wollen, dass es existiert, und was wir nicht wollen. Manchmal ist es hilfreich, für eine Sekunde die Augen zu schließen, weil dies uns darin unterstützt, mit der Aufmerksamkeit nach innen zu gehen. Es ist immer unterstützend, einen Moment lang auf den Atem zu achten, wenn man in diesen inneren Raum gelangen und dort hineinlauschen möchte. Für jeden Menschen gibt es ein individuelles Moment darin, in diesen Raum zu gelangen, und mit der Zeit findet man heraus, wie man ganz einfach den Schalter bedient, um sich mit der Aufmerksamkeit augenblicklich dort wiederzufinden.

Hier sind wir mit der schöpferischen Leere verbunden, aus der alles Leben aufsteigt, und in ihr sind wir mit allem verbunden. Deshalb fühlen manche Frauen in der körperlichen Entsprechung diesen inneren Raum in ihrem Leib. Ihnen hilft es, tief in den Bauch zu atmen, um den Kontakt zu spüren, durch den sie in die Stille lauschen können.

Doch auch jeder Mann hat einen weiblichen Teil in sich und darüber Zugang zu dieser Fähigkeit. Das weibliche göttliche Prinzip der Schöpfung ist uns allen zugänglich, denn wir alle haben Anteil an der Schöpfung.

Man kann der Qualität des Zuhörens und Empfangens auch einen äußeren Platz in seinem Leben einräumen und auf diese Weise dieser essenziellen Qualität wieder ins alltägliche Leben verhelfen. So nimmt ein Tag, der mit einigen Minuten Stille am frühen Morgen beginnt, ein ganz anderes Licht an. Menschen berichten, dass sie sich dann viel weniger verzetteln, Überflüssiges sein lassen und letztendlich wesentlicher auf die Bedürfnisse des Lebens reagieren. Das Leben wird als gesünder empfunden, weil es mehr fließt und man sich selbst als Teil davon empfindet. Es ist ganz einfach. Man wacht auf, und bevor man damit beginnt, den Tag selbst mit seinen Gedanken und Plänen zu füllen, hört man zu. Man hört in die Stille. Man gibt dem Tag, der gerade erst beginnt, Raum. Wenn man wirklich in die Stille hört, gibt man ihm einen heiligen Raum.

Wir zentrieren und fokussieren uns, wenn wir Raum und Stille zulassen. Dadurch werden wir in die Lage versetzt, unmittelbar auf das Leben zu antworten, anstatt uns zuerst durch Berge von eigenen Konzepten und Ablenkungen durchzuwühlen, bevor wir überhaupt einen Zipfel des eigentlichen Lebens zu fassen bekommen!

Doch um zu diesem Raum wieder hinzufinden, müssen wir Gewohnheiten hinter uns lassen. Da wir in einer Welt der permanenten Unterhaltung und Ablenkung leben, in der wir verlernt haben, Momente auszuhalten, in denen wir nicht irgendetwas konsumieren, bis hin zur ununterbrochenen Berieselung über die Kopfhörer unserer I-Pods, erscheint es vielen Menschen nahezu unmöglich, in eine Wirklichkeit vorzustoßen, die sich hinter all diesen Geräuschen befindet. Diese Wirklichkeit befindet sich nicht nur jenseits des Lärms, sondern auch hinter allen Dingen. Auch das erfordert einen Moment der Entwöhnung; denn wir leben unter Dingen und mit Dingen, und die Menschen haben nahezu die gesamte Wirklichkeit um sich herum auf eine Weise verdinglicht, dass sie konsumierbar und zu vermarkten ist.

Zuzuhören und einen inneren Raum zu halten bedeutet, einen Ort zu betreten, der jenseits der Dinge ist, der sich jenseits des Konsums befindet und den wir selbst nicht füllen oder gar manipulieren mit unseren eigenen Vorstellungen.

Wir müssen uns in gewisser Weise entwöhnen und entgiften von dieser Übersättigung durch unser verdinglichtes Leben, um wieder empfangen und zuhören zu können, um diesen inneren Raum wieder wahrzunehmen, der erforderlich ist, damit unsere Welt wieder heilen kann.

Doch wir bedürfen keiner groß angelegten und entbehrungsreichen Entzugsprogramme, denn der Impuls kommt von innen, wenn wir ihn aufgreifen, und mit ihm die Kraft, die wir dafür benötigen, um ihn umzusetzen. Da wir, wenn wir Zugang zu diesem inneren Raum haben, unmittelbar mit dem echten, dem essenziellen Leben in Kontakt sind, stehen wir nur vor der Wahl, ob wir mit der Freude gehen möchten oder nicht. Das Leben gibt uns ohne Umwege, was unsere Seele nährt, wenn wir direkt mit seiner Quelle in Kontakt treten; und gleichzeitig geben wir dem Leben, was es benötigt.

Eine Mutter, die einen hungrigen Säugling im Arm hält, gibt ihm zu trinken. Sie weiß unmittelbar, dass das Kind hungrig ist, und sie weiß, was erforderlich ist, um diesen Hunger zu stillen. Sie verfügt selbst über die Nahrung. Dieser Weg vom Hunger des Babys über seine Unmutsäußerungen, die Antwort der Mutter und das Gesättigtwerden ist wie ein einziger Organismus in sich selbst und nicht wirklich teilbar in einzelne, von einander getrennte Einheiten. Er verläuft nicht über einen komplizierten Gedankengang der Mutter, der verschiedene Pläne zur Option hat, oder über eine Reihe von Aktionen, an deren Ende erst das Nähren und Sättigen steht. Es ist ein zusammenhängender Lebensvorgang, an dem im engen Sinn zwei Menschen, letztlich aber viele Menschen und auch die Erde, die wiederum die Mutter nährt, beteiligt sind.

Dieses ganz einfache Beispiel aus dem alltäglichen Leben, das millionenfach in jeder Minute überall auf der Welt gelebt wird, zeigt uns, wie essenziell die weibliche Qualität des Empfangens für das Leben selbst ist, wie vernetzt alle Lebensvorgänge sind und wie die Fähigkeit, einen inneren Raum zu halten, uns hilft, das Wissen über das, was das Leben benötigt, unmittelbar zu beziehen.

Nahrung und Fürsorge

Die Bedeutung des Nährens und Genährtwerdens im Kreislauf des Lebens ist auch ein Aspekt weiblichen Wissens, der in unserer Kultur mehr und mehr vernachlässigt wurde.

Wir wissen zwar, dass die Nahrung eine Existenz erhaltende Funktion hat, aber dass sie auch mit unserer Art zu tun hat, wie wir zusammenleben, was wir teilen, wie wir kommunizieren und uns auf symbolischer Ebene selbst und gegenseitig versorgen, haben wir nahezu vergessen. Auch dass die Nahrung eine zentrale Bedeutung in der Heilung hat, berücksichtigen wir in unserer westlichen Welt – abgesehen von der Entwicklung diverser Diät-Vorschriften – kaum noch. Mir sind mehrere Lebensgeschichten bekannt, in denen Menschen, die sich körperlich und seelisch in einer tiefen Krise befanden und deren Situation ausweglos erschien, durch die Tatsache, dass ein nahestehender Mensch ihnen über eine längere Zeit hinweg einfach nur regelmäßig ein Essen zubereitet und für sie gekocht hat, sich wieder fingen und gesund wurden. Dabei geht es weniger darum, aus welchen Grundstoffen oder Bestandteilen diese Nahrung genau besteht, als vielmehr um die Fürsorge, die dahinter steht, und die Haltung, mit der das Essen zubereitet wird.

Selbstverständlich spielt es auch eine Rolle, was wir essen und wie die Nahrung zusammengesetzt ist. Doch selbst dort, wo Menschen der Art der Nahrung und ihrer stofflichen Zusammensetzung eine gewisse Aufmerksamkeit schenken, wird häufig völlig übersehen, welche Bedeutung es hat, wie und in welcher Haltung diese Nahrung zubereitet wird.

Aus einer weiblichen Sicht, die alles, was existiert, als miteinander verknüpft wahrnimmt, die alles Geschaffene als ein Ergebnis wechselseitiger Beziehungen erkennen kann, wissen wir, dass die Speise auf unserem

Teller so schmeckt, wie sie zubereitet wurde. Ist die Person, die kocht, missgelaunt, ärgerlich oder auch nur mit ihren Gedanken abgelenkt, so wandert diese Haltung gleichsam in die Speise hinein, formt das Ergebnis mit. Die Stoffe, die wir beim Zubereiten bearbeiten, verändern sich nicht nur durch die Einwirkung von Hitze oder Kälte, sondern auch durch unsere Gefühle und Gedanken, unsere Präsenz und Aufmerksamkeit, vor allem aber durch die Liebe und die Verbindung zum inneren Licht während des Kochens.

Nahrung zuzubereiten beinhaltet also wesentlich mehr als nur das Vorhandensein von Grundstoffen, die aufgrund physikalischer Vorgänge gemischt, verändert und damit verdaulich und schmackhaft gemacht werden.

Wie in allen Erscheinungen in dieser Welt, ist es auch bei der Nahrung ein komplexes System von wechselseitigen Beziehungen, das letztlich die nährende Qualität einer Speise ausmacht: Der Mensch, der die Nahrung zubereitet, die Stoffe, die uns die Erde gibt, vielleicht auch die Menschen, für die gekocht wird, vor allem aber das Licht der Aufmerksamkeit und Liebe, das bei der Zubereitung anwesend ist. Alle diese Komponenten gehen eine wechselseitige Beziehung miteinander ein, die letztlich den stofflichen und energetischen Nährwert der zubereiteten Nahrung ausmacht. Die Verbindungen reichen sogar noch viel weiter: Es spielt ebenso eine Rolle, mit welcher Haltung man der Erde begegnet ist, während man sie bearbeitete und ihre Früchte erntete; denn unsere physische Nahrung geht immer auf einen Austausch mit unserer Erde zurück. Durch diese Nahrung sind wir ein Teil der Erde, und die Erde ist ein Teil von uns. Wir können nicht getrennt voneinander existieren. Selbst als Astronauten, der irdischen Schwerkraft entronnen, würden wir in unseren Raumschiffen eine Nahrung zu uns nehmen, die, wenn auch besonders präpariert und in ihrem natürlichen Zustand verändert, aus Grundstoffen besteht, die wir von unserer guten Erde erhalten haben.

Zur Bedeutung der Nahrung gehören selbstverständlich auch die Themen, die uns heutzutage in ökologischer Hinsicht besonders beschäftigen. Die Tatsache, dass Konzerne und Fast-Food-Ketten sich über den ganzen Globus verbreiten und solch enormen Zuwachs an Macht und Geld gewinnen, macht uns überaus deutlich, wie wenig Aufmerksamkeit und Wertschätzung wir für die Bedeutung des wirklichen *Nährens* aufbringen. Die Nahrung ist weit entfremdet von ihrer Natur, sowohl durch die Zubereitung und die Art, sie anzubieten, als auch durch die Verunreinigung und Verfremdung, die Pflanzen und Tiere erfahren aufgrund der chemischen und genetischen Einflussnahme und infolge der Vergiftung unserer Böden, des Wassers und der Luft. In gewisser Weise ist dieser Nahrung ihr natürliches Leben entrissen. Sie ist künstlich, nicht wirklich und nicht lebendig.

Naturwissenschaftliche Forschungen haben ergeben, dass Zellen aus Pflanzen, die biologisch angebaut und gewachsenen sind, wesentlich mehr Licht enthalten als Zellen, die von solchen Pflanzen stammen, die konventionell, das heißt unter Zuhilfenahme von Giften und den natürlichen Prozessen entfremdet, gezogen wurden. Ja, es geht tatsächlich um Licht! Nachdem Biophysiker nachgewiesen hatten, dass jede lebende Substanz, jede organische Zelle ein gewisses laserartiges Licht abstrahlt, die sogenannten Bio-Photonen, begann man auch, dieses Licht-Vorkommen weiter zu untersuchen. Es scheint alle zelluläre und interzelluläre Kommunikation zu steuern und somit die Beziehung aller Energiefelder in einem Organismus darzustellen. Wir haben es hier tatsächlich mit dem *Licht des Lebens* zu tun, so wie es sich einem Naturwissenschaftler entsprechend seiner physikalischen Untersuchungs- und Erkenntnismöglichkeiten darstellt. Naturwissenschaftlich nennen wir diese Schwingung ein Photon, ein Lichtpartikel. Metaphysisch ist es einfach Licht, wie wir es mit dem Herzen oder mit unseren inneren Augen in der Meditation wahrnehmen können. Es ist letztendlich das gleiche Licht, das wir auf verschiedenen Bewusstseinsebenen wahrnehmen. Dieses Licht ist göttliches, spirituelles Licht, und zugleich ist es Licht, das mitten in der Materie existiert.

Wir wissen also von diesem Licht des Lebens auf den verschiedenen Ebenen unserer Wahrnehmungsmöglichkeiten. Doch wir bringen bisher diese Ebenen nicht zusammen. Es fehlt noch ein weiteres Stückchen in diesem Puzzle. Die Verbindung von Naturwissenschaft und Spiritualität wird sicher ein wichtiger Aspekt jener neuen Ära sein, die das Bewusstsein der Einheit in den Menschen verankert. Doch immer noch fehlt etwas: Wie nämlich geben wir dieses Wissen dem Leben zurück? Mit dieser Frage kehren wir zur Bedeutung des Weiblichen zurück.

Das Weibliche hat das Wissen um das Licht in der Materie, kennt die

Notwendigkeit der Beziehung und des wechselseitigen Bezogenseins und weiß um die zentrale Bedeutung des Nährens. Nahrung ist Austausch, ist Beziehung, erhält das Leben, fördert es und lässt es wachsen. Nahrung ist ohne Liebe letztlich nicht denkbar. So wie Nahrung in einem individuellen Heilungsprozess eine wichtige Rolle spielt, so spielt sie auf umfassenderer Ebene auch bei der Heilung unserer Welt eine Rolle.

Wir benötigen Nahrung für unseren Körper und für unsere Seele. Beides ist, solange wir auf dieser Erde weilen, nicht getrennt voneinander. Die Nahrung für unseren Körper ist der physische Ausdruck jenes unendlichen Austauschs, den wir mit allem haben, was in dieser Welt existiert. Der Tropfen Wasser in unserer Suppe ist irgendwann einmal in einer fernen Wolke übers Land gezogen oder aus einem Ozean am anderen Ende der Welt verdunstet. Es ist das Leben, das uns durchzieht, verändert und bereichert, das uns an allem Anteil haben lässt, an der ganzen Schöpfung. Letztlich ist es Licht, das uns nährt und in uns und durch uns seine Vielfalt offenbart.

Ebenso sehnen sich unsere Seelen danach, durch das Licht genährt zu werden, und diese Nahrung ist ein nicht-stofflicher Ausdruck unserer Verbundenheit. Auf dieser Ebene werden wir genährt mit dem Licht des Einen, des Absoluten, das sich durch die Schöpfung in die Welt ergießt. Unsere göttliche Seite muss ebenso genährt werden wie unsere menschliche Seite, und beide sind nicht getrennt voneinander. Die Getrenntheit und Entfremdung vom Natürlichen ist auch im Bereich unseres spirituellen Nährens die Erfahrung vieler Menschen. Noch immer trennen, wetteifern und bekriegen wir uns in der Welt aufgrund der Formen, in denen Menschen jeweils ihrem Bedürfnis nach Spiritualität folgen. Dann, falls es Ihn für uns gibt, lassen wir diesen Gott, an den wir jeweils glauben, nicht mehr in unser Leben hinein, weil wir vergessen haben, dass Er das Leben selbst ist. Obwohl die Botschaft Christi war: *„Ich bin der Weg, die Wahrheit und das Leben“* [20], haben auch die Christen Gott in den Himmel verbannt und aus ihrem Leben entlassen. So wird das Leben seines Lichtes beraubt.

Wieder zu erkennen, dass das Leben selbst eine göttliche Natur hat, ist die Einsicht, mit der wir das weibliche Prinzip wieder leben lassen können. Nahrung, auf allen Ebenen, ist hier von großer Bedeutung.

---

20 Johannes, 14,6.

Auch die Tatsache, dass in einer Welt, in der genügend Energie vorhanden ist, um alle Menschen zu nähren, ein sehr großer Teil hungert und von Nahrung ausgeschlossen ist, gibt uns in diesem Zusammenhang zu denken. Wir haben die technischen Möglichkeiten, und wir verfügen inzwischen über eine globale Vernetzung auch auf der äußeren Ebene, so dass ein wirklicher Austausch ein Leichtes wäre. Würden wir einmal mit dem Blick des Weiblichen zu all den hungernden und dürstenden Kindern in der Welt schauen, so würden wir unsere Haltung augenblicklich ändern. Damit ist nicht ein moralischer Blick gemeint, der über Gutes und Böses urteilt, der anklagt oder belehrende Töne anschlägt, sondern vielmehr die natürliche Sichtweise, dass das Nähren und (Genährt-Werden ein grundlegendes Prinzip des Lebens ist, dass es mit unserem Austausch von Licht zu tun hat, was nichts anderes bedeutet als Liebe, und dass es letztendlich mit einem Sinn zu tun hat, den all dieses Leben hat.

So sind auch die gravierenden Probleme, die wir mit der Nahrung haben – wie beispielsweise der gegenwärtig in der Welt nochmals stark zunehmende Hunger – ein Symptom des Ungleichgewichts, das unsere Welt erfasst hat. Eine neue Beziehung zum Leben aber, die auch eine andere Haltung zu Nahrung und Nähren einschließt, könnte ein Baustein für ein neues Gleichgewicht sein.

Natürlich sind die Probleme auf einer äußeren Ebene komplexer, als dies hier ausgeführt ist. Doch wenn wir uns daran erinnern, dass jedes komplexe System letztlich von einem bestimmten Bewusstsein getragen und gespeist wird und wir alle nicht unabhängig oder getrennt voneinander existieren, so wird einsichtig, weshalb das Bewusstsein des einzelnen Menschen niemals ohne Wirkung auf das Ganze bleibt.

Nicht alle Menschen werden ihr Bewusstsein auf die wirkliche Natur des Lebens lenken. Doch wenn jene, die den Ruf der Welt nach Heilung in ihren Herzen vernommen haben, sich wieder an das Licht erinnern, das im Kern der Schöpfung, im Zentrum des Lebens, vorhanden ist und ihr Bewusstsein entsprechend ausrichten, so tragen sie allein dadurch dazu bei, dass ein neues Leben in die Welt hineingeboren werden kann.

Dieses Erinnern findet mitten im Leben statt, in unserem Alltag und in den Zusammenhängen, in denen wir uns tagtäglich bewegen. Wir müssen uns nicht in weit entfernte Dimensionen begeben oder an bestimmte Orte reisen, uns irgendwelchen Organisationen anschließen oder komplizierte Rituale ausführen. Allein unser ganz gewöhnlicher Alltag, mit seinen kleinen und großen Momenten, bietet uns den Raum, in dem wir uns an die natürliche Essenz des Lebens, an seine Heiligkeit erinnern können. Es ist der Alltag, in dem wir füreinander sorgen, für die Menschen da sind, mit denen wir verbunden sind, und es ist der Alltag, in dem wir empfänglich werden können, zuhören lernen, und wo wir auch zuerst mit Nahrung und Nähren zu tun haben.

Die Wiederbelebung eines weiblichen Wissens über die Bedeutung der Nahrung kann in unserer kleinen Küche zu Hause beginnen. Wir erinnern uns, wenn wir uns das Licht in der Nahrung bewusst machen und sie in einer entsprechenden Haltung und Achtsamkeit für andere und für uns zubereiten, zu uns nehmen und teilen.

Wir erinnern uns an ihren göttlichen Ursprung.

Das Netz des Lebens

Aus dem Reich, in dem das weibliche Bewusstsein beheimatet ist, bringen wir auch unser Wissen von der Verwobenheit und wechselseitigen Bezogenheit allen Lebens mit. Die praktische Weisheit der Hildegard von Bingen, die uns als Mystikerin und Heilerin des Mittelalters bekannt ist, gründete sich in ihrem ganzheitlichen Wissen, das sie auf einfache Weise so ausdrückte: „Jedes Geschöpf ist mit einem anderen verbunden, und jedes Wesen wird durch ein anderes gehalten.“[21]

Heute wissen wir, auch aufgrund unserer naturwissenschaftlichen Erkenntnisse, dass niemand und nichts für sich allein und getrennt von anderem existiert. Doch dies zu leben und sich darin zu bewegen, ist eine ganz andere Sache, als es losgelöst vom Leben in den Archiven unseres Verstandes abzuspeichern. Würden wir nicht völlig anders denken, handeln und sein, nicht grundlegend anders mit unserer Erde umgehen, wenn uns in jedem Augenblick bewusst wäre, was es wirklich bedeutet,

21 Hildegard von Bingen, Welt und Mensch.

dass der „Flügelschlag eines Schmetterlings in Asien einen Sturm in Südamerika auslösen“ kann?

Es ist zwar Teil unseres Wissens, dass wir in einem einzigen Organismus leben, der nicht nur die Geschöpfe dieser Erde, sondern unseren ganzen Kosmos umfasst und innerhalb dessen wir mit allen Sternen und Galaxien in wechselseitiger Beziehung verwoben sind, doch dies ist nicht Teil unseres gemeinsamen Herzens-Bewusstseins in dieser Welt. Der Mensch verhält sich zur Zeit noch so, als säße er allein an einem Schaltpult und könne von dort aus das ganze Universum dirigieren. Er ist blind dafür, dass er nur im Zusammenhang mit der Erde, mit dem gesamten Kosmos, und in der wechselseitigen Abhängigkeit einen Sinn hat und macht. Das Bewusstsein, dass wir uns in einem kostbar und fein geflochtenen Netz befinden, über das wir uns nicht erheben und aus dem wir uns nicht herauslösen können, halten wir noch immer fern von uns. Dieses Netz ist ein einziger Organismus, und wir nennen es LEBEN. Hier sind wir mit allem verwoben, und die Mystiker nennen eben dieses Netz die EINHEIT.

Wir existieren nicht nur, sondern entwickeln uns gemeinsam und nicht getrennt voneinander. Wenn wir wirklich realisieren, dass jenes alte Paradigma der Getrenntheit hinter uns liegt, dann können wir einen gewaltigen Sprung in der Evolution des universalen Bewusstseins verwirklichen.

Wir würden dem Wesen der Beziehung Bedeutung verleihen und womöglich erkennen, wie sehr das Ganze von der Beziehung unter seinen Teilen lebt und profitiert. Wir könnten sehen, dass Schöpfung nicht einfach ein Hut voller Dinge ist, die wir in unseren Besitz bringen können. Vielmehr begännen wir bewusst damit zu leben, dass erst durch die vielfältigen Beziehungen, die alle einzelnen Elemente immer wieder neu knüpfen, die Welt sich jeden Augenblick neu erschafft. Das Unsichtbare jedoch, das der Urgrund all dieses Seins ist und jenes Netz zusammenhält, ist Gott oder die Leere – der einzige Sinn.

Wenn wir die alles durchdringende Essenz, das Göttliche, wieder in der Schöpfung erinnerten, so würde dieses Netz der Einheit zu neuem Leben erweckt werden.

Der Ausspruch in der Bibel *„Denn in Ihm leben, weben und sind wir“* [22] erscheint so in einem neuen Licht und lässt uns gleichzeitig die Verantwortung ahnen, die wir als Menschheit in diesem Gefüge haben. Das Leben entwickelt sich in der Beziehung, in der Begegnung, in dem, was wiederum als Neues aus jeder Begegnung entsteht.

Bezogenheit ist eine weibliche Qualität, das Wissen um Beziehung ein Aspekt weiblicher Weisheit. Wir leben neuerdings alltäglich mit dem Begriff der Vernetzung. Vernetztes Denken und vernetzte Organisationen scheinen unumgängliche Erfordernisse eines erfolgreichen modernen Lebens in Kultur, Wirtschaft und Politik zu sein. Doch es fehlt etwas: Erst das Weibliche gibt dieser Aufmerksamkeit für die Vernetzung einen schöpferischen Impuls. Ohne diesen Impuls kann sich das schöpferische Licht, das der Dynamik des Lebens selbst entspringt, nicht entfalten. Ohne dieses Licht bleibt die Erkenntnis des Prinzips der Vernetzung entseelt, bleibt darin stecken, bleibt einfach nur ein Instrument unserer menschlichen Hybris, mit der wir die Dinge dieser Welt zu unserem eigenen Nutzen zu optimieren suchen.

Wir können wieder zu den sehr einfachen Momenten unseres Lebens zurückkehren. Wir wachsen in der Gemeinschaft, in der Beziehung untereinander, zu unserem Partner, unseren Kindern, unseren Eltern, unseren Freunden – und auch unseren vermeintlichen Feinden. Wir sind dadurch Mitschöpfer in einer Welt, indem wir uns beziehen – individuell untereinander im Kreis derer, die wir kennen, und in größerem Rahmen unter den Völkern, den verschiedenen Kulturen, innerhalb der ganzen Völkergemeinschaft. Wir haben die Möglichkeit, auch zur Erde eine wirkliche Beziehung aufzunehmen und darin zu erkennen, dass sie ein lebendiger, beseelter Organismus ist. Eine wirkliche Beziehung findet dann statt, wenn wir mit dem Licht unserer eigenen Natur der wahren Natur des anderen begegnen. Wir begegnen uns dann innerhalb der Einheit und in dem Gewahrsein unseres gemeinsamen göttlichen Ursprungs.

Eine wichtige Rolle im Netz des Lebens spielt die Beziehung zwischen Einheit und Bezogenheit, zwischen dem Teil und dem Ganzen, zwischen

22 Apostelgeschichte, 17,28.

Makrokosmos und Mikrokosmos. Das Prinzip der Einheit, innerhalb derer alles miteinander verbunden und aufeinander bezogen ist, bedeutet ja auch, dass in jedem Teil das vollständige Ganze enthalten ist. Seine wahre Natur ist: Es ist göttlich, aus der Einheit hervorgegangen – und es ist ganz.

Wenn der Dichter dies auf poetische Weise als die „Welt in einem Körnchen Sand und die Ewigkeit in einer Stund'" (William Blake) beschreibt, so meint ein Sutra Buddhas nichts anderes:

„Siehst du in einem Atom,
und in jedem Atom
die gesamte Welt,
so hast du das Unbegreifliche erlangt."

Jeder Teil trägt in sich die Ganzheit, und aus diesem Grund hängt das Ganze auch von jedem, wirklich jedem seiner Teile ab. Dabei ist das Ganze nicht einfach die Summe einzeln zusammengesetzter Bausteine, die getrennt voneinander existieren, es ist ein dynamischer Organismus, in dem Ganzheit immer wieder neu mit Ganzheit in Beziehung tritt und damit die kosmische Ganzheit formt und beständig neu erschafft.

Klar und einfach ausgedrückt heißt das: *„Die Erde ist ein Ganzes. Die Menschheit ist ein Ganzes. Der Kosmos ist ein Ganzes. Und ich selbst bin dies Ganze."*[23]

Das wahre Wesen unserer Beziehungen, untereinander und innerhalb der Schöpfung, basiert also nicht auf Trennung und Isolation, sondern auf Einheit und Ganzheitlichkeit. Unsere menschlichen Beziehungen, vor allem die zum Leben selbst, sind gegenwärtig jedoch noch sehr von der Illusion, auch vom Leid der Getrenntheit geprägt. Kein Baum der Welt betrachtet seine Blätter, nicht einmal den Vogel, der in ihm nistet oder den Wind in seinen Zweigen, als getrennt von ihm. Sicher, das Bild mag dem rational denkenden Menschen nicht stimmig erscheinen, da ein Baum nicht „betrachtet" wie der Mensch. Er reflektiert nicht sich selbst und seine Beziehung zur Schöpfung, beobachtet sie nicht, sondern ist ein Teil dessen, *ist* einfach in seiner Natur. Doch darin bezeugt er die

23 Carlos Castaneda, Die Lehren des Don Juan.

Göttlichkeit der Schöpfung, ist Zeuge dieses großen Geheimnisses des Seins. Auch wir Menschen tragen das Potenzial in uns, zu *sein,* in unserer wahren Natur zu ruhen, und darin die Göttlichkeit der Schöpfung zu bezeugen. Darüber hinaus verfügen wir dann über die Gabe, zu beobachten und zu reflektieren. Als einzelner Mensch und als gesamte Menschheit können wir ein Bewusstsein dieses Seins entwickeln. Beides leben wir augenblicklich nicht – und das fehlt unserer Welt. Doch diese Fähigkeit des Seins kann wiedergefunden und das Bewusstsein davon wieder neu entdeckt werden. Das Wiedererwachen eines weiblichen Bewusstseins spielt dabei eine große Rolle.

Wenn wir die Ganzheitlichkeit wahrnehmen, kann uns das weibliche Bewusstsein auch zu der Erkenntnis führen, dass unsere Erde ein göttlicher, ein heiliger Organismus ist. Unser Materialismus hat uns vergessen lassen, dass die Erde, auf der und von der wir leben, nicht nur ein physischer, sondern auch ein spiritueller Körper ist. Sie ist nicht tote Materie, sie ist ein lebendiges Wesen. Die gegenwärtige Beziehung des Menschen zu unserem Planeten basiert aber auf einer derartigen Getrenntheit und Trostlosigkeit, dass man glauben könnte, die Erde existiere wie in einer anderen, toten Dimension – grenzenlos ausbeutbar und manipulierbar, und dies ohne jede Auswirkung auf unser Leben, ohne Licht und ohne Verbindung zu uns.

Was das für die inneren Ebenen unserer Welt bedeutet, verdeutlicht uns ein zeitgenössischer Mystiker und Sufi-Lehrer:

„Sobald wir die Beziehung zwischen Makrokosmos und Mikrokosmos innerhalb der Einheit des Lebens anerkennen, wird offensichtlich, wie unser Vergessen, unsere Haltungen und Handlungen Schmerz für die Seele der Welt verursacht haben. Wir haben die innere Struktur des Lichtes und der Liebe zerstört, die unseren Planeten nähren; wir haben dunkle Wolken in den inneren Welten geschaffen, die uns vom Licht verdecken. Unsere Werte haben eine globale Wirkung, nicht nur auf unser physisches Ökosystem, sondern auch auf den spirituellen Körper des Planeten.“[24]

24 Llewellyn Vaughan-Lee, Awakening the World. A Global Dimension to Spiritual Practice, The Golden Sufi Center 2007.

Die Erde ist verletzlich, so wie du und ich verletzlich sind. Wir sind unterschiedliche Erscheinungsformen innerhalb des großen Mysteriums der Schöpfung, doch in unserer innersten Natur sind wir eins. Wir sind verletzlich, am Körper und an der Seele, in den äußeren wie in den inneren Welten.

Wenn die innere Struktur von Licht und Liebe verwundet oder gar zerstört ist, so kann es nicht verwundern, dass die Welt nach Heilung ruft, dass die Seele der Welt nach uns verlangt. Das Licht, das in der Welt erwachen möchte, bedarf unserer aufmerksamen Gegenwart und unserer Mitwirkung.

Was unseren Planeten betrifft, so wird kein noch so gut gemeintes ökologisches Make-up unsere Erde retten können, wenn wir die Beziehung zu ihrem inneren Licht nicht wieder aufnehmen, nicht wieder erkennen und respektieren, dass sie heilig ist – und das Wissen um die Heiligkeit der Erde ruht im Weiblichen.

In der Betrachtung all dessen, was innerhalb eines weiblichen Bewusstseins wieder zur Heilung unserer Welt beigetragen werden könnte, sollten wir noch einmal auf die Frauen selbst zurückkommen. Wie könnte es aussehen, wenn durch die Heilung des Weiblichen in der Frau sich die Heilung des Weiblichen in der Welt entfalten könnte, und was dabei ist die Rolle speziell der Frauen?

Der Beitrag der Frauen

„Niemand kann uns davon abhalten,
Gott überall,
wohin wir auch gehen, mitzunehmen.

Niemand kann unseren Herzen
Seinen kostbaren Namen stehlen,

Nicht dem Rhythmus unserer Schritte,
nicht unserem Atem.“

HAFIZ[25]

Die Frauen sind die Wächterinnen des Weiblichen. Das weibliche göttliche Prinzip der Schöpfung ist in ihre Natur gelegt. Es ist ihr Wesen und zugleich ihre Aufgabe, das Weibliche für die Welt zu hüten. So tragen die Frauen nicht nur das Potenzial, sondern auch eine besondere Verantwortung, an der Heilung unserer Welt mitzuwirken.

Wir haben gesehen, dass die Rückkehr zur Natur des Weiblichen und ihrer Ganzheit eng damit zusammenhängt, dass das Gleiche auch für unsere Welt geschieht. Die Heilung des Weiblichen und die der Welt gehören zusammen. Das Wissen, das die Frauen für die Heilung der weiblichen Wunde benötigen, sprudelt aus exakt der gleichen Quelle wie jenes, das sie der Heilung der Welt geben können. Was auf individueller Ebene für die Frau geschehen kann, wenn sie ihre weibliche Kraft wieder aufnimmt und die alten Muster des Zerwürfnisses hinter sich lässt, das kann auf kollektiver Ebene auch in der Welt geschehen.

25 H. Rein/I. Michael, Hafiz, Liebeslieder an Gott, Seeon 2002, S. 53.

Doch es drängt sich natürlich weiter die Frage auf, was können wir *tun*? Wenn eine Zeit der Heilung angebrochen ist, wenn eine Heilungsenergie der Welt zur Verfügung gestellt wird, weil ein Licht dabei ist zu erwachen, dann sollte es doch reichen, wenn wir dieses Licht wahrnehmen, den Boden bereiten und ihm zur Geburt verhelfen. Wenn es vordringlich darum geht, zu empfangen, zu lauschen und zuzuhören, also jene weibliche Qualität wieder ins Leben zu bringen, die sich eben nicht in Aktionismus verstrickt und damit alles zudeckt, was sich von innen entfalten will, was sollen nun die Frauen noch beitragen – abgesehen von der Wiedererweckung ihrer Empfänglichkeit?

Mit einem ironischen Unterton könnte man antworten: Nichts weiter als das? Denn dieser Beitrag scheint immens, wenn wir uns vergegenwärtigen, welch radikale Umkehr in unserer Haltung und in unserem Bewusstsein dies bedeuten würde. Was heißt konkret: Den Boden bereiten, das Licht wahrnehmen und ihm zur Geburt verhelfen?

Wir wollen noch einmal einen Blick darauf werfen, wie sich diese Worte mit Leben füllen könnten, was das Fleisch daran ausmacht, wie es lebendige Farbe annehmen kann.

Vergeben und Frieden schließen

„Liebe heilt."

UNIVERSELLE WEISHEIT

Damit die neue Saat aufgehen kann, muss der Boden bereitet werden. Die Frauen wirken maßgeblich daran mit, indem sie das Alte durch Annehmen, Lieben und Verzeihen loslassen. Unsere Welt ruft danach, dass die Frauen wieder zu ihrem inneren Frieden finden. Denn, wie der Dalai Lama sagt, *„wer selbst keinen inneren Frieden kennt, wird auch in der Begegnung mit anderen Menschen keinen inneren Frieden finden, und nie können friedliche Beziehungen zwischen Einzelnen oder zwischen ganzen Völkern zustande kommen, solange diese Einsicht nicht beherrscht wird."*[26]

26 Dalai Lama, Botschaft des Friedens, München 1998, S. 10.

Der Weg beginnt also – wie immer – im Inneren. Wir haben uns hier intensiv damit beschäftigt, wie Frauen individuell zu diesem inneren Frieden finden können, welche Hindernisse überwunden werden müssen und was es gilt, hinter sich zu lassen. An dieser Stelle werfen wir noch einmal einen Blick darauf, was dieser Friede nicht nur mit der einzelnen Frau, sondern mit unserer Welt zu tun hat, was es auf kollektiver Ebene bedeutet und wie weitreichend die Auswirkungen auf unser gesamtes Leben sein können.

Aus dem Thomas-Evangelium ist uns folgender Ausspruch überliefert: *„Wenn zwei miteinander Frieden schließen im gleichen Haus, werden sie zum Berg sagen: ‚Hebe dich hinweg!' Und er wird sich hinwegbewegen."*

Frieden zu schließen hat demnach eine Kraft, die alle unsere Vorstellungen über die Gesetze der Realität über den Haufen werfen kann. Wir sprechen hier nicht von jenem Frieden, bei dem man sich zähneknirschend die Hand gibt, wohl wissend, dass der Konflikt in jedem Moment wieder aufflammen kann. Es geht vielmehr um einen Frieden, der im Herzen geschlossen wird, eingetaucht in die Liebe des Herzens. Dieser Friede stellt keine Bedingungen und erfordert keine Verhandlungen. Er nährt sich allein durch das Licht, aus dem er geboren wurde. Er kennt keine Rückfälle, weil die Vergangenheit für immer weggenommen ist.

Dieser Friede hat eine für uns unvorstellbare Macht. Er verfügt über die Eigenschaft sich auszubreiten, wie alles Lebendige. Das Licht des Friedens fließt in Wellen, wie jedes Licht.

Viele Frauen fühlen nicht wirklich Frieden in ihrem Inneren, nicht mit sich selbst und in sich selbst, solange sie nicht ihrer Natur gemäß leben können und solange die Welt und das Leben auf dieser Erde diese Natürlichkeit nicht reflektiert. Sich in Schritten, die auch noch so klein erscheinen mögen, auf den Weg zu machen und mit der eigenen Natur des Weiblichen wieder Kontakt aufzunehmen, bedeutet zunächst, sich mit sich selbst auszusöhnen.

Mit dem, was nicht echt ist, in sich selbst leben zu müssen, erzeugt dauerhaften Unfrieden. Dieser wird nicht selten auf jene projiziert, die einem für diesen Zustand verantwortlich zu sein scheinen oder die ihre Vorteile aus dieser Situation ziehen mögen – die Männer.

Weil das männliche Denken und die männliche Umgangsweise mit Gott und der Welt über die Jahrhunderte eine solche Dominanz bekommen hat, sind Verletzungen geschehen und Ungleichgewichte entstanden. Alle haben daran mitgewirkt, Frauen wie Männer. Doch nun beginnen wir zu erkennen, dass die Verwundungen uns alle betreffen, uns und unsere Erde, unser ganzes Leben. Es ist unsere gemeinsame Sache geworden, der wir nur mit dem Licht begegnen können, das uns gemeinsam ist. Es ist das Licht der Liebe, welches die gesamte Schöpfung durchdringt. Dieses Licht existiert auch in unseren Herzen und gibt uns letztlich die Kraft zu verzeihen.

Für Frauen geht es darum, sich selbst zu verzeihen, dem Männlichen zu verzeihen und anzunehmen, dass das Leben diesen Lauf genommen hat. Statt auf Schuldzuweisungen zu beharren und sich allem Neuen, das sie erlösen könnte, zu versperren, ist der erste Schritt, sich für die Möglichkeit der Heilung zu öffnen.

Wir wissen aus dem alltäglichen Leben, dass nicht alle Wunden heilen können und häufig auch Narben zurückbleiben. Auch die haben ihre Bedeutung, und wir werden darauf noch zurückkommen. Doch die Risse, die wir in unseren Herzen verursachen, weil wir nicht aufhören zu polarisieren, nicht vergeben und nicht Frieden schließen, können immer heilen, denn die Liebe hält alles zusammen und vereint alles.

Die gegenwärtigen Kriege in der Welt und das unglaubliche Ausmaß an Grausamkeit gegenüber Männern, Frauen und Kindern füllen mit ihrer irrationalen Rohheit und Zerstörungskraft Meere voller Tränen. An manchen Orten treibt dieses erfahrene Leid die Spirale der Gewalt weiter an, lässt eine neue Wut entfachen, die sich wiederum mit neuen Zerstörungen austobt. Doch zahllose Menschen sehnen sich einfach nach jenem Frieden, der ihnen wieder erlaubt, ein echtes Leben zu leben, ihre Nahrung anzubauen und zu ernten, Kinder zu bekommen und großzuziehen, zu arbeiten und zu feiern und am Abend friedlich unter einem Baum oder – je nach Lebenszusammenhang – in ihrer Stube zu sitzen, der Sonne beim Untergehen zuzuschauen, Musik zu hören, einen Film anzuschauen oder mit ihrer Familie friedlich essen zu können. Die Tränen dieser Menschen, die keinen ruhigen Alltag mehr leben dürfen, sind einfach Tränen des Schmerzes und der Sehnsucht nach Leben. Sie fließen unsichtbar und von der Weltöffentlichkeit und ihren spektakulären Fernsehbildern unbemerkt in die verletzte Erde, die nach Heilung ruft. Doch gefangen in der Raserei, die auch jene erfasst, die selbst der menschlichen

Gier zum Opfer gefallen sind und die haben wollen, was andere haben, scheint kaum noch ein Innehalten möglich zu sein.

Frauen wissen, dass das Leben eine Einheit ist. Es ist Zeit, dass die Frauen vergeben und Frieden schließen, dass sie die Vergangenheit hinter sich lassen und so wieder Raum schenken für dieses weibliche Wissen.

In dieser Welt sind es auch die Frauen, die uns wieder daran erinnern können, dass das Leben heilig ist, das Leben als Ganzes und das Leben in jedem noch so kleinen Geschöpf.

Gleichzeitig, wie der Dalai Lama es so prägnant formuliert hat, hängt auch der Frieden im Inneren, mit sich selbst, untrennbar zusammen mit dem Frieden in der Welt, zwischen den Völkern.

Manche Frauen, die sich dieser Frage widmen, wünschen sich Rituale, um diesem Frieden näher zu kommen oder ihn in sich herzustellen. Unser Leben braucht gewisse Rituale, damit wir lernen, damit wir uns erinnern, damit wir darin unterstützt werden können, dass inneres Licht und äußere Form zusammenkommen. Es gibt allerdings Bibliotheken voller Ratgeber, die Rituale für alle möglichen Dinge des Lebens befürworten. Doch das Angebot von eher „theoretischen" Ritualen, die nicht wirklich in unserer Kultur verankert sind, ist überfordernd. Versucht man sie kennenzulernen und zu praktizieren, läuft man Gefahr, am Ende gar nichts mehr zu machen. Sie haben zu wenig Berührung mit unserer Kultur, sind häufig aufgesetzt und deshalb leer von einem gewissen Licht, das durch eingeweihte Schamanen oder Meister des Rituals weitergegeben werden könnte, anhand eines Buches aber eher nutzlos sind.

Wichtiger als Rituale ist die innere Arbeit, die Wandlung im eigenen Inneren. Eine amerikanische Therapeutin, die selbst über ein tiefes schamanisches Wissen verfügt, sagt:

„Nicht die Zeremonien sind es, die unser Leben verändern. Unsere innere Wandlung wird dem Planeten wahre Heilung bringen."[27]

Auf diesem Weg der inneren Wandlung, die hilft, den ganzen Planeten zu heilen, ist es einzig und allein die Liebe, die diesen Weg ermöglicht. Liebe hilft uns zu vergeben, sie ist die Wurzel, aber auch die Frucht un-

27 Sandra Ingerman, a.a.O., S. 264.

serer Vergebung. „*Wenn wir wirklich lieben wollen, müssen wir lernen, wie man vergibt*", hat Mutter Teresa einmal gesagt.

In der Liebe gelangen wir über das Leid, vor allem das Selbstmitleid wegen erlittener Verletzungen, weit hinaus. Die Liebe verleiht uns Flügel, die uns aus der Gefangenschaft dieses Leidens befreit und durch die Lüfte einer Freiheit trägt, die sich weit über erlittene Wunden hinwegsetzt. Der Wunsch nach Genugtuung oder Vergeltung, ja selbst der Wunsch nach vollkommener Heilung jeder Wunde, verschwindet in der Liebe.

Wenn wir uns mit Heilung beschäftigen, so können wir finden, dass gerade die Wunde uns die Fähigkeit verleiht, heilen zu können. Wer selbst nie verwundet wurde, hat Schwierigkeiten, das Leid anderer zu verstehen. Die Wunde hält das Herz offen, den Ort, an dem wir das Mitgefühl für alle unsere Mitgeschöpfe empfinden können.

Verletztheit und Heilungsfähigkeit hängen miteinander zusammen. Es wird berichtet, dass Schamanen, die heilenden Mittler zwischen den Welten, auch „verletzte Heiler" genannt werden und man davon ausgeht, dass sie eine Wunde haben, die niemals heilt.[28]

So kann auch die Verletzung des Weiblichen für Frauen bedeuten, dass sie ihre Fähigkeit zu heilen unterstützt. Doch dies kann nur geschehen, wenn die Frau hinsichtlich der Verwundung ein gewisses Bewusstsein erlangt hat, wenn diese Erfahrung in Liebe getaucht wird. Dann kann die Wunde sie für neue Ebenen des Bewusstseins öffnen[29] – jenseits von emotionalen Reaktionen, die sie letztlich nur in sich selbst gefangenhalten. Da die Wunde also eine Tür ist, durch die wir einen neuen Raum der Liebe und des Mitgefühls betreten können, ist es auf einer gewissen Ebene notwendig, dass, wie vorher schon einmal angedeutet, nicht jede Wunde heilt.

Die Vorstellung, wie eine erfahrene Verletzung zusammengehen kann mit der Fähigkeit zu heilen, ist uns fremd und ungewohnt. Erst die Liebe und die innere Bereitschaft, Frieden damit zu schließen, machen einen Sinn daraus. Häufig müssen wir eine bewusste Entscheidung treffen, aus einem

---

28 vgl. S. Ingerman, S. 60.

29 Vgl. den Abschnitt in diesem Buch: „Weibliche Verwundbarkeit als spirituelle Qualität".

alten Muster herauszutreten, damit sich diese Tür öffnen kann. Diese Veränderung der inneren Haltung und der damit einhergehende Friede sowie die Freude, die daraus hervorsprudelt, kann in unserem ganz alltäglichen Umfeld beginnen und weitet sich doch aus auf das gesamte Leben.

Eine Ahnung von dem, wie tief und heilend solche scheinbar kleinen Schritte in das gesamte Gewebe des Lebens wirken, bekommt man, wenn man der Erfahrung lauscht, von der eine Frau auf ihrem inneren Weg berichtet:

„In der Nacht nach meinem Umzug aus einer Gemeinschaft, in der ich zuvor gelebt hatte, kam folgender Traum:
Ich bin an dem alten Ort mit einer Frau zusammen, die mich bei sich halten möchte. Ich bewege mich von ihr weg und spüre, wie ihre ganze Ausstrahlung mir Schuldgefühle machen möchte, weil ich gehen will. Klar spüre ich den Moment, wo ich mich entscheiden muss, und gehe.
Daraufhin komme ich in eine Halle. Dort öffnet sich innen eine mir bis dahin nicht bekannte Tür, und heraus strömen ganz viele Kinder, lachend und singend. Ich bin total überrascht und staune. Im nächsten Moment erlebe ich mich auf dem großen Platz nach Bachs „Magnifikat“ tanzend.
„Es“ tanzt mich einfach voller Jubel.

Ein unglaubliches Glücksgefühl, dabei aber auch eine Art Erschütterung und Dankbarkeit, empfand ich nach dem Aufwachen. Diesem Traum war eine Krise mit meinem Mann vorausgegangen, und ich war in eine mir sehr vertraute Opferhaltung gerutscht, die den anderen sich maßlos schuldig fühlen lassen kann. Ich hatte einen Kontakt zu der Macht (aber gleichzeitig Ohnmacht), die wir Frauen mit diesem Verhalten haben, und zu der Lebensverneinung, das Zusammenziehen von Lebensenergie, die damit einhergehen. An dem Punkt, wo sich alles festgezurrt anfühlte, gab es plötzlich in mir unerwartet eine Entscheidung, daraus auszusteigen. Unmittelbar danach strömte, wie eine Antwort, eine Energie in mich ein, die pure Freude war, als würde ich aus einem Traum erwachen. Ich fühlte mich total lebendig und frei und konnte meinen Partner freilassen und lieben.

Es war für mich eine Erfahrung, was wir dem Leben vorenthalten, wenn wir nicht in die eigene Verantwortung gehen und die Männer nicht aus ihrer Schuld entlassen.
Als ich nach einigen Tagen wieder in eine düstere Stimmung gerutscht war und das Radio einschaltete, sang mir das „Magnifikat" entgegen – wie eine Erinnerung, für die ich dankbar war, die aber auch die Bedeutung der Erfahrung oder des Traumes unterstrich."

Der Tanz mit dem Leben

„Ich war ein verborgener Schatz
und ich sehnte mich danach, erkannt zu werden,
und so erschuf ich die Welt."

HADITH

Als ich, in den späten fünfziger Jahren, alt genug war, meine Mutter auf meinen eigenen Beinen auf Wegen außerhalb des Hauses zu begleiten, begann sie mir beizubringen, jedes Mal ein Gebet im Herzen zu sprechen, wenn wir einer schwangeren Frau begegneten. Für eine glückliche Geburt, und damit es dem Kind und der Frau gut gehe. Durch die Art und Weise, wie meine Mutter mir dies näherbrachte, entwickelte sich in mir schon ganz früh eine besondere Achtung vor jeder Frau, die schwanger war, gleichgültig ob ich sie kannte oder nicht. Ich spürte, dass es etwas ganz Heiliges war, was sie umgab, und fühlte gleichzeitig, dass es Gottes Gnade bedurfte, damit dieses Heilige tatsächlich geschehen konnte. Darum war das Gebet wichtig.

Die Frauen mit den gewölbten Bäuchen leuchteten in einem besonderen Licht, das sie schon in meiner kindlichen Wahrnehmung als einerseits unendlich verletzlich und zart, andererseits aber als sehr kraftvoll und wie in einem geheimen Bund mit Gott verschworen erscheinen ließen. Einige Jahre später wurde es dann sehr verwirrend für mich, dass für andere Menschen diese Frauen sich „in anderen Umständen" befanden – etwas, das man zu jener Zeit fast nur hinter vorgehaltener Hand aussprach. Warum war die Quelle des Lebens etwas, worüber man gar nicht oder nur „umständlich" sprach und was man nur verschämt aus dem Augenwinkel bemerkte oder betrachtete? Warum feierte man das nicht, und warum sahen diese Frauen manchmal so traurig aus? Ja, es schien ein Mysterium zu sein, aber doch so voller Leben und Versprechen – und so konkret.

Ich fühlte ein stilles Bündnis mit meiner Mutter, das über das Mutter-Kind-Verhältnis hinausging. Wir beide teilten ein Wissen, das für mich trotz der scheinbar wenigen Mitglieder in unserem Bund ohne Zweifel sehr real und authentisch war. Wir hatten direkten Zugang zu etwas absolut Heiligem, zum Leben selbst!

Irgendwo wusste ich, dass ich Teil hatte an der Magie der Schöpfung, fühlte mich vertraut mit dem Zauber, den es bedeutete, dass eine Seele in die Welt kommen und physische Gestalt annehmen kann. Jedes Kind hat zunächst eine Erinnerung daran, wo es herkommt. Das Wissen um die Tatsache, dass wir aus dem Licht, aus einer anderen Welt in diese Welt treten und diese physische Welt hier nicht als einzige existiert, ist für Kinder nicht außergewöhnlich. Doch darüber hinaus wurden mir damals die Augen geöffnet für die einfache, aber vergessene Wahrheit, dass das Leben ein weibliches Mysterium ist, an dem die Frauen in besonderer Weise beteiligt sind. Sie sind es, die um das Geheimnis wissen und es leben.

Frauen wissen von dem Licht, das alle Materie durchzieht und von innen her durchdringt. Sie haben es in ihrem Blut, auch wenn sie abgeschnitten wurden von einem Bewusstsein, das die Weisheit über die Einheit des Lebens umfasst. Sie wissen, wie das Licht in der Materie mit allem Geschaffenen kommuniziert. Sie wissen um die Verbundenheit und Bezogenheit innerhalb allen Lebens. Tief in ihrem Inneren hat die Frau das Wissen um die wirkliche Sprache, die Bewegung, den Tanz des Lebens und um seine Ganzheit.

Nun ist es an der Zeit, dass wir dem Leben die Musik zurückgeben können, nach der es aufs Neue erwachen und tanzen möchte. Wenn die Frauen das Licht jenes Wissens um die Einheit, das sie in ihren Zellen tragen, dem gesamten Bewusstsein der Schöpfung zurückgeben, kann das Leben wieder heilen und kann wieder beginnen zu singen. Wir erkennen erneut, wie wir mit dem Leben tanzen können, statt gegen es zu kämpfen.

Die Energie des Lebens fließt durch ein Netz von unendlich vielen Verbindungen, und der Mensch kann zu diesen Verbindungen einen Kontakt herstellen und darauf einwirken, so dass die Lebensenergie frei strömen und über dieses Netz jedes Teil innerhalb des Ganzen erreicht werden kann. Wenn wir dem Leben das Bewusstsein der Einheit wieder zurückgeben und dieses Bewusstsein sich durch das Netz des Lebens offenbart, so kann das Leben selbst wieder seine Weisheit und seine heilende Kraft entfalten.

Frauen tragen in sich das instinktive Wissen von jenem Netz, von den wechselseitigen Beziehungen innerhalb des Lebens und von der Einheit von Materie und Geist. Sie sind es, die einen wichtigen Beitrag leisten können, damit sich eine neue Ära im Bewusstsein der Menschen entfalten und unsere Welt ein neues Gleichgewicht finden kann.

Was dem Weiblichen angetan wurde, wurde gleichzeitig dem Leben zugefügt. Beides kann zusammen heilen, und die Frauen stehen im Zentrum einer bestimmten Arbeit, zu der jeder mit Hilfe seines Bewusstseins beitragen kann.

Die Frauen können, die Frauen dürfen sich erinnern. Die Welt ruft danach. Doch sie müssen es selbst tun, niemand anders kann es für sie tun. Sie benötigen den Mut und das Zutrauen, das sie nur im eigenen Herzen finden können, um sich von den alten Mustern zu lösen und die Rückzugsorte, die Täler der Tränen und die Schlachtfelder der Selbstbehauptung zu verlassen. Ihre wirkliche Befreiung ist die Befreiung aus dem Nebel, der sie so lange Zeit schon bedrückend umhüllt, einsperrt und vom Licht des Weiblichen in der Schöpfung trennt.

In dieses klare Licht zurückzutreten, sich wieder zu erinnern und wieder aufrecht die Würde des Weiblichen zu tragen, ist ein großer Schritt innerhalb jenes Beitrags, den die Frauen für die Heilung der Welt zur Verfügung stellen können.

Wenn Frauen sich der Magie des Lebens und der Geheimnisse des göttlich Weiblichen wieder erinnern, beginnen sie, dieses Bewusstsein überallhin, wo sie sich aufhalten, mitzunehmen. Sie reflektieren dieses Licht.

Sie können es für sich in der Stille leben, und sie können es mit sich hinaustragen und in ihre Arbeit einweben, ob im Beruf oder in der Familie. Der wichtigste Schritt aber ist, sich selbst wieder damit zu verbinden. Alle weiblichen Qualitäten, wie Fürsorge, Kreativität, in Beziehung stehen, Vernetzung und Verbundenheit mit der Erde, werden sich von selbst weiter entfalten, wenn eine Frau sich körperlich, seelisch, geistig und spirituell wieder mit ihrem eigenen Potenzial in der Erinnerung an das Göttliche verbindet.

Obwohl jede Frau diese Weisheit in sich selbst wiederfinden muss, ist es hilfreich, einen gemeinsamen weiblichen Raum aufzusuchen. Dies kann auf der inneren Ebene genauso geschehen wie auf der äußeren. Das Weibliche in uns weiß auch, dass Innen und Außen nicht wirklich getrennt sind und letztlich zu derselben Realität gehören. Darum ist es auch nicht verschieden zu bewerten, es schwingt einfach nur in unterschiedlichen Frequenzen. Das Leben tanzt zwischen beiden Räumen, und es benötigt beide Räume.

Es gibt ein inneres Verbindungsnetz zwischen allen Frauen, innerhalb dessen die weibliche Weisheit, nach der das Leben verlangt, fließt. Frauen können wieder lernen, dieses innere Netz aufzusuchen und sich auf den beständigen Fluss darin einzuschwingen. Dies ist allerdings nur möglich, wenn Frauen die künstlichen Trennwände wieder abbauen, die sie zwischen sich und anderen Frauen akzeptiert oder selbst errichtet haben. Nur wenn Frauen Rivalität und Wettbewerb, was für das Männliche stimmig und wesensnah, für Frauen aber eher einer Anpassung an das Männliche entspringt und gepaart mit weiblicher Macht eine sehr zerstörerische Qualität annehmen kann, hinter sich lassen, können sie den Zugang zum inneren Energiefluss zwischen Frauen wiederfinden.

Der innere Zugang wird Frauen auch auf der äußeren Ebene diese Wege wieder öffnen; denn das Leben führt auf der äußeren Ebene zusammen, was sich innerlich bildet. Dies geschieht umso klarer, je freier wir damit zusammenarbeiten. Wir haben an anderer Stelle über die fehlenden Räume in unserer Kultur gesprochen, an denen sich Frauen zusammenfinden können. Ein wichtiger Schritt für Frauen ist es, wieder zuzulassen, dass sich solche Räume bilden. Wir können nicht in der Zeit zurückgehen und als Frauen wieder zusammen am Fluss waschen oder am Herdfeuer kochen, auch wenn das romantisch klingen mag und die Sehnsucht mancher von uns nach einem einfacheren Leben nährt. Es geht vielmehr darum, diese Räume in unserem gegenwärtigen Alltag zu finden oder zu schaffen. Dann können Frauen dazu beitragen, dass in einer Zukunft, in der das Leben wieder zu singen beginnt, die Anhaftung an so unendlich viel Materie und unnötige Dinge nachlässt und das Leben – auf der entsprechenden Stufe – wieder in sich selbst einfacher wird.

Wie kann das aussehen? Natürlich erleichtert uns die Technik von Waschmaschinen und Trocknern – statt des Waschbretts am Fluss – die Arbeit und damit das alltägliche Leben. Auch unsere elektronisch programmierbaren Küchen mit Mikrowelle und allerlei anderen Geräten betrachten wir als enorme Arbeitserleichterung, doch haben sie für einen Kreis gesprächiger Frauen keinen Platz und auch gar keine Einsatzmöglichkeit. Betrachten wir uns die Veränderungen unseres Lebensstils, der uns keine Räume zum Zusammensein mehr bietet, aber einmal näher, so stellen wir fest, dass es uns vor allem um Zeitersparnis geht. In der westlichen Welt leben wir in der Illusion, einen beständigen Mangel an Zeit zu haben, und alle diese Geräte in unseren kleinen isolierten Haushalten sollen uns in erster Linie eines erwirtschaften: Zeit. Unter diesem Gesichtspunkt wäre ein Zusammenkommen mit anderen Frauen inmitten des Alltags, sei es beim Kochen, Waschen oder Einkaufen, vor allem Zeitverschwendung. Ebenso ist es bei der Arbeit im Beruf: Eine elektronische Nachricht im Email-Verteiler an alle betreffenden Kollegen spart viel Zeit gegenüber einer Versammlung, in der man sich physisch begegnet.

Räume zu schaffen für das Zusammensein unter Frauen im Alltag, in unserer hochtechnisierten westlichen Welt, angesichts unserer nicht mehr sehr gemeinschaftlichen Art zu leben und zu arbeiten, ist also, wie es scheint, ferne Zukunftsmusik und müsste erst wieder ganz neu erfunden werden. Wären jedoch diese Möglichkeiten nicht hier und jetzt greifbar, wenn wir uns in kleinen Schritten von dem selbst geschaffenen Wahn mit der Zeit lossagen könnten? Wir wissen aus der Physik, genau wie aus der eigenen Erfahrung, dass Zeit relativ ist und nicht eine festgelegte starre Größe wie eine Torte, die nur zwölf Stücke hergibt und nicht mehr. Auch wenn sie noch so gut schmeckt, sie lässt sich nicht ausdehnen. Mit der Zeit ist das anders. Sie ist nicht nur relativ in der menschlichen Wahrnehmung von ihrer Ausdehnung und Größe. Moderne Physiker und Philosophen sagen daher einhellig, Zeit sei eine Illusion. Kein Wunder vielleicht, dass sie uns ständig fehlt, wenn sie nicht real ist! Aber warum rennen wir ihr stets hinterher, mit dem Ergebnis, dass der empfundene Mangel sich noch vergrößert? Es ist unumgänglich, dass wir, sofern wir uns neue Räume des Zusammenseins erschließen wollen, unsere Beziehung zur Zeit verändern sowie der Qualität dessen, was wir erleben, den Vorrang geben vor der Zeit, die es uns kostet. Erst dann können sich neue Räume auftun, in denen Frauen sich auch wieder physisch vernetzen können, trotz dieser hochtechnisierten Welt, in der wir glauben, keine Zeit verschwenden zu dürfen. Es gibt durchaus immer noch Möglichkeiten in unserer Kultur, die dann zu entdecken und auszubauen wären, wobei der Kreativität der Frauen keine Grenzen gesetzt sind. Warum beispielsweise lieben die Menschen es vielerorts, auf dem Wochenmarkt einzukaufen, trotz aller bestens eingerichteten modernen Supermärkte, an denen fast alle zu erwerbenden Dinge für das tägliche Leben an einem Ort in kurzer Zeit zu haben sind? Seit Jahrtausenden und in allen Regionen der Erde sind Märkte die Plätze, an denen nicht nur gekauft und verkauft wird, sondern auch Nachrichten ausgetauscht werden, zusammen gelacht wird, an denen man Freunden und Bekannten wiederbegegnet oder wo man Freude und Leid teilt. Das Gemüse, das man kauft, wandert von Hand zu Hand, mit einem Lachen, einer Geste oder einem Wort. Die Erfahrung, für die Nahrung zu sorgen, ist eingebunden in menschliche Beziehung und gemeinsames Erleben.

In solchen Situationen kann die weibliche Weisheit des Nährens zwischen den Frauen fließen und sich verbinden, ob durch das gesprochene Wort oder unausgesprochen im Zusammensein und Teilen dieser alltäglichen Dinge. Auch in der modernen Berufswelt könnten Räume geschaffen werden, innerhalb derer Frauen sich begegnen und sich im Netz ihres gemeinsamen Wissens austauschen. Man stelle sich auch die Mütter vor, Tausende in jeder Stadt, die jeden Morgen allein in ihren Autos sitzen und in Hektik ihre Kinder zur Schule bringen. Welche Möglichkeiten würden sich eröffnen, wenn sie dies mehr miteinander teilen würden? Um wie vieles mehr könnten sie, weniger isoliert und getrieben von Hektik, auch die Freude und das Licht zulassen, das ihre Kinder in ihr Leben bringen?

Allerdings erfordert dies nicht nur das Teilen und Zusammensein der Frauen, sondern auch ihre Präsenz im ganzen Leben, innen und außen. Nur wenn die Frauen präsent sind, können sie Geburtshilfe leisten für das neue Licht, das in die Welt geboren wird.

Wir können beobachten, dass Frauen im öffentlichen Leben mehr und mehr präsent werden, nachdem sie eine lange Zeit völlig unsichtbar waren. Plötzlich finden sich in der Politik, zumindest vereinzelt, Frauen an der Spitze, ebenso in anderen gesellschaftlichen, kulturellen oder sogar religiösen Organisationen. Das ist ein Zeichen, dass sich etwas verändert in der Welt, und doch sollten wir uns davon nicht irreführen lassen. Zum einen hängt wirkliche Präsenz nicht unmittelbar zusammen mit der oberen Spitze einer Hierarchie, auch wenn wir gewohnt sind, die Dinge so zu sehen. Zum anderen bedeutet es nicht zwangsläufig Präsenz des Weiblichen, wenn Frauen eine repräsentative Aufgabe oder ein Amt verkörpern. Eine Frau, die in unserer Welt Karriere macht, findet diesen Weg nicht, wenn sie sich nicht männliche Denkweisen aneignet und häufig auch gezwungen ist, ihre weibliche Intuition und ihre weiblichen Instinkte zu unterdrücken. Das ist oft ein sehr schmerzhafter Prozess für Frauen, weil sie hier auf extreme Weise gezwungen sind, ihre Weiblichkeit zu verleugnen. In diesem Bereich gilt es, ganz neue Strukturen und Wege zu finden, die aber bisher noch kaum in dieser Welt vorhanden sind.

Wirkliche Präsenz bedeutet, gegenwärtig und zur Stelle zu sein, wo es erforderlich ist, und innerlich bei allen Tätigkeiten mit all unseren Kräften verbunden zu sein. Präsenz in den Abendnachrichten, auf den Titelseiten der Magazine oder an den Konferenztischen der Konzerne bedeutet nicht zwangsläufig innere Verbundenheit mit dem, für das man sich einsetzt. Präsent sind wir, wenn wir es wagen, wo immer unser Platz im Leben angesiedelt ist, zu sein, wer wir sind, unsere Gedanken zu Ende zu denken, unsere Gefühle ernst zu nehmen und unsere Weisheit wirken zu lassen. Präsent sind wir weiterhin, wenn wir auf das Leben lauschen, um zu hören, was es benötigt, und dann – im Rahmen unserer Möglichkeiten – auf diese Bedürfnisse antworten. Mit dieser Art von Präsenz haben Frauen sich in ihre privaten Räume zurückgezogen und zweifeln selbst dort daran, ob ihre natürliche Kapazität, für ihre Kinder einfach präsent zu sein, gesellschaftlich noch angemessen ist. Weil Kinder großzuziehen keine Karriere ist, obwohl es für Jahre, am Beginn sogar Tag und Nacht, wirkliche innere und äußere Gegenwärtigkeit verlangt, passt diese Art der Präsenz nicht in das hierarchische Bild, das allein unsere Wertschätzung zu verdienen scheint.

Doch Weiblichkeit benötigt keine Hierarchie, um präsent zu sein. Sie sucht die unmittelbare Verbindung mit dem Leben – überall da, wo das Leben stattfindet, innerhalb des gesamten organischen Netzes, das nicht in linearen Auf- und Abstiegen, sondern innerhalb eines verwobenen Organismus auf allen Ebenen verläuft.

Konkret bedeutet dies, dass Frauen wieder durch ihre Qualitäten mit dem Leben verbunden sind, wie sie ihrer jeweils weiblichen Natur entsprechen, und zwar überall, wo ihr Leben sich abspielt. Frauen können in jeder Form des alltäglichen Lebens dieses Licht dem Ganzen zurückgeben: Wenn sie ihre Kinder versorgen oder ihren Partner lieben, wenn sie die Arbeit im Büro verrichten oder ihre Doktorarbeit schreiben, als Künstlerinnen und als Geschäftsfrauen, bei der Arbeit im Garten oder in der Betreuung von Menschen, bei der Zubereitung von Mahlzeiten und beim Spaziergang in der Natur, beim Feiern von Festen und in stillen Momenten der Kontemplation.

Dann beginnt das Leben, die Große Mutter, wieder zu uns zu sprechen, zu uns allen. Sie wird uns sagen, was sie benötigt, und wir werden wissen, was wir zu tun haben, wenn wir zuhören.

Wir leben in einer Zeit, in der sich die Muster des Lebens verändern. Ein neuer Tanz entsteht. Es gibt keine Bücher und keine Traditionen, die uns sagen können, wie sich das Leben verändern wird und wie wir daran mitzuwirken vermögen. Nur indem unser Bewusstsein dem erwachenden Bewusstsein im Leben begegnet, vermitteln sich die Informationen, die für uns bedeutsam sind. Das Leben kann uns lehren, und seine Weisheit hat Dimensionen, die wir nicht erahnen. Es weiß, wie es sich erneuern kann, und dieses Wissen geht weit über das hinaus, was unserem gegenwärtigen Wissenstand in der Welt entspricht. Aber das Leben ist bereit, uns dies mitzuteilen. Es gibt keine Therapie für unsere Welt, die wir nachlesen, deren Anweisung wir irgendwo finden können. Wir können uns nur im Augenblick auf dieses unglaubliche Wunder einlassen und wieder beginnen, das Licht zu bezeugen, das alles Leben nährt und gestaltet. Wir werden zu Zeugen, sobald wir dieses Licht wahrgenommen haben. Wenn wir diese Wahrnehmung nicht verdrängen, sondern sie vielmehr in unserem Umgang mit dem Leben berücksichtigen, bekräftigen wir seine Existenz und Wirklichkeit. Es geschieht ganz einfach dadurch, dass die Welt, mit der wir verbunden sind, in die wir wirken und die wiederum auf uns wirkt, für uns wieder in all ihren Erscheinungen eine Seele aufweist. Das Brot, das ich esse, die Menschen, denen ich begegne, und die Materie, mit der ich arbeite, erhält wieder meine Achtung zurück, und so werde ich Zeuge ihres Lichtes. In diesem Augenblick entfaltet sich der Tanz, ein gemeinsamer Tanz zwischen dem Leben und uns. Alle wirklichen Tänzer wissen, dass jeder Tanz eine Einheit ist, in dem die Tänzer miteinander in *einer* Bewegung verschmelzen. In jenem wirklichen Augenblick werden wir und das Leben eins.

Die Erfahrung zeigt, dass Frauen genau wissen, worum es geht, wenn sie von diesen Zusammenhängen hören. Es ist uns niemals wirklich fremd, selbst wenn das Wissen tief vergraben und lange nicht mehr gelebt ist. Doch wir zögern, es erscheint uns oft zu groß oder nur für andere bestimmt. Auch wenn die Sehnsucht stark ist und wir diesen Faden ergreifen, nähern wir uns nur allmählich dem, was es in unserem Leben bedeuten könnte.

Gewiss bedarf es eines Weges, eines Prozesses, der unsere innere Wandlung begleitet und uns so zu jenem Tanz hinführen kann.

Der folgende Auszug aus dem Brief einer Frau, die sich schon einige Jahre auf dem inneren Weg befindet, gibt uns Einsicht in diese Prozesshaftigkeit und macht Hoffnung, trotz aller Geduld, die wir aufbringen müssen:

„Ich weiß nicht, seit wann das so ist, aber als kleiner Teil dieser großen Veränderung in der Welt, der sich vielleicht durch tiefe innere Veränderung bei Einzelnen ausdrückt, bemerke ich, dass meine gesamte Lebenshaltung sich ändert. Meine ständig auf irgendwelche Ziele ausgerichtete Haltung, mein voller Kopf mit festen Vorstellungen, wie etwas zu sein haben muss, mein Wunsch, kontrollierbare Ordnung, hierarchische Struktur und Sicherheit im Leben zu haben, löst sich zunehmend auf. Mehr und mehr lebe ich jeden einzelnen Tag. Manchmal spüre ich dabei das Mysterium des Lebens, das absolutes Vertrauen erfordert, und manchmal habe ich das Vertrauen, wenn ich bemerke, wie sich Dinge im Alltag auf einmal ineinander fügen. Ich weiß, ich muss mich heraushalten, auch wenn mir das sehr schwer fällt und ich manchmal in einen inneren Konflikt komme, weil ich noch nicht wirklich begreife, was es heißt, sich vollkommen leer zu machen, einen Schritt beiseite zu treten, zu fragen, was gebraucht wird und dann als Person etwas zu sagen, zu handeln, zu entscheiden oder eine bestimmte Haltung

einzunehmen. Das Gefühl, dass es durch mich kommt, aber nicht von mir ist, das habe ich noch nicht – und dabei doch zu wissen, dass das, was ich in dem Moment tue, Teil des Ganzen ist, sich einfügt in den ineinander fließenden Fluss des Lebens.
Dann wiederum finde ich großen Respekt und absolute Unterordnung unter die unvorstellbar große Kraft dieses Lebensflusses, die auch Zerstörung und Tod mit sich bringt, ob ich das will oder nicht, und ich weiß, wie klein und unwichtig „ich" darin bin.
Und doch ist das Leben auch mein Geschenk. Ich habe manchmal so eine Lebensfreude, einen Frieden in dem Wissen, dass das Leben ein ständiger Prozess ist, dem ich mich absolut vertrauensvoll hingeben kann und der gestärkt wird durch dieses Vertrauen, weil wir ein manifester Teil davon sind. Meine Verbundenheit zur Natur, deren Heilkraft ich spüre, wenn es mir schlecht geht und ich durch Wald, Wiesen und Felder laufe, wird noch tiefer und inniger. In mir wächst eine große Sehnsucht, meinen Beitrag zum Erwachen des Ganzen leisten zu können."

Der Beitrag der Frauen, den die Welt benötigt, ist ihr Mut, wieder als die zu leben, die sie *wirklich* sind. Das schließt ihre jeweils individuelle Unterschiedlichkeit mit ein; denn darin bereichern sie das Spektrum der unzähligen Nuancen von Farben in dieser Welt. Gemeinsam jedoch sind ihnen ihr weiblicher Zugang zur Natur, zur natürlichen Heiligkeit des Lebens, und das tiefe Wissen darum, dass die Welt göttlich ist. Dieses Wissen gilt es nicht nur zu denken, sondern zu leben. Es gibt kein Rezept dafür, und wir Frauen können nur in uns selbst finden, wie und auf welche Weise wir dies jeweils ins Leben bringen. Nur eines ist sicher: Dieses Wissen lässt sich nicht forcieren und niemandem aufdrücken oder überstülpen. Es funktioniert nur, wenn es fließt, wenn es sich einfügt in einen Tanz. Dieser Tanz mit dem Leben kann weich und sanft, aber auch leidenschaftlich und wild sein. Er kann viele Formen annehmen, aber er verlässt nie die Choreographie der Einheit.

Übung

Lauschen

Dieser Übung, in der wir unser ganzes Sein auf einen leeren inneren Raum ausrichten und damit die weibliche Qualität des Zuhörens und Empfangens erfahren, können wir uns für wenige Minuten hingeben, wo immer wir uns aufhalten. Wichtig ist allein eine Umgebung, in der wir uns mühelos von äußeren Ablenkungen zurückziehen können. Eine kurze Rast auf einem Spaziergang in der Natur, eine Pause auf der heimischen Terrasse oder einfach ein Moment auf dem häuslichen Sofa oder auf einem Kissen sitzend auf dem Fußboden. Für jeden von uns ist es unterschiedlich, wie wir uns wohlfühlen, uns einlassen und in uns gehen können. Für manche Menschen ist die Natur mit ihrer Frische, ihren Düften und ihrer eigenen Stille sehr hilfreich, andere fühlen sich nur frei für eine solche innere Betrachtung, wenn sie in ihrem gewohnten Zuhause sitzen, und wiederum anderen hilft ein bestimmter Platz zum Meditieren, damit sie sich klar und ausgerichtet fühlen können.

Wählen Sie also einen Ort oder probieren Sie verschiedene Möglichkeiten aus. Sie können diese Übung beliebig oft wiederholen – und dabei immer neue Erfahrungen sammeln. Es gibt keine Skala des Erfolges oder Misserfolges. Es handelt sich einfach um eine Erfahrung.

Setzen Sie sich bequem hin und schließen Sie die Augen.

Spüren Sie in Ihren Körper, und spüren Sie zu Ihrem Atem. Je mehr Sie einfach nur Ihren Atem spüren, desto ruhiger werden die Gedanken des Alltags. Lassen Sie zu, dass Ihr Körper sich entspannt und mit ihm Ihr Verstand, der sich vielleicht soeben noch angestrengt mit vielerlei Fragen und Problemen beschäftigt haben mag.

Bestätigen Sie sich ganz bewusst, dass Sie in diesem Moment nicht aktiv sein müssen. In diesem einzigartigen Moment, jetzt, gibt es nichts, das wichtig ist, zu tun. Ihre Hände ruhen und Ihr Verstand ruht – vor allem aber Ihre eigene Vorstellung von dem, was Sie glauben, tun zu müssen.

Lassen Sie Ihren Atem tief werden, und ziehen Sie sich ganz aus dem Gefühl der Anstrengung heraus. Dabei bleiben Sie ganz wach und aufmerksam.

Atmen Sie tief in Ihren Bauch und spüren Sie, wie Sie in Ihrer Mitte sitzen. Spüren Sie, dass Sie einfach *sind*. Bleiben Sie bei Ihrem Atem und lassen ihn auch Ihren Brustraum weiten.

Spüren Sie in Ihr Herz. Vielleicht fühlen Sie dort Frieden oder Stille oder ein tiefes Empfinden von Liebe. Gehen Sie mit diesen Gefühlen weiter, tiefer in einen freien Raum. Wenn da keine Gefühle sind, ist das auch gut. Dann gehen Sie mit genau dieser Leere weiter in einen freien und leeren inneren Ort. Strömen Sie einfach mit Ihrem Atem dort hin – ohne sich Vorstellungen zu machen oder etwas zu erfinden. Je weniger aktiv Sie mit Ihrer Vorstellungskraft beteiligt sind, um so freier und empfänglicher können Sie werden.

Und jetzt lauschen Sie. Hören Sie zu. Ihre inneren Ohren sind ganz auf diesen freien Raum im Inneren gerichtet. Wenn es still ist, lassen Sie es still sein. Lauschen Sie in die Stille – jenseits von allen Erwartungen.

Ihre Aufmerksamkeit ist wie eine einzige offene Schale, leer bis auf den Grund. Sie könnte auf ewig leer bleiben oder sie könnte sich auch wieder füllen. Es würde die Einheit des Augenblicks weder in der einen noch in der anderen Richtung stören. Es ist nicht in Ihrer Hand.

Wenn jetzt in Ihre lauschende Aufmerksamkeit eine Empfindung, ein Gedanke, eine Information wie ein heller Tropfen in eine leere Schale perlt, so nehmen Sie ihn auf und heißen Sie ihn willkommen. Es fühlt sich ganz an, sehr einfach und klar, wenn es wahr ist. Es kann sich um eine ganz einfache, unspektakuläre Information aus der inneren Realität handeln. Etwas, das vorher nicht in Ihrem Blickfeld war. Vielleicht geht es um ein Problem, mit dem Sie vorher befasst waren, um Sie selbst oder einen anderen Menschen, um den Ort, an dem Sie sich befinden oder auch um eine Wahrheit, die schon immer da gewesen zu sein scheint, aber vorher nicht bewusst war.

Kommen Sie langsam mit Ihrer Aufmerksamkeit zurück in den Alltag, und halten Sie das Erfahrene in Ihrem Bewusstsein. Geben Sie ihm den Raum, den es benötigt.

Wenn es keinen Tropfen in der Schale gab, wenn sie einfach leer geblieben ist, so geben Sie auch dieser Erfahrung Ihre Wertschätzung und

Ihren Respekt, denn sie hat Ihnen erlaubt, diesen leeren inneren Raum zu erleben.

Wenn es erst gar nicht leer und still geworden ist und Sie sich dieses Mal nicht ungehindert in dieses Lauschen hineinbegeben konnten, so nehmen Sie auch dies als eine Erfahrung auf dem Weg an, um das Hören in die inneren Welten wieder zu erlernen. Auch die vermeintlich erfolglosen Versuche sind Schritte auf diesem Weg.

Vergegenwärtigen Sie sich für einen Moment, dass dieser innere Raum überall vorhanden ist – in allen Dingen, in der ganzen Welt, in jedem Menschen. Wir halten diesen Raum und können mit ihm leben, ganz gleich wie dicht und von Materie, Ereignissen und Lärm gefüllt die äußere Welt auch sein mag. Im Herzen können Sie diesem Raum Ihren Respekt zurückgeben.

Der Schlusskreis:

Am Anfang steht eine Vision

„Verlasse das Vertraute für ein Weilchen,
erweitere deine Sinne und enthülle deine Formen.

Heiße die neue Jahreszeit willkommen
Mit ihren Wiesen, Ufern und Hügeln.

Öffne dich nach oben.
Entdecke neue Dimensionen
Deiner Begeisterung und Liebe.

Wie eine in der Nacht erblühende Blume
Gib von deinem lebendigen Duft des Glücks
Und durchdringe unser vertrautes Beisammensein.
…

Alle existierenden Hemisphären
liegen am Äquator deines Herzens.“

HAFIZ[30]

Was notwendig ist – ist eine neue Vision.

So wie wir die ausgetretenen Pfade des weiblichen Daseins verlassen und uns ganz neue, nie dagewesene Wege des Weiblichen ertasten müs-

30 Rein/Michael, Hafiz, a.a.O, S. 4.

sen, so brauchen wir auch die Offenheit, um unseren Blick in eine ganz neue Welt zuzulassen.

Die Zukunft ist noch nicht da, und es sind nicht wir, die sie herstellen oder definieren, denn die Weisheit des Lebens selbst wird sie entfalten. Doch wir können sie willkommen heißen. Das Leben wartet mit ungeahnten Möglichkeiten und Neuerungen auf uns, von denen wir in diesem Moment noch nicht den blassesten Schimmer haben. Aus der Leere der Nichtexistenz werden Wunder in diese Welt geboren, die sich im Augenblick noch im tiefen, ewigen Nichts verborgen halten.

Doch nur wenn wir unsere Aufmerksamkeit, unser Bewusstsein darauf richten, dass etwas Neues geboren werden kann, wenn wir die Vision einer neuen Welt zulassen, können wir die Grundlagen mitschaffen, den Boden bereiten für ein neues Zeitalter, in dem unsere Welt wieder ins Gleichgewicht finden kann. Wir können so mithelfen, die Energien und Kräfte, die in die Welt kommen, mit zu balancieren, so dass die Menschheit nach Tausenden von Jahren einmal die Chance ergreifen möge, zum Wohl des Ganzen zu nutzen, was ihr geschenkt wird.

Wir sind nicht arm an Gnade, nicht arm an Geschenken, und das Licht, das als Potenzial im Menschen vorhanden ist und ihm zur Verfügung steht, nimmt niemals ab. Woran wir arm geworden sind und woran wir großen Mangel leiden, das sind unsere Visionen. Wir wagen nicht mehr zu träumen. Unsere Herzen, die größer als das Universum sind, haben so viele Türen für das geschlossen, was möglich ist.

Wir verschwenden unsere Vorstellungskraft auf den Zugewinn an Materie und konsumierbaren Dingen, auf einen neuen, besseren Computer, Designer-Möbel, Edelklamotten oder einfach mehr Geld auf dem Konto. Wir begrenzen die Weite und Kreativität unserer Kraft zu träumen auf die Vorstellung von ewig jugendlichen Körpern, denen weder Krankheit noch der natürliche Prozess der Vergänglichkeit etwas anhaben könnten. Die Visionen für die Zukunft unserer Nachkommen beschränken wir lediglich auf den Traum noch besserer Schulabschlüsse für unsere Kinder, die auf noch trostlosere Kindheiten mit noch mehr aufgenommenem leblosen Wissen zurückgehen würden.

Wir müssen wieder den Mut entwickeln, *wirklich* zu träumen, *wirkliche* Visionen zu entwickeln und aus der Spirale unserer eingeschränkten, bedauernswert armen und bedürftigen materiellen Träume herauszufinden.

Wir müssen uns nicht drehen, beugen und verbiegen, uns nicht anstrengen oder Unmögliches leisten. Wir sollten lediglich, wenn wir unsere Welt wieder heilen möchten, das Wagnis eingehen, wieder zu träumen, wieder wirkliche Visionen zu entwickeln. Wir könnten unser ganzes Licht an Kreativität in diese Vision hineinweben.

Es heißt, dass Schamanen rund um den Erdball der Ansicht sind, dass wir den 'falschen Traum träumen'. Viele spirituelle und philosophische Traditionen gehen davon aus, dass die Welt, die wir vor Augen haben, nichts weiter ist als Illusion. Eine Therapeutin und Heilerin, die davon spricht, fügt hinzu: „*Auch ich glaube, dass wir hier alle träumen. Was wir lernen müssen, ist, diesen Traum zu gestalten. Lassen Sie uns also zusammen träumen – von einem reinen, sauberen Planeten, auf dem die Schönheit eine Heimat findet, auf dem wir in Harmonie mit uns, der Natur und allem anderen Leben existieren können. Lassen Sie uns gemeinsam den Himmel auf Erden träumen.*"[31]

Es geht hier nicht um utopische Fantasien oder eine weltabgewandte Enklave von Träumern und Spinnern. Es geht tatsächlich um unsere Wirklichkeit, in der wir leben und die uns alle betrifft. Es geht um den Alltag von Menschen wie du und ich, im Westen und im Osten, im Norden und im Süden unserer Erde, um das Leben in unseren Städten und Dörfern, in unseren Familien und an unseren Arbeitsplätzen, von jungen und alten Menschen. Es geht um unser Zusammenleben und um unsere Natur, die Meere und die Flüsse, die Berge und Wälder. Es geht um die Welt unserer Kinder und Kindeskinder.

In einem Interview zur Frage „Wie werden wir die nächsten hundert Jahre überleben?" war vor wenigen Jahren folgende Antwort einer deutschen Bischöfin zu lesen: „Allen großen Wirtschaftsmagnaten und Politikgestaltern fehlt derzeit eine Hoffnung, eine Vision. Wahrscheinlich ist die Voraussetzung dafür wirklich Gottvertrauen, eine Gottesbeziehung. Und die ist allzu vielen Menschen abhanden gekommen."[32] Für

31 Vgl. Ingerman, Sandra, S.125.

32 Margot Käßmann, Die Zeit, 17.8.2006.

sie sind es nicht nur die Propheten und Weisen, denen eine Vision fehlt, sondern die Menschen, die mitten in unserem Weltgeschehen stehen und wirken.

Visionen sind keine festgelegten Denkmodelle, sie sind offene Räume, in denen die Wirklichkeit nur eine symbolische Gestalt annehmen kann. Hier werden die Mythen der Menschheit geformt, und jedes neue Zeitalter bezieht aus diesen Räumen seine neuen Mythen und Symbole, welche die Urkräfte des Lebens ins Dasein rufen und unserem Leben seine Formen geben. Doch diese Mythen entstehen nicht unabhängig von unserem Bewusstsein, wir haben einen Anteil daran.

Letztendlich steigen alle wirklichen Visionen aus der Leere auf, von dort, wo alles Nicht-Existente zu Hause ist und sich auf den Weg macht, in die Existenz zu kommen. Eine Beziehung zu dieser Leere ist nichts anderes als das, was Bischöfin Käßmann eine *Gottesbeziehung* nennt. Ein wirkliches Gottvertrauen ist das Vertrauen in diesen ewigen Urgrund, aus dem alles Leben entspringt. Das Bewusstsein unseres Herzens nährt sich aus dem Vertrauen in diese Quelle und der Wahrnehmung der Liebe, durch die alles von dort in die Welt fließt.

Dieses Bewusstsein ist wichtig, um unsere Visionen zu erzeugen. Es ist der Stoff für die neuen Träume, die wir schaffen können.

Die Welt ist das, was unser Geist erschafft, sagen sowohl Philosophen und Mystiker als auch moderne Naturwissenschaftler. „Die Welt ist meine Vorstellung!", meinte der Philosoph Arthur Schopenhauer, und im Buddhismus heißt es: „Jedes Phänomen, das uns bewusst wird, ist stets eine Manifestation des Geistes." (Buddha Shakyamuni) Die Physiker unserer heutigen Zeit meinen nichts anderes, wenn sie sagen: „Bewusstsein erzeugt Realität."[33] In ihren Experimenten haben sie nachgewiesen, dass eine sogenannte Welle – die Möglichkeit einer Manifestation – erst dann zum manifesten Teilchen wird, wenn jemand hinsieht und dies beobachtet, also sein Bewusstsein darauf lenkt.

So gelangte ein Physiker zu der verblüffenden Feststellung: „Wir wissen heute, dass der Mond nachweislich nicht vorhanden ist, wenn niemand hinsieht."[34] Der Umkehrschluss sollte zulässig sein, der sagt: Wenn wir hinsehen, wenn wir unser Bewusstsein darauf lenken, dann ist der Mond

---

33 Eugene Wigner, in V.J. Becker, Gottes geheime Gedanken, München 2008, S. 245.

34 Prof. David Mermin

vorhanden. Was möglich ist, was uns als Zukunft angeboten wird, kann Realität werden, wenn wir es willkommen heißen.

Die Menschheit ist imstande, eine Menge Chaos und Ungleichgewicht in der Welt zu erzeugen, aber sie hat noch nicht wirklich ein Bewusstsein darüber, dass sie mit-schöpferisch tätig sein kann und darin eine Verantwortung trägt. Wir schaffen mit, wenn wir die Geschenke, die uns gegeben werden, nutzen und für die Heilung unserer Welt einbringen. Wir sind schöpferisch, wenn wir wieder die Vision einer Welt zulassen, die singt.

Jeder von uns weiß: Wenn wir uns mit einem Problem konfrontiert sehen und auf das Problem schauen, dann sehen wir ein Problem. Wenn wir dem Problem unsere gesamte Aufmerksamkeit geben, dann füllt nichts als das Problem den ganzen Bereich unserer Wahrnehmung. Das ist ziemlich schrecklich und meistens zum Haare raufen. Vor allem führt es nicht weiter. Häufig vergrößert sich das Problem sogar. In dem Augenblick aber, wo sich unser Bewusstsein der Möglichkeit einer Lösung zuwendet, sind die Türen offen. Früher oder später zeigt sich die Lösung. Das mag banal klingen, aber so funktioniert es im Kleinen wie im Großen.

Haben wir eine Vision der Heilung? Haben wir angesichts von Krieg, Terrorismus und nuklearer Aufrüstung eine wirkliche Vision von Frieden? Können wir uns überhaupt noch vorstellen, dass unsere Flüsse und Meere sauber, dass das Wasser des Lebens rein ist? Oder haben wir uns Frieden, Freisein von Hunger und sauberes Wasser längst abgeschrieben und halten diese Vorstellung für idealistische Träumerei?

In der Präambel der Charta der Unesco heißt es: „Krieg beginnt in den Köpfen der Menschen." Doch wir betrachten Kriege als Naturphänomene. Wie können wir das Geschenk des Bewusstseins, das Werkzeug und die Ideen empfangen, die unsere Welt wieder in ein Gleichgewicht versetzen könnten – in der Überwindung von Krieg, Hunger und Missachtung des Lebens –, wenn wir die Möglichkeit gar nicht mehr zulassen, wenn wir überhaupt keine Vision mehr davon haben?

Wie steht es um unsere Vorstellung von einer Rückkehr weiblicher Qualitäten ins Leben?

Wenn niemand zum Mond hinsieht, dann ist kein Mond vorhanden. Auch wenn wir das Weibliche in seiner natürlichen Kraft nicht mehr wahrnehmen, ist es nicht existent. Dann fehlt uns der natürliche Zugang zum Leben und damit das tiefe Wissen darum, wie es seine Freude wiederfinden kann.

Bei einer globalen Friedenskonferenz hat dies in einer abschließenden Ansprache eine Mystikerin so formuliert: „*Dies zu verstehen, ist sehr wichtig: Wenn man irgendeine spirituelle Arbeit in dieser Zeit der globalen und ökologischen Krise zu tun hat, muss man realisieren, dass das Weibliche das einzigartige Verstehen des Heiligen in der Materie hält und es ebenso weiß, wie wir diesen Aspekt im Leben wiedererwecken müssen.*“[35]

An erster Stelle ist es wichtig, dass Frauen selbst sich wieder daran erinnern und diesen Schatz erneut in ihr Bewusstsein heben und dem Leben zurückgeben. Das ist nur möglich, wenn sie auch eine Vision von ihrer eigenen Heilung haben, von der Heilung des Weiblichen. Wenn Frauen sich wieder in einen gemeinsamen Traum der Menschheit einschwingen können, der das neue Zusammenleben von männlicher Kraft und weiblicher Schönheit an die Horizonte unserer Wirklichkeit malt, kann das Leben neu geboren werden.

Die Freude würde zurückkehren, jene Freude, die das Leben singen lässt und darauf wartet, dass wir in den Gesang mit einstimmen. Es ist der Gesang der Sterne und Planeten, das Lied der Wolken und des Windes, der Gräser und Wasserquellen, das Lied in unseren Herzen, das den Schöpfer und die Schöpfung preist und die Liebe, mit der sie geschaffen wurde.

---

35 Anat Vaughan-Lee, Making way for the Feminine, Global Peace Conference, März 2008 (Vortragsmitschnitt).